基礎から学ぶ
英語科教育法

著
岡田圭子
ブレンダ・ハヤシ
嶋林昭治
江原美明

of Teaching English
as a Foreign Language

松柏社

まえがき

One language sets you in a corridor for life.
Two languages open every door along the way.

−Frank Smith（psycholinguist）

　外国語を学ぶことは，国際社会への窓を手に入れることです。外国語を学ぶことで，より多くの人々とのコミュニケーションができるようになります。また，お互いの文化を尊敬し，お互いの立場を思いやることを通して，日本語を母語としない人々との共生が可能となります。現在，非常に多くの人々が英語を第二言語，第三言語として話しており，英語を学ぶことで，英語を母語とする人々はもちろん，母語としない人々ともコミュニケーションをとることができるようになります。

　英語教員の仕事は，生徒の窓を世界に向けて開くことのできる，魅力的なものです。私たち執筆者一同は，英語教育および外国語教育全般に関心のある学生・大学院生，さらには，現職の教員の方々に利用して頂けるよう，心を込めてこの本を書きました。

　本書には，特徴が3つあります。1点目は，英語教育という学際的な研究分野が関係する種々の分野を基礎から取り入れ，バランスの取れた構成およびわかりやすい記述を心がけたことです。書名に「基礎から学ぶ」とあるのもこの理由によるものです。全章，新学習指導要領に基づいての書き下ろしです。2点目は，この本を用いて学ぶ方々の英語力・コミュニケーション力の向上を図っていることです。話し合いやディスカッションを促す項目を設け，協働して学習する機会が持てるように工夫しました。また，Keywordsを初めとして，各節のタイトルや重要な表現はなるべく英語でも表記し，英語力の向上も図れるよう豊富な練習問題を用意しました。さらに，DiscussionやCan-do Listなど，振り返りを促す活動も加えました。特徴の3点目は，最新の情報にできる限り触れることで，現職教員の方々の復習書としても利用できるようにしたことです。英語以外の外国語教育に携わって

いる先生方の参考書としてもお使い頂けるものと思います。

　自戒を込めてひとこと：外国語教員として最も重要なことは，自分自身が言語学習を継続することだと思います。「あの先生のように外国語を使えるようになりたい。世界の人々と触れ合いたい。」と生徒に思われるロールモデルを目指したいものです。

　本書の執筆においては，研究社「現代英語教育」の元編集長里見文雄氏に原稿をお読み頂き，貴重な意見を頂きました。また，中学校，高等学校でそれぞれ豊富な実践経験をお持ちの髙澤崇先生と亀谷みゆき先生から詳細な指導案をお寄せ頂きました。この場を借りてお礼申し上げます。編集においては，松柏社社長森信久氏にお世話になりました。ありがとうございました。

・執筆分担について
全体の構想については全員で話し合い，それぞれの章とコラムは次のように分担しました。複数の執筆者がいる章は共著です。全体の取りまとめは岡田が担当しました。

　　第1，9，10，12，13，16，17章，コラム(1)，(9)　　嶋林昭治
　　第2，6，11，14，15章，コラム(2)，(8)　　　　　　江原美明
　　第3，4，7，8，9，10章，コラム(3)，(4)，(7)　　　岡田圭子
　　第5，7，8，15章，コラム(5)，(6)　　　　　　　　ブレンダ・ハヤシ

最後に，執筆においてはお互いの原稿を精査しながら正確な記述を心がけましたが，内容についてのすべての責任は著者4名にあることを申し添えます。

2015年春
著者一同

目次

第1章 英語教育の目的　Purposes of English Education …… 1
1. グローバル社会と英語 …… 2
   - 1.1 世界の英語人口と英語の捉え方 …… 2
   - 1.2 国際語としての英語 …… 3
2. 日本の英語教育史 …… 3
   - 2.1 明治維新前後から第二次世界大戦前までの外国語教育 …… 4
   - 2.2 戦後の英語教育 …… 5
3. 現在の英語教育政策 …… 10
   - 3.1 「英語指導方法等改善の推進に関する懇談会」と「英語教育改革に関する懇談会」 …… 10
   - 3.2 戦略構想からグローバル人材の育成へ …… 11

第2章 英語教師論　Becoming a Good Language Teacher …… 20
1. 求められる資質・能力 …… 21
   - 1.1 「英語が使える日本人」の育成のための英語教員研修ガイドブック …… 21
   - 1.2 EPOSTL および J-POSTL …… 22
   - 1.3 言語，コミュニケーション，言語習得に関する基礎知識 …… 23
2. 授業実践上の課題 …… 24
   - 2.1 英語力 …… 24
   - 2.2 生徒指導 …… 25
   - 2.3 言語活動のレパートリー …… 26
   - 2.4 専門知識 …… 27
   - 2.5 交渉力と仕事力 …… 28
3. 教師の成長 …… 28
   - 3.1 リフレクティブ・ティーチング …… 28
   - 3.2 自己研修 …… 29
   - 3.3 経験のある教師と熟達教師 …… 29

第3章 学習者論　Becoming a Successful Learner …… 35
1. 学習者要因 …… 36
   - 1.1 年齢 …… 36
   - 1.2 適性 …… 37
   - 1.3 動機 …… 38
   - 1.4 認知スタイル …… 40

  1.5 個性 ……………………………………………………………………… 41
 2 学習ストラテジー …………………………………………………………… 42
  2.1 O'Mally & Chamot（1990）の学習ストラテジー ………………… 43
  2.2 Naiman, et al.（1978/1995）の GLL（The Good Language Learner）
    ストラテジー ……………………………………………………… 43
 3 学びのトレーニングの必要性 ……………………………………………… 44

第4章　言語習得と言語教育　Language Acquisition and Language Teaching ……………………………………………… 51

 1 第一言語習得 ………………………………………………………………… 52
  1.1 言語の生得性 ……………………………………………………… 52
  1.2 臨界期仮説 ………………………………………………………… 54
  1.3 相互作用 …………………………………………………………… 54
 2 第二言語習得 ………………………………………………………………… 55
  2.1 初期の第二言語習得研究（行動主義的アプローチ）…………… 55
  2.2 普遍文法のアプローチ …………………………………………… 56
  2.3 モニター・モデル ………………………………………………… 57
  2.4 インタラクション（相互作用）仮説 …………………………… 58
  2.5 アウトプット仮説 ………………………………………………… 58
 3 第一言語習得と第二言語習得を比較する … 外国語教育の視点から …… 59
  3.1 言語習得開始時 …………………………………………………… 59
  3.2 言語習得途上 ……………………………………………………… 60
  3.3 言語習得終了時 …………………………………………………… 60
 4 英語教育のここを疑ってみよう …………………………………………… 61
  4.1 外国語教育の目的とは学習者をネイティブ・スピーカーのように育てる
    ことか？…………………………………………………………… 61
  4.2 教室では目標言語のみで教えるべきか？ ……………………… 62
  4.3 教室では，コミュニケーション活動を行い口頭でのインタラクションを
    重視し，文法説明は避けるべきか？ …………………………… 62
  4.4 学習者の誤りはいつも／すべて訂正すべきか？ ……………… 63

第5章　教授法　Ways of Teaching ……………………………………… 68

 1 教授法に関する言葉の定義 ………………………………………………… 69
  1.1 アプローチ ………………………………………………………… 69
  1.2 デザイン …………………………………………………………… 69
  1.3 プロシージャー …………………………………………………… 69
  1.4 メソッド …………………………………………………………… 69
 2 意識的な文法理解 …………………………………………………………… 71
 3 無意識に使えるまで繰り返す ……………………………………………… 72

	3.1	直接法	72
	3.2	オーラル・メソッド	73
	3.3	オーディオリンガル・メソッド＝オーラル・アプローチ	74
	3.4	全身反応法［TPR］	76
4	コミュニケーションによる第二言語習得		76
	4.1	ナチュラル・アプローチ	77
	4.2	コミュニカティブ・ランゲージ・ティーチング［CLT］＝コミュニカティブ・アプローチ	78
5	学習者をリラックスさせよ		80
	5.1	コミュニティ・ランゲージ・ラーニング［CLL］	81
	5.2	サジェストペディア	82
6	学習の焦点はどこにあるのか		82

第6章　学習指導要領　The Courses of Study　90

1	学習指導要領とは何か？		91
	1.1	学習指導要領の改訂	91
	1.2	学習指導要領「総則」	93
2	現行学習指導要領の要点		94
	2.1	小学校外国語活動	94
	2.2	中学校外国語	96
	2.3	高等学校外国語	97
3	何を教えればよいのか？		99
	3.1	社会文化的能力	99
	3.2	談話能力	100
	3.3	言語能力	100
	3.4	定型表現能力	100
	3.5	対話能力	100
	3.6	方略的能力	100

第7章　リスニング指導　Teaching Listening　106

1	リスニングとは何か？		107
	1.1	receptive skills と productive skills	107
	1.2	耳からのインプットの処理	107
2	リスニング指導の目標		110
	2.1	中学校学習指導要領における「聞くこと」の指導	110
	2.2	高等学校学習指導要領における「聞くこと」の指導	111
	2.3	小学校学習指導要領における「聞くこと」の指導	112
	2.4	学習指導要領改訂の要諦	113
3	リスニングの指導過程		114

3.1　リスニングを難しくしているもの ……………………………………… 114
　　3.2　リスニングの指導過程 …………………………………………………… 115
　4　リスニング指導のアクティビティ …………………………………………… 117
　　4.1　タスクベースの学習 ……………………………………………………… 117
　　4.2　ディクテーション ………………………………………………………… 119
　　4.3　シャドウイング …………………………………………………………… 120
　　4.4　教室外の活動 ……………………………………………………………… 120
　5　上手な聞き手とは ……………………………………………………………… 121
　　5.1　習熟度レベル ……………………………………………………………… 121
　　5.2　一方向のリスニングにおける方略（ストラテジー）の使用 ………… 121
　　5.3　インタラクションにおける方略の使用 ………………………………… 122

第8章　スピーキング指導　Teaching Speaking …………………………… 128

　1　スピーキングとは何か ………………………………………………………… 129
　2　スピーキング指導の目標 ……………………………………………………… 129
　　2.1　中学校学習指導要領における「話すこと」の指導 …………………… 130
　　2.2　高等学校学習指導要領における「話すこと」の指導 ………………… 130
　　2.3　小学校学習指導要領における「話すこと」の指導 …………………… 131
　3　教室でのスピーキングのタイプ ……………………………………………… 133
　　3.1　模倣的 ……………………………………………………………………… 133
　　3.2　応答的 ……………………………………………………………………… 133
　　3.3　相互的 ……………………………………………………………………… 133
　　3.4　拡張的 ……………………………………………………………………… 134
　4　スピーキング指導の具体例 …………………………………………………… 134
　　4.1　指導の方法 ………………………………………………………………… 134
　　4.2　スピーキングのアクティビティ ………………………………………… 135
　5　上手な話し手とは ……………………………………………………………… 138
　　5.1　高いリスニング力 ………………………………………………………… 138
　　5.2　口語文法の理解 …………………………………………………………… 139
　　5.3　発音がうまくできること ………………………………………………… 139
　　5.4　実用的能力 ………………………………………………………………… 139
　　5.5　方略（ストラテジー）の利用 …………………………………………… 140

第9章　リーディング指導　Teaching Reading ……………………………… 147

　1　リーディングとは何か？ ……………………………………………………… 148
　　1.1　リーディングの目的 ……………………………………………………… 148
　　1.2　リーディングの特徴 ……………………………………………………… 149
　　1.3　スキーマ …………………………………………………………………… 149
　　1.4　リーディングはインタラクションである ……………………………… 150

		1.5	トップダウン処理とボトムアップ処理	150
2	リーディング指導の目標			151
	2.1	中学校学習指導要領における「読むこと」の指導		151
	2.2	高等学校学習指導要領における「読むこと」の指導		152
	2.3	小学校学習指導要領における「読むこと」の指導		153
3	リーディングの指導過程			154
	3.1	リーディングテキストの特徴		154
	3.2	リーディングの指導過程		156
4	リーディング指導のアクティビティ			158
	4.1	すばやく意味をとらえるための黙読		158
	4.2	スキミング		158
	4.3	スキャニング		158
	4.4	グラフィック・オーガナイザー		158
	4.5	精読と多読		159
5	上手な読み手とは			160
	5.1	読む目的を設定する		160
	5.2	上手に黙読をする		160
	5.3	メイン・アイディアを把握するためのスキミングをする		161
	5.4	求める情報を把握するためのスキャニングをする		161
	5.5	書き手との協同活動を行う		161
	5.6	テキストの理解を確認する		161
	5.7	ディスコース・マーカーを活用して文の関係を把握する		161

第10章　ライティング指導　Teaching Writing　168

1	ライティングとは何か？			169
2	ライティング指導の目標			169
	2.1	中学校学習指導要領における「書くこと」の指導		170
	2.2	高等学校学習指導要領における「書くこと」の指導		171
	2.3	小学校学習指導要領における「書くこと」の指導		171
3	文字と単語			172
	3.1	アルファベットの指導		172
	3.2	文字から単語へ		173
	3.3	つづりと発音		173
4	英文を書く			174
	4.1	表記法と句読法		174
	4.2	和文英訳		175
	4.3	英借文のすすめ		175
5	パラグラフを書く			176
	5.1	パラグラフ構成の指導		176
	5.2	文章ライティングの指導		177

```
    5.3  プロセス・ライティングのすすめ ……………………………………… 178
    5.4  正確さと流暢さの指導 …………………………………………………… 180
    5.5  書くことを楽しむ指導 …………………………………………………… 181
6  上手な書き手とは ………………………………………………………………… 181
    6.1  たくさん読む ……………………………………………………………… 181
    6.2  語彙を増やす努力をする ………………………………………………… 182
    6.3  不確かなことに対応する方略を利用する ……………………………… 182
    6.4  意味と文法がよくわかる ………………………………………………… 182
    6.5  何度も書き直す …………………………………………………………… 182
    6.6  積極的に書くことへの興味をかきたてる ……………………………… 183
    6.7  教室外でも書く機会を作る ……………………………………………… 183
```

第11章 4技能と音声・語彙・文法指導 Teaching the Sounds, Words, and Grammar for the Four Skills ……… 188

```
1  コミュニケーション能力 ………………………………………………………… 189
2  4技能のための音声指導 ………………………………………………………… 191
    2.1  リスニングのための音声指導 …………………………………………… 192
    2.2  スピーキングのための音声指導 ………………………………………… 192
    2.3  4技能の基盤を養うための音読指導 …………………………………… 193
3  4技能のための語彙指導 ………………………………………………………… 194
    3.1  指導すべき語彙の選定と導入の仕方 …………………………………… 194
    3.2  語彙の定着を促す指導 …………………………………………………… 195
    3.3  辞書を活用させる指導・語彙学習方略の指導 ………………………… 196
4  4技能のための文法指導 ………………………………………………………… 196
    4.1  指導すべき文法項目の選定と導入の仕方 ……………………………… 197
    4.2  第二言語習得理論と文法指導 …………………………………………… 198
    4.3  目的に応じた文法指導 …………………………………………………… 198
5  定型表現とやりとりの仕方の指導 ……………………………………………… 201
    5.1  Small Talk & Classroom English ……………………………………… 201
    5.2  ペアワーク・グループワークのための表現およびコミュニケーション・
         ストラテジー …………………………………………………………… 201
    5.3  自己表現のための表現集 ………………………………………………… 201
```

第12章 教材研究 Materials Development ……… 208

```
1  教材内容の研究 …………………………………………………………………… 209
    1.1  年間の指導計画 …………………………………………………………… 209
    1.2  教材としての教科書 ……………………………………………………… 209
    1.3  言語材料 …………………………………………………………………… 210
    1.4  題材 ………………………………………………………………………… 211
```

    1.5　その他の教材 ………………………………………………………… 213
  2　指導方法の研究 ……………………………………………………………… 216
    2.1　教授法の選択と準備 ………………………………………………… 216
    2.2　コミュニケーションを意識した言語活動 ………………………… 217
    2.3　教具・教育機器を使いこなす ……………………………………… 218
  3　教材の評価 …………………………………………………………………… 222
〔資料〕教材例―BLOWING IN THE WIND を用いて― ………………… 229

第13章　指導案　Lesson Plans ……………………………………… 230

  1　2種類の指導案 ……………………………………………………………… 231
    1.1　略案（simplified plan）を活かす ………………………………… 231
    1.2　指導案（細案：detailed lesson plan）作成の基本的な流れ …… 231
  2　指導案に書くべきこと ……………………………………………………… 232
    2.1　単元の学習指導 ……………………………………………………… 233
    2.2　本時の学習指導 ……………………………………………………… 234
    2.3　評価の観点 …………………………………………………………… 235
  3　指導案作成で心がけるべきこと …………………………………………… 236
〔資料〕指導案例―中学校外国語科および高等学校外国語科― ………… 242

第14章　ティーム・ティーチング　Team Teaching ……………… 253

  1　Team Teaching の基礎知識ときまり …………………………………… 254
    1.1　JET プログラム ……………………………………………………… 254
    1.2　学習指導要領における TT の位置づけ …………………………… 256
    1.3　各学校における TT 実施上の留意点 ……………………………… 256
  2　JTL と ALT の役割 ………………………………………………………… 257
  3　ALT との人間関係 …………………………………………………………… 258
  4　TT の授業の実際 …………………………………………………………… 259
    4.1　雰囲気づくりのための活動 ………………………………………… 260
    4.2　教科書本文に基づく活動 …………………………………………… 260
    4.3　自己表現活動 ………………………………………………………… 261
    4.4　内容中心の授業 ……………………………………………………… 262
  5　TT の3Rs（Rules, Roles, and Relationships）と教師の成長 ……… 263

第15章　評価とテスト　Assessment and Testing ………………… 269

  1　評価に関する用語の定義 …………………………………………………… 270
    1.1　評価とテスト ………………………………………………………… 270
    1.2　成績と評価 …………………………………………………………… 271
  2　さまざまな評価とテスト …………………………………………………… 272

  2.1 診断的評価・形成的評価・総括的評価 ……………………… 272
  2.2 熟達度テスト・到達度テスト・適性テスト ……………………… 273
  2.3 集団基準準拠テストと目標基準準拠テスト ……………………… 273
  2.4 客観テストと主観テスト ……………………………………………… 274
  2.5 総合的採点法と分析的採点法 ……………………………………… 275
 3 テスト作成の条件 ……………………………………………………… 276
  3.1 信頼性 …………………………………………………………………… 276
  3.2 妥当性 …………………………………………………………………… 276
  3.3 実用性 …………………………………………………………………… 277
 4 4技能の評価 …………………………………………………………… 277
  4.1 受容スキル（リーディング・リスニング）の評価 ………………… 277
  4.2 産出スキル（ライティング・スピーキング）の評価 ……………… 280
  4.3 文法力・語彙力の評価 ……………………………………………… 281
  4.4 4技能の評価における重要点 ……………………………………… 285
 5 筆記テスト以外の評価 ………………………………………………… 285
  5.1 パフォーマンス評価 …………………………………………………… 286
  5.2 授業内学習状況の評価と観察評価 ………………………………… 286
  5.3 ポートフォリオ評価 …………………………………………………… 287
  5.4 観点別評価 ……………………………………………………………… 288

第16章　教育実習　Teaching Practicum ……… 295

 1 教育実習の意義と目的 ………………………………………………… 296
  1.1 教育実習の時期と期間 ……………………………………………… 296
  1.2 教育実習の意義と目的 ……………………………………………… 296
 2 教育実習ですべきこと ………………………………………………… 297
  2.1 観察 ……………………………………………………………………… 298
  2.2 参加・実践 ……………………………………………………………… 299
  2.3 実習授業・研究授業 ………………………………………………… 300
 3 教育実習の心構え ……………………………………………………… 301
  3.1 教師としての自覚とバランス感覚 ………………………………… 302
  3.2 積極的かつ謙虚な姿勢 ……………………………………………… 302

第17章　今後への展望　Outlook on English Education in Japan …… 307

 1 英語教育の今後への展望 ……………………………………………… 308
  1.1 「生きる力」をはぐくむ英語教育の在り方 ………………………… 308
  1.2 更なるコミュニケーション能力重視 ………………………………… 310
 2 英語教師に求められる資質能力とは何か？ ………………………… 312
  2.1 英語力の向上 …………………………………………………………… 312
  2.2 アクション・リサーチ（Action research）の実践 ……………… 313

2.3　クリティカル・シンキング能力（Critical thinking skills）の開発 ………… 314
2.4　今後，すべての教師に求められる資質能力 …………………………………… 316
2.5　「知英」派を輩出する姿勢 ……………………………………………………… 319

コラム
(1)　国際語としての英語と英語帝国主義 …………………………………………… 19
(2)　Can-do List とは ………………………………………………………………… 34
(3)　ストラテジーを知っている英語学習者 ………………………………………… 44
(4)　学習者も人それぞれ ……………………………………………………………… 50
(5)　CLL と Suggestopedia …………………………………………………………… 89
(6)　リスニングでのストラテジートレーニング …………………………………… 127
(7)　視覚や聴覚に障害がある生徒のための英語教育 ……………………………… 207
(8)　正規分布曲線（normal distribution curve）と偏差値（Z-score/T-score）
　　 ……………………………………………………………………………………… 294
(9)　バランスのとれた英語教師に …………………………………………………… 321

REVIEW EXERCISES解答 …………………………………………………………… 322
参考文献・読書案内 …………………………………………………………………… 326
ウェブサイト案内 ……………………………………………………………………… 336
和文索引 ………………………………………………………………………………… 340
欧文索引 ………………………………………………………………………………… 347

第1章

英語教育の目的
Purposes of English Education

　何事によらず，行動には目的があり，目標があるものです。それは英語学習にも言えます。英語を学習するといっても，そもそも何のために学ぶのかという目的，そしてどのレベルを目指すのかという（到達）目標がしっかりと定まっていなければ学習意欲は十分には湧いてこないでしょう。この章では，現在まで学校教育における英語教育が何を目的とし，どの程度までを目標として実施されてきているのかを概観します。生徒の学習意欲を高めるためにも，指導する教師自身が英語教育の目的を把握できていることは非常に重要なことです。

●Warm-up●

　皆さんが英語を学び始めたきっかけは何だったでしょうか。また，何のために英語を学習してきたでしょうか。どの程度の英語力を身に付けたいと考えていますか。自分自身の英語学習の目的と目標について考えてみてください。

KEYWORDS: lingua franca, ESL, EFL, EIL, the Oral Method, globalization

1 Globalization and English … グローバル社会と英語

1.1 世界の英語人口と英語の捉え方

「英語は国際語である」とよく言われる。それは，ビジネスや政治など，国際的な意思伝達の場において，英語が主要な媒介言語としての役割を果たしていることによる。英語は，使用されている人口だけで見れば，中国語に次いで世界第2位の母語人口がある。しかしながら，使用されている地域でみれば順位は逆転し，英語を公用語，あるいは準公用語としている国は54か国，21億人に及ぶ[1]。さらに，インターネットの普及した今日，ネット上の英語人口の割合は約27％[2]となっている。

世界中で英語を使用する人々は，以下に示すように，1) 英語を母語 (native language/mother language/mother tongue) として話す人々，2) 英語を第二言語 (second language) として話す人々，そして，3) 英語を外国語 (foreign language) として話す人々の3つのグループに大別できる。

① 英語を母語とする人々：イギリス，アメリカ，オーストラリア，カナダ，ニュージーランドなどで，人口はおよそ4億人とされる。

② 英語を第二言語とする人々：例えば，アメリカに在住する英語以外の言語を母語とする人たちのように，日常生活で英語を必要とする人たちに加え，インド，パキスタン，フィリピン，シンガポールなど，英語が公用語であるような国では，英語が日常生活に密接にかかわっている。このような使用環境における英語は「第二言語としての英語」(English as a second language：ESL) と呼ばれる。

③ 英語を外国語として話す人々：英語が母語でもなければ，公用語でもない国々，例えば，日本や韓国，中国，ロシアやヨーロッパ諸国では，英語はあくまで外国語としての扱いであり，主に学校や言語学校での英語教育により学習されるが，日常生活に直接かかわるものでは

---

[1] 中央教育審議会 初等中等教育分科会 教育課程部会 第8回 外国語専門部会(2005)配布資料：基礎データによる。
[2] World Internet Stats. (2010). "Top Ten Languages Used in the Internet 2010" による。

ない。このような使用環境における英語は「外国語としての英語」（English as a foreign language：EFL）と呼ばれる。

だが，近年のグローバル化とあらゆる産業分野での英語の必要性の高まりから，英語は新たな役割を担うことになった。それは，国際語としての英語（English as an international language：EIL）である。

1.2 国際語としての英語（English as an international language：EIL）

国際化，グローバル化の中で，英語は世界の国際語としての役割を担うようになってきた。国際言語となっている英語は，必ずしも英語を母語とする人たちだけの言語ではない。ビジネスの世界を見れば，世界中のビジネスマンが英語を駆使し，ときには，ビジネスの世界に特有の英語も使いながら交渉を行っている。テレビのニュースを見れば，ヒンズー語訛，アラビア語訛の英語や各分野に特徴的な英語など，新たな英語を耳にすることも多い。この傾向は今後も続くことであろう。つまり，これからの英語は，単に母語話者のものではなく，広く世界の言語としての進展を遂げることが予想される。このような国際コミュニケーションの媒介言語としての英語は English as an international language（EIL）と呼ばれる。

一方，互いに異なった言語を母語とする人たちが交渉をするのに共通の媒介言語として用いられる言語をリンガ・フランカ（lingua franca）と呼ぶ。英語は，もはやこの世界の共通言語としての位置を占めるようになったと言える。すなわち，English as a lingua franca（ELF）となった。EIL と ELF とは，互いに共通した点が多く，ほぼ交換可能な同義語と捉えることもできる。

近年では，ビジネスの世界などで用いるために簡略化した語彙や文法を持つ英語，"Globish"（グロービッシュ）なども提唱されている。

2 Brief history of English education in Japan
日本の英語教育史

日本国内に目を向けると，このように英語を取り巻く環境が急激に変容し

つつある中，日本における英語教育も相応の変容を遂げつつある。そこでこの節では，日本における英語教育がたどってきた歴史を概観し，現在の言語教育政策の在り方に目を向ける。

2.1　明治維新前後から第二次世界大戦前までの外国語教育

　歴史上，日本における英語教育が最も劇的に変容するのは，明治維新の前後である。明治以前の外国語教育は一般には皆無に等しく，長崎出島などのごく限られた場所で，もっぱらオランダ語，ポルトガル語，中国語を中心に行われていた。それが，1853年のペリーの来航による米国からの圧力を背景に日米和親条約，通商条約の締結，横浜の開港と，英語での交渉が急増するにつれ，英語教育の必要性が高まった。1860年に咸臨丸の乗組員として渡米した福澤諭吉が『ウェブスター大辞書』を持ち帰り，英語教育に尽力したことは有名である。

　明治時代の外国語教育を特徴づけるものは，正則法（direct method）と変則法（indirect method）の両方が使用されていたことであろう。正則法とは，現代でいう直接教授法であり，外国人講師による英語のみでの授業方法による英語教育であった。一方の変則法は日本人講師による日本語を用いた英語教育であった。当時の英語教育の目的が，英語を通して米国文化を吸収する，ということにあったことを考えれば，正則法による教授はごく限られた学習者を対象としたものであったことが考えられる。

　明治から戦前にかけての英語教育の流れの中で特筆すべきことは，1922（大正11）年のハロルド・パーマー（H. E. Palmer）の来日であろう。パーマーは来日の翌年，英語教授研究所（現　語学教育研究所）の所長となり，1936（昭和11）年の離日まで日本の英語教育に多大な貢献をした。パーマーの考案したオーラル・メソッド（the Oral Method）は今日まで長く日本の英語教育に生かされている。オーラル・メソッドについては，第5章「教授法」を参照されたい。

　その後，富国強兵政策の下，英語教育においても，英語公用語化論が出る一方で，英語排斥論が出るなど，英語教育は国家の政治的動向に大きく左右されていった（2.2.2参照）。第二次大戦下は英語教育にとって冬の時代で

あった。当時，英語は「敵性語」さらに「敵国語」とされ，学校教育現場からは排除されることになった[3]。

この頃の英語教育の目的は，一つは外国文化の吸収にあり，今一つは国防にあった。

2.2 戦後の英語教育

1945（昭和20）年の敗戦を経て，1947（昭和22）年には学校教育法が制定され，現在に至る新たな学校制度（6-3-3-4制）が始まるとともに，同年，「学習指導要領 一般編（試案）」が策定された（第6章「学習指導要領」参照）。これにより，新たな学校英語教育（英語科教育）[4]が開始された。その後，学習指導要領は，時代の流れとともに改訂を重ねて今日に至るが，戦後の学校教育における「教育課程の基準」としての位置づけは今日まで変わらない。

2.2.1 学習指導要領に見る外国語教育の目標

1947（昭和22）年に出された「学習指導要領 一般編（試案）」から現行の学習指導要領に至るまで，その時代や国家としてのニーズなどを背景に英語教育の目標が設定されてきた。次の表は学習指導要領に記された目標の変遷をたどったものである。

学習指導要領（外国語）に記された英語科教育の目標（1958年以降は中学校のみ掲載）

改訂年	外国語教育の目標
1947（昭和22）年(試案)	一．英語で考える習慣を作ること。 二．英語の聞き方と話し方とを学ぶこと。 三．英語の読み方と書き方を学ぶこと。 四．英語を話す国民について知ること，特に，その風俗習慣および日常生活について知ること。

---

[3] 日本国内とは対照的に，米国では当時，Army Specialized Training Programによる集中的な外国語教育が実施され，敵国語である日本語も熱心に学習された。
[4] 一般に学校における教科としての英語教育は「英語科教育」と呼ばれるが，本書ではこれを含めて英語教育と総称する。

1951(昭和26)年改訂	聴覚と口頭との技能および構造形式の学習を最も重視し，聞き方・話し方・読み方および書き方に熟達するのに役立ついろいろな学習経験を通じて，「ことば」としての英語について，実際的な基礎的な知識を発達させるとともに，その課程の中核として，英語を常用語としている人々，特にその生活様式・風俗および習慣について，理解・鑑賞および好ましい態度を発達させること。
1958(昭和33)年改訂[5] 〔中学校〕	1　外国語の音声に慣れさせ，聞く能力および話す能力の基礎を養う。 2　外国語の基本的な語法に慣れさせ，読む能力および書く能力の基礎を養う。 3　外国語を通して，その外国語を日常使用している国民の日常生活，風俗習慣，物の見方などについて理解を得させる。 以上の目標の各項目は，相互に密接な関連をもって，全体として外国語科の目標をなすものであるから，指導に当たっては，この点を常に考慮しなければならない。
1969(昭和44)年改訂 〔中学校〕	外国語を理解し表現する能力の基礎を養い，言語に対する意識を深めるとともに，国際理解の基礎をつちかう。このため， 1　外国語の音声および基本的な語法に慣れさせ，聞く能力および話す能力の基礎を養う。 2　外国語の文字および基本的な語法に慣れさせ，読む能力および書く能力の基礎を養う。 3　外国語を通して，外国の人々の生活やものの見方について基礎的な理解を得させる。
1977(昭和52)年改訂 〔中学校〕	外国語を理解し，外国語で表現する基礎的な能力を養うとともに，言語に対する関心を深め，外国の人々の生活やものの見方などについて基礎的な理解を得させる。
1989(平成元)年改訂 〔中学校〕	外国語を理解し，外国語で表現する基礎的な能力を養い，外国語で積極的にコミュニケーションを図ろうとする態度を育てるとともに，言語や文化に対する関心を深め，国際理解の基礎を培う。

---

[5] 1958（昭和33）年に学校教育法施行規則が改正され，それにより学習指導要領は「文部省告示」によるものとなり，法的拘束力を持つことになった。

1998（平成10）年改訂[6] ［中学校］	外国語を通じて，言語や文化に対する理解を深め，積極的にコミュニケーションを図ろうとする態度の育成を図り，聞くことや話すことなどの実践的コミュニケーション能力の基礎を養う。 「英語」の目標 (1) 英語を聞くことに慣れ親しみ，初歩的な英語を聞いて話し手の意向などを理解できるようにする。 (2) 英語で話すことに慣れ親しみ，初歩的な英語を用いて自分の考えなどを話すことができるようにする。 (3) 英語を読むことに慣れ親しみ，初歩的な英語を読んで書き手の意向などを理解できるようにする。 (4) 英語で書くことに慣れ親しみ，初歩的な英語を用いて自分の考えなどを書くことができるようにする。

「学習指導要領データベース」(学習指導要領データベース作成委員会((国立教育政策研究所内))，2007年最終訂正) より

　上記の学習指導要領の目標に見られるように，新制学校教育における英語教育の目標には，常に言語使用と異文化理解とが共存してきた。加えて，1989（平成元）年の改訂以降，コミュニケーションを図ろうとする態度の育成，並びに英語のコミュニケーション能力の育成が重視されることが見て取れる。コミュニケーション能力の重視は現行の学習指導要領においても変わらない（第6章「学習指導要領」参照）。

2.2.2　英語教育に関わる議論

　明治以降今日に至るまで，日本における英語教育に関わる種々の議論，論争が展開されてきたが，その論争点は主に二つある。一つの議論は英語公用語化論とそれと対立する英語排斥論であり，今一つの議論は，英語教育の実用的側面，すなわち実学としての英語と，それに対峙する教養的側面，すなわち教養としての英語である。ここでは，それぞれの議論を概観する。

2.2.2.1　英語公用語化論と英語排斥論

　大谷（2007）によれば，明治前後から今日に至るまで，英語教育の在り方に関わって，「親英」的な時期（英語蜜月段階）と「反英」的な時期（英語

---

[6] 1998（平成10）年の改訂において，中学校では外国語が必修科目となり，英語を原則として履修することになった。

不適合段階）とが約40年を一周期として繰り返されてきた。そして，そこには日本の対外的な国力，経済，政治，社会の状況が色濃く反映されていた。以下に，その大まかな流れを見てみる。

　［親英］　明治維新後の「親英」論：明治維新後，まず英語公用語（国語）化論を唱えたのは森有礼である。森は，日本は将来的な繁栄のためにヨーロッパの言語を採用しなければならないとし，学校教育への"simplified English"の導入を提案している。森の提案は実現には至らなかったが，英語公用語化論の先駆的な提言である。

　［反英］　明治後半の「反英」論：大日本帝国憲法が発布される頃（1889）から日清，日露戦争にかけては国粋主義的傾向が強まりを見せた。そのような社会情勢の中，ナショナリズムの台頭で反英語の機運が高まり，国語教育の強化が図られた。

　［親英］　大正時代の「親英」論：日露戦争に勝利した頃から，いわゆる大正デモクラシーの時代にかけて，英語のみならず，外国語学習の機運が高まった。先述のハロルド・パーマーが英語教授研究所の所長として招かれたのはこの時期である。

　［反英］　昭和初期の「反英」論：すでに大正時代から英語教育への反発の芽は育っており，1916（大正5）年には，大岡育造が「教育の独立」と題して英語廃止論を発表した。1927（昭和2）年には国文学者の藤村作が「英語科廃止の急務」を発表した。その後，第二次大戦がはじまり，米国の参戦に至り，英語が教育の表舞台から姿を消されることになったことは，先述の通りである。

　［親英］　第二次大戦後の「親英」論：第二次大戦に敗れ，連合国軍の統治下となった日本で，志賀直哉と尾崎行雄は相次いで日本語廃止論を唱えた。彼らは，それぞれが日本語不完全論を発表し，志賀はフランス語を，尾崎は英語を公用語化すべきであると主張した。

　第二次大戦後の新しい国家体制においては，新制学校制度の始まりとともに英語教育も学習指導要領に基づいて実施されるようになる。

　英語排斥論とは異なるものの，近年，英語帝国主義（English imperialism）論が継続的になされてきている。日増しに勢力を伸ばしつつある英語

に対する一種の警戒感を示すこの議論についてはコラム（p.19）を参照願いたい。

2.2.2.2 実学と教養

前述のような英語公用語化論や英語排斥論とは別に，英語教育の本質ともいうべき英語教育の目的論に関わっての議論もなされてきた。すなわち何のために英語を学ぶのか，という疑問とその方法論に絡む議論である。代表的なものとして1970年代半ばに起こった英語教育大論争を紹介する。

> 【英語教育大論争】今日まで続く英語教育の在り方に関する議論の中で最もよく知られたものである。1974年，当時自由民主党の平泉渉が「外国語教育の現状と改革の方向」を発表し，これに上智大学教授であった渡部昇一が「亡国の『英語教育改革試案』」で反論したものである。両氏の論争は，英語教育界の外部の人々をも巻き込んで一大論争となった。この論争は，1975年に『英語教育大論争』（文芸春秋社）として出版された。ここでの両氏の主張は，次の通りである。すなわち，「英語教育はその重要性にもかかわらず実益を上げていない。そこで，英語を大学入試から外し，希望者を特訓して，学習者の5％は外国語ができるようにする。必修教科からも削除すべし」とした平泉に対し，「これまでの英語教育は成果を上げている。英語力は顕在力でなく潜在力で測るべき」と渡部は反論した。

その後も英語教育，とりわけ学校における英語教育の目的の所在については，常に議論されてきているところである。実際のところ，英語教育大論争から40年近くを経た現在でも問題に大きな変化はない。実用英語と教養英語[7]をどう扱うのかというのは現在の英語教育の課題そのものである。そのような中において，一方では，「10年近く英語を学びながら，簡単な会話すらできない」などと揶揄される英語教育の実態を踏まえながら，他方では，全人格形成の一環としての学校における英語教育をも目指しつつ，多くの英

---

[7]本来，実用英語と教養英語という異なった英語が存在するということはないはずである。

語教師が絶えず努力してきたことは間違いない。

　21世紀に入り，グローバル化が進む中で，英語を社内公用語化する企業が現れ，英語学習熱は単なるブームでは済まされないものになってきた。そのような環境の下，政府も英語教育の重要性を認識した上で，いくつもの施策を講じてきた。次に，現在までの英語教育に関わる政策について概観する。

3 Current policies of English education in Japan
現在の英語教育政策

　現在に至る英語教育改革の急激な動きの一つとして，2000（平成12）年の「英語指導方法等改善の推進に関する懇談会」の報告がある[8]。この報告，並びに2002（平成14）年の「英語教育改革に関する懇談会」の報告を受けて同年，「『英語が使える日本人』の育成のための戦略構想」がとりまとめられた。現在に至る一連の日本の英語教育に関する改革の流れは，以下の通りである。

3.1 「英語指導方法等改善の推進に関する懇談会」と「英語教育改革に関する懇談会」

　当時の文部省（Ministry of Education, Science and Culture）において2000（平成12）年に開催された有識者らによる「英語指導方法等改善の推進に関する懇談会」では，主に以下の5項目について検討された。

- 英語指導法の改善
- 英語担当教員の採用選考試験や現職研修の在り方
- 高校入試や大学入試の在り方
- ALT（外国語指導助手）の活用方法
- 英語を聞き話す機会を大量に提供するための様々な方策

---

[8] この前年（1999年）から開催された「21世紀日本の構想」懇談会報告書（2000）では，議論を要するとしながらも英語を第二公用語とすることにまで言及されている。

> 「英語指導方法等改善の推進に関する懇談会 報告書」(文部科学省, 2001)

　この報告を踏まえて2002（平成14）年に開催された「英語教育改革に関する懇談会」では，以下の項目が中心に検討された。

> - 学習者のモチベーションを高めるため，コミュニケーション能力を重視した英語力として，各学校段階の具体的な目標の設定がどこまで可能か．
> - 英語教員の質を高めるため，英語教員が備えておくべき英語力の目標値の設定がどこまで可能か．
> - 指導体制の充実として，ALT等ネイティブ・スピーカーを学校の英語の授業にどの程度を活用することが効果的か，など．
>
> 「英語教育改革に関する懇談会の開催について」(文部科学省, 2002)

3.2　戦略構想からグローバル人材の育成へ

　上記懇談会の検討内容を踏まえて2002（平成14）年，「『英語が使える日本人』の育成のための戦略構想」（以下，戦略構想）がとりまとめられた。戦略構想はその趣旨の中で，以下のように英語教育の重要性を指摘している。

> 経済・社会等のグローバル化が進展する中，子ども達が21世紀を生き抜くためには，国際的共通語となっている『英語』のコミュニケーション能力を身に付けることが必要であり，このことは，子ども達の将来のためにも，我が国の一層の発展のためにも非常に重要な課題となっている。
>
> 「『英語が使える日本人』の育成のための戦略構想の策定について」(文部科学省, 2002)

翌2003（平成15）年には戦略構想を受けて「『英語が使える日本人』の育成のための行動計画」が策定され，英語教育改革が実施へと移された。具体的施策としては，中学校・高等学校の英語教師を対象とした悉皆研修（全員研修）[9]や高等学校におけるスーパー・イングリッシュ・ランゲージ・ハイスクール（SELHi）事業[10]などが挙げられる。

　戦略構想による国家的なプロジェクトやこの間の更なるグローバル化の状況を踏まえ，2010（平成22）年に文部科学省（Ministry of Education, Culture, Sports, Science and Technology；MEXT）は，「外国語能力の向上に関する検討会」を設置し，生徒の外国語能力の向上のため，目標設定の在り方をはじめ，指導方法，教材の在り方などの方策について検討を進めた。そして，翌2011（平成23）年に「国際共通語としての英語力向上のための5つの提言と具体的施策〜英語を学ぶ意欲と使う機会の充実を通じた確かなコミュニケーション能力の育成に向けて〜」をとりまとめた。そこでは，以下の「基本的な考え方」が提示された。

---

1. 英語力の向上は，教育界のみならずすべての分野に共通する喫緊かつ重要な課題
2. 求められる英語力は，例えば，
    ・臆せず積極的にコミュニケーションを図ろうとする態度
    ・相手の意図や考えを的確に理解し，論理的に説明したり，反論・説得したりできる能力 など
3. 新学習指導要領の着実な推進は，我が国の国民の英語力向上のための基本

「国際共通語としての英語力向上のための5つの提言と具体的施策」(文部科学省，2011)

　さらに，この「基本的な考え方」を踏まえて，2016（平成28）年での達

---

[9] この事業により5年間で全国のおよそ60,000人の英語教師がコミュニケーション能力育成のための指導力向上を図る研修を受けた。
[10] この事業は2002年（平成14）に開始され，2009（平成21）年をもって終了した。

成を目指す5つの提言を行うとともに具体策をも示した。

> 提言1：生徒に求められる英語力について，その達成状況を把握・検証する。
> 提言2：生徒にグローバル社会における英語の必要性について理解を促し，英語学習のモチベーション向上を図る。
> 提言3：ALT，ICT[11]等の効果的な活用を通じて生徒が英語を使う機会を増やす。
> 提言4：英語教員の英語力・指導力の強化や学校・地域における戦略的な英語教育改善を図る。
> 提言5：グローバル社会に対応した大学入試となるよう改善を図る。
>
> 「国際共通語としての英語力向上のための5つの提言と具体的施策」（文部科学省，2011）

以上は，英語教育に直接的に関わる検討であり施策であるが，国内のあらゆる分野，とりわけ経済・社会の一層のグローバル化の進展に鑑みて，2011（平成23）年に政府は「グローバル人材育成推進会議」を開催，翌2012（平成24）年に「グローバル人材育成戦略」（以下，育成戦略）がまとめられた。育成戦略の第3項目（「英語教育の強化，高校留学の促進等の初等中等教育の諸課題について」）には，以下の3点が記載されている。

> ■ 実践的な英語教育の強化（英語・コミュニケーション能力，異文化体験等）
> ■ 高校留学等の促進
> ■ 教員の資質・能力の向上
>
> 「グローバル人材育成戦略（グローバル人材育成推進会議審議のまとめ）」
> （グローバル人材育成推進会議，2012）

---

[11] ICT = Information and Communication Technology

育成戦略は，産業・経済の一層の高度化，グローバル化に対応できる人材の育成を目指すものであり，英語教育のみに関わるものではないのだが，英語教育における一層のコミュニケーション能力重視，大学入試の改革，英語教師の資質・能力の向上など，英語教育改革関連の内容は多い。

　2011（平成23）年に実施された小学校の新学習指導要領において外国語活動が本格導入され，2013（平成25）年実施の高等学校学習指導要領では英語教育においてコミュニケーション能力育成を一層重視すべきとの方針が明確になったが，先述の「国際共通語としての英語力向上のための5つの提言と具体的施策」，第3章「新しい学習指導要領における外国語教育について」の中で「新学習指導要領で目指す外国語能力は，グローバル社会に求められる外国語能力とその考え方において軌を一にするものであり，新学習指導要領を着実に推進することが我が国の国民の外国語能力を向上させるための基本になる」と論じている。

　さらに，2013（平成25）年には「グローバル化に対応した英語教育改革実施計画」が発表されたが，そこでは，「初等中等教育段階からグローバル化に対応した教育環境づくりを進めるため，小学校における英語教育の拡充強化，中学校・高等学校における英語教育の高度化など，小・中・高等学校を通じた英語教育全体の抜本的充実を図る」とされ，①小学校中学年への英語コミュニケーション活動の導入，②小学校高学年への教科としての導入，③中学校における英語での授業実施と，④高等学校における言語活動の高度化，が謳われている。今後の英語教育を考える上では，国際社会におけるコミュニケーション能力についての明確なビジョンを持つことが必要不可欠ということである（第6章「学習指導要領」参照）。

REVIEW EXERCISES

1. **Matching**

　この章で学んだ重要な概念またはその概念に関するエピソードが英語で説明されています。それぞれを，下のキーワードと結び付け，かっこ内に書き込んで下さい。さらに，そのキーワードを簡単に日本語でも説明できるよう

にしましょう。

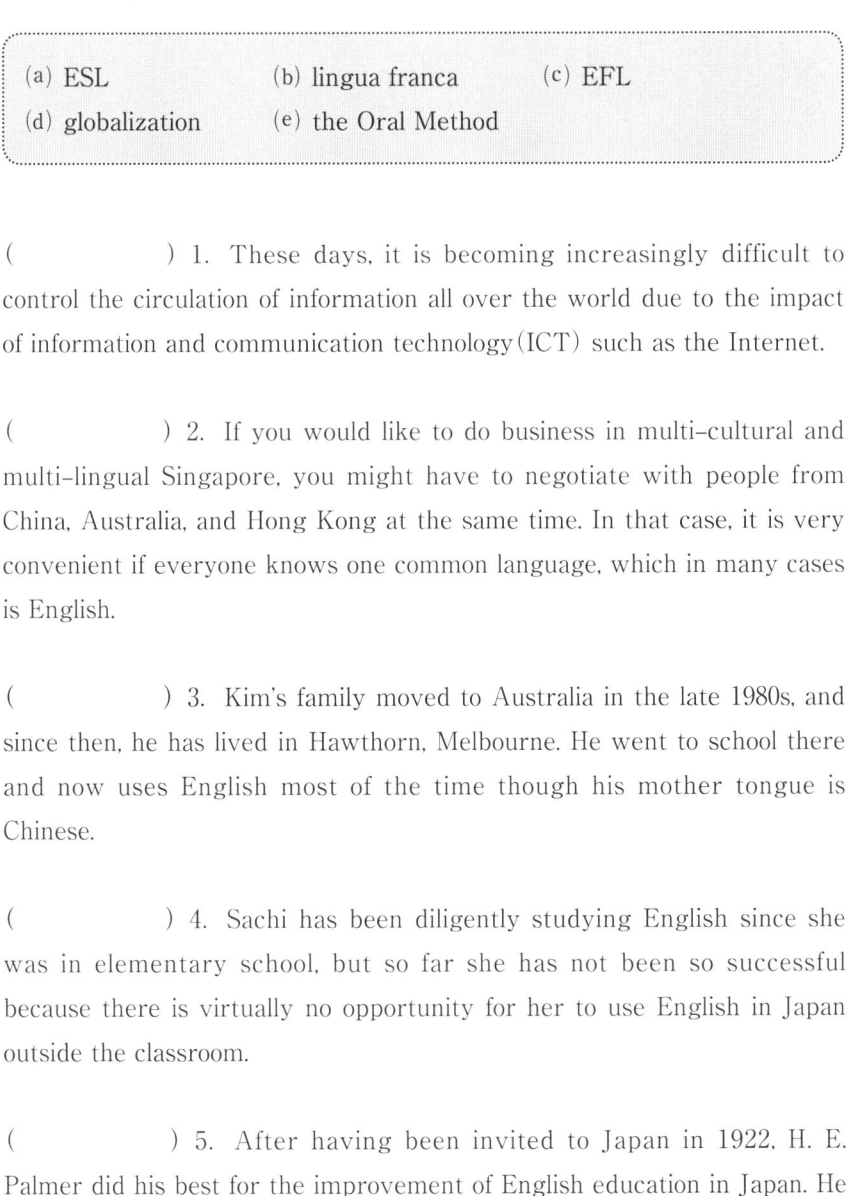

> (a) ESL　　　　　(b) lingua franca　　　(c) EFL
> (d) globalization　(e) the Oral Method

(　　　　) 1. These days, it is becoming increasingly difficult to control the circulation of information all over the world due to the impact of information and communication technology (ICT) such as the Internet.

(　　　　) 2. If you would like to do business in multi-cultural and multi-lingual Singapore, you might have to negotiate with people from China, Australia, and Hong Kong at the same time. In that case, it is very convenient if everyone knows one common language, which in many cases is English.

(　　　　) 3. Kim's family moved to Australia in the late 1980s, and since then, he has lived in Hawthorn, Melbourne. He went to school there and now uses English most of the time though his mother tongue is Chinese.

(　　　　) 4. Sachi has been diligently studying English since she was in elementary school, but so far she has not been so successful because there is virtually no opportunity for her to use English in Japan outside the classroom.

(　　　　) 5. After having been invited to Japan in 1922, H. E. Palmer did his best for the improvement of English education in Japan. He even developed a kind of direct teaching method in which the oral introduction was given primary focus.

2. Comprehension Check

本文を見ずにかっこ内に適語を入れなさい。選択肢がある問題では，正しい方を選びなさい。パートナーと答え合わせをして，難しかったところを話し合いましょう。

共通の母語を持たない人々の間で意思疎通に使われる言語を（1　　　）と呼ぶ。世界中で使われる英語は，おおよそ3種類に大別できる：母語（2　　　）として使われる英語であるENL（English as a native language），米国で英語を学ぶように授業外でも英語を使う状況において学習される（3　　　），そして，日本で英語を学ぶように，授業外で英語を使う環境にない状況で学習される（4　　　）である。それらに加え現在では，国際コミュニケーションの媒介言語として使われる英語は（5 ESL／EIL）と呼ばれる。

英語教育の目的には，就職に活かす，仕事で使う，といった（6　　　）側面と，視野を広げる，異文化に関する知識・理解を深める，といった（7　　　）側面とがあり，両者のバランスを保つことは，長年の英語教育における課題である。

3. Discussion

少人数のグループに分かれ，次のトピックから1つ選んで10分間話し合ってください。次に，ディスカッションリーダーが各グループの話し合いをまとめてクラス全体に報告してください。

1. What should be kept in mind when teaching English?
2. Some companies in Japan have begun using English as their official second language. What do you think of this idea?
3. Discuss how English should be taught as an international language.

Topic number：(　　　)

```
Summary of the discussion



```

Can-do Checklist

　この章で学んだ重要な項目について，簡単な説明ができると思ったらチェック（✓）を付けましょう。チェックが付けられなかった項目は，折を見て復習してください。

I can briefly explain …

- ☐ 1. the primary purposes of English education
- ☐ 2. the difference between EFL and ESL
- ☐ 3. what lingua franca is
- ☐ 4. the history of English education in Japan
- ☐ 5. what EIL is

Final Reflections

1. 「先生，なぜ英語を勉強しなければならないの」と生徒から尋ねられたら，あなたはどう答えますか。

....

....

....

2. 英語を学ぶこと，英語ができることにどのような利点があるでしょうか。できるだけ挙げてみましょう。

....

....

....

For Further Reading

伊村元道. (2003).『日本の英語教育200年』. 大修館書店.
大谷泰照. (2007).『日本人にとって英語とは何か——異文化理解のあり方を問う』. 大修館書店.
山田雄一郎. (2005).『日本の英語教育』. 岩波新書.

コラム(1)　国際語としての英語と英語帝国主義

　英語は今や国際語となりました。本文にもあるように，国際語には，English as an international language と English as lingua franca の二つの側面が考えられます。

　まず，英語が数多くの国々で使われるようになり，結果として，もともとは英語を母語としない英語使用者が増えることで，発音や語彙などの面において特徴の異なる英語が現れてきました。つまり，英語が国際化した，ということです。このようなそれぞれに多少の違いを認めながら国際語として受け入れられている英語は国際語としての英語（English as an international language）と呼ばれます。異なった特徴を持ちつつ世界に広がる英語を，その多様性を認めて一つの言語として位置づけ，世界の英語（World Englishes）と複数にして呼ぶこともあります。

　一方，リンガ・フランカ（共通語，lingua franca）は，互いに異なる言語を話す人たちが交渉する際にそれぞれが理解可能な言語を用いる必要性から交渉時の媒介言語を何にするのか，という側面から出てきた考え方です。本来は商取引や外交で用いられたことから通商語とも呼ばれます。当然のことながら，交渉する当事者の間での共通言語であればよいのですから，英語に限る必要はありません。しかしながら，英語が政治的・経済的に大きな力を持つようになり，使用者が急激に増え，様々な分野において英語が多用されるに至り，ほぼ恒常的に媒介言語として用いられるようになってきたことで英語が共通語としての位置を確立したといっても過言ではありません。これが共通語としての英語（English as a lingua franca）です。

　表現はともかく，英語が世界中の多くの場所で，さまざまな場面での媒介言語となってきたことは間違いなく，そのために日本でも英語を第二公用語にしようとする動きや社内公用語とする企業が現れました。巷でも英語学習熱がこれまでにも増して高まりを見せています。しかしながら，このような一種の英語の攻勢に危惧の念を抱く人もいます。それが英語帝国主義論です。

　英語帝国主義（English imperialism）とは英語が世界規模で使用されることで起こる種々の問題（例えば，英語母語話者が不等な利益を得，他言語話者が不利益を被ることや，英語圏の文化・風俗が半強制的に他国文化に入り込むこと）などを捉えた概念です。世界中の多くの地域と産業分野で英語が使われ，文字通り国際共通語（EIL/ELF）になるにつれて，一方では，英語帝国主義への危惧が叫ばれだしました。そして徐々に英語支配に対する問題意識が認知されるようになってきました。例えば，津田（2003）は言語手段の平等の実現を訴え，英語が世界標準語であることへの警鐘を鳴らしています。英語を第二公用語化する企業が出るようになった今日，自国文化の軽視と格差拡大などの問題点が英語教育の分野でも指摘されるようになってきました（中村，1995など）。

第2章

英語教師論
Becoming a Good Language Teacher

専門職としての英語教師の役割や必要とされる資質・能力は多岐にわたります。英語教師が学校現場で直面する様々な職務上の課題を明らかにしながら、効果的な英語教育を実践できる能力を身に付けるにはどうしたらよいか、どのような心構えが大切なのかを考えてみましょう。

●Warm-up●

中学校・高等学校の英語もしくは外国語活動の授業を思い出し、自分の好きだった先生、あまり好きでなかった先生に共通する特徴は何かを考えましょう。その結果を参考にグループで話し合い、実際に教壇に立つにあたり、身に付けておかねばならない資質・能力を重要な順に5つあげましょう。

好きだった先生に共通の特徴	好きでなかった先生に共通の特徴
教壇に立つ前に身に付けておきたい資質・能力	
1. 2. 3. 4. 5.	

KEYWORDS: the PDCA cycle, lead-management, teacher enthusiasm, reflective teaching, action research, flow

1 What qualities/abilities does an English teacher need?
求められる資質・能力

　英語教師に求められる資質・能力については，国内外で多くの研究がなされてきた。何をもって「すぐれた英語教師」とするかは，簡単に答えの出せる問題ではないだろう。しかし，英語力，授業力，人間性，知識など，英語教師にとってその必要性が頻繁に議論されてきたものについて，その中身を整理することは，英語教師の専門性を考える上で重要である。

1.1 「英語が使える日本人」の育成のための英語教員研修ガイドブック

　経済・社会のグローバル化に対応した英語によるコミュニケーション能力育成が叫ばれる中，文部科学省は2003（平成15）年に，「『英語が使える日本人』の育成のための行動計画」を発表し，さらに同年から5年間にわたって，日本全国の中学校・高等学校英語教員全員に対して現職教員研修を行った。この研修のために編纂された「ガイドブック」（文部科学省，2003）には，英語教師の英語指導力の中身として次の3つの項目が挙げられている（pp.3-4）。[1]

---

1. 「教職」として求められる資質能力
   教師としての情熱・使命感，生徒の学びに対する理解，学習意欲を喚起する力，対人コミュニケーション能力などの「教員として生きる力」
2. 英語運用能力
   単なる英語力ではなく，英語の4技能における運用能力を，授業の場面で柔軟に活用できる「英語教育的英語力」
3. 英語教授力
   生徒のコミュニケーション能力を高める効果的な指導を計画，実施し，その評価結果（指導がうまくいったかについての見極め）に基

---

[1] 第17章「今後への展望」でも，このことについて論じているので参照されたい。

> づきよりよい授業実践へと結びつける知識や技術

　まず教師としての資質・能力を持ち，英語を使うことができ，英語をうまく教えられる能力が必要というわけである。この3領域すべてに完璧な自信を持って教師生活を送ることができる人はそう多くはないであろうが，それぞれが相互補完的に働き，よりよい授業に貢献することは想像できる。このハンドブックには，中学校・高等学校英語教員が備えておくべき基本的英語運用能力の目標値として，英検準1級，TOEFL® 550点[2]（PBT），TOEIC® 730点が掲げられ，国としてはじめて具体的指標が示された。しかし，これはあくまで2003年時点で設けられた目安であり，現在もこれで十分であるということではないことに注意したい。

1.2　EPOSTL および J-POSTL

　英語教師に必要な資質・能力を Can-do 形式（「〜することができる」）でリスト化し，教員養成や現職教師の研修などで，振り返り（reflection）や自己評価（self-assessment）に活用しようとする研究がある（JACET教育問題研究会，2012）。EPOSTL（European Portfolio for Student Teachers of Languages「言語教育履修生のためのヨーロッパ・ポートフォリオ」）を基に日本の文脈に合わせて開発されたもので，J-POSTL（Japanese Portfolio for Student Teachers of Languages「言語教育履修生のための日本ポートフォリオ」）と呼ばれている。日本で英語教師を目指す実習生向けに100項目のリストが，7つのカテゴリーに分類されて示されている。

　以下が7つのカテゴリーとそれに含まれる項目の一例である。

> 1. 教育環境：学習指導要領と生徒のニーズに基づいて到達目標を考慮できる。

---

[2]現在では，PBT（Paper-based Test）の TOEFL® は iBT（Internet-based Test）が実施不可能な地域のみで実施されている。PBT550点は，iBT に換算するとおおよそ79-80点（120点満点）と見なされる。

> 2. 教授法：発表や討論などができる力を育成するための活動を指導できる。
> 3. 教授法資料の入手先：生徒に適切な教材や活動を自ら考案できる。
> 4. 授業計画：年間の指導計画に則して，授業ごとの目標を設定できる。
> 5. 授業実践：生徒の集中力を考慮し，授業活動の種類と時間を適切に配分できる。
> 6. 自立学習：生徒にとって最も適した宿題を選択できる。
> 7. 評価：生徒の誤りを分析し，建設的にフィードバックできる。

1.1で挙げられた3項目のうち，「英語授業力」が細分化され，いわゆるPDCAサイクル ―Plan（計画）・Do（実践）・Check（評価）・Act（改善）― に基づく実践の助けとなるように構成されている。[3]

1.3 言語，コミュニケーション，言語習得に関する基礎知識

コミュニケーション能力の手段として英語を教える際，その基礎となる学問分野で扱われる内容について知識を持つことも重要である。たとえば言語学の中には音声学（phonetics），意味論（semantics），統語論（syntax），語用論（pragmatics）などの分野があり，それぞれ発音指導，語彙指導，文法指導，場面に応じた英語の使い方の指導に役立つ情報が得られる。コミュニケーション学では非言語コミュニケーション（nonverbal communication）や対人コミュニケーション（interpersonal communication）などの分野があり，そもそもコミュニケーションとは何かについて理解を深めるのに役立つ情報を提供している。言語習得（第4章「言語習得と言語教育」参照）に関する諸理論は英語をどう学び，どう教えたらよいかについての知識の宝庫である。これらの知識は，英語教師が専門家として様々な判断を下すうえで欠かせないものである。

---

[3] PDCAサイクルについては，第12章「教材研究」でも言及しているので，参照されたい。

2 What problems does an English teacher face at school? 授業実践上の課題

　英語教師に求められる資質・能力の議論は，英語教師として何を学ぶべきかについて学問的・体系的に整理・分析した「研究者の視点」からの議論と言える。こうした視点は，専門的技能・知識を身に付ける上で，データの蓄積と分析に基づく道しるべとして重要な役割を果たす。

　しかし，一度教壇に立てば，教師は研究者からではなく生徒から評価を受ける。教科指導以外の業務も処理しながら，授業実践上の課題を日々解決しなければならない。学んだ知識の量ではなく，知識を実践でいかに活用できるかが鍵となる。そこで，「教師が生徒からの信頼を得て，授業を成功させるには何が必要か」という切迫した課題について，「実践者の視点」からその対応策を考える。

2.1 英語力

　英語教師の英語力は，教師生活のあらゆる場面で試される。英語を母語としない英語教師にとって英語力を常に磨き，生徒の模範となりつづけるには日々の努力が必要となる。下の表は，授業実践で英語力が試される場面と，そのための英語力を身に付け，またその不足を補うための対応策，日々の心構えを整理したものである。

教師の英語力が試される場面と対応策

場面	対応策（日々の心構え）
生徒の英語力に合わせ，英語を使って授業を行う	・簡単な英語での指示が正確に言えるようにしておく ・生徒の日常に関する話題を英語で話せるようにしておく ・テキストの内容をやさしい英語で導入する練習をする ・明瞭な発音で話し，音読モデルを示せるよう練習する ・活動中心の授業にすることで教師の話を最小限に抑える ・生徒が授業中に使える英語のリストを示し使わせる

授業で使うハンドアウト等を作成する	・自然で正しい例文を書く能力を鍛え，書いた英文の正しさをチェックする手段を知っておく ・ネイティブ・スピーカーに自分の書いた英文を見てもらう
生徒からの英語に関する質問に答える	・生徒の次のような質問に対して答えられるよう，必要な知識の入手手段を知っておく (1)「〇〇〇って英語で何と言うの？」 (2)「どちらの表現がいいの？」「in それとも at ？」 (3)「この英文の意味，文法構造は何ですか？」 (4)「この曲のこの部分の英語が聞き取れないのですが…」
ティーム・ティーチングをする （第14章「ティーム・ティーチング」参照）	・打合せや交渉，人間関係づくりに必要な英語を学ぶ ・ALT とのコミュニケーションに慣れる
英作文，スピーチ原稿等の添削をする	・英作文，語法について知識を深める ・ALT に添削の補助を依頼する
国際交流，海外留学，英語による広報等に関する業務	・これらの業務に関する過去のデータが学校のどこに保存されているかを確認する ・学校業務で必要な英語の種類について把握し，準備しておく

　英語教師にとって，こうした場面で自信をもって業務を行うことが教師としての自信にもつながる。外国語としての英語をコミュニケーションの手段として使うための指導をするには，教師自身が英語を使ってその難しさを認識することが必要である。教師自身のこうした努力は，5年，10年，20年後の教師の力量に大きな差を生むにちがいない。

2.2　生徒指導

　学習者が時間を忘れて夢中になる体験（Flow 体験）を中心に長年研究してきたハンガリー出身のアメリカの心理学者ミハイ・チクセントミハイ（Csikszentmihalyi, 1997）は，教える内容や教えることに対する情熱が生徒に乗り移ると述べている。生徒に「どんな先生が好き？」と聞くと，「一生懸命な先生」「英語を教えることが好きな先生」「生徒と話すのが好きな先生」などの答えが返ってくることが多い。生徒の学びを促す効果的な授業の

前提条件として，こうした教師の情熱（teacher enthusiasm）が大きな要因を占めていると言ってよいだろう。また，英語教育を通して何を伝えたいのか，どのような生徒を育てたいのかという教師のメッセージや教育哲学も重要である。

学校によっては，生徒の学習意欲が低く，授業が成り立ちにくい環境にある場合もあるが，このような場合も，魅力ある教師の存在が授業の成立に大きく貢献する。

生徒をコントロールしようとするのではなく，教師が自分の行動をコントロールすることで相手（生徒）とよりよい人間関係を構築するという視点も参考になる。グラッサー（Glasser, 1998）は前者を Boss-Management（ボス的マネジメント），後者を Lead-Management（リーダーによるマネジメント）と呼び，著書 *The Quality School* の「まえがき」で次のように紹介している。教師は教室においてはこうしたリーダーの資質を発揮する必要がある。

> A boss drives. A leader leads.
> A boss relies on authority. A leader relies on cooperation.
> A boss says 'I.' A leader says 'We.'
> A boss creates fear. A leader creates confidence.
> A boss knows how. A leader shows how.
> A boss creates resentment. A leader breeds enthusiasm.
> A boss fixes blame. A leader fixes mistakes.
> A boss makes work drudgery. A leader makes work interesting.

2.3 言語活動のレパートリー

英語教授法で学ぶ内容は，「生徒の実態に応じた言語活動を円滑に行う能力」という形に変換されてはじめて生かされる。教師は自分が教えられた方法で教える傾向にあるが，その方法が現在の英語教育の目的に合っているか，生徒たちが将来必要な知識・技能を身に付けることに役立つかを考える

必要がある。自分が慣れ親しんだ快適な方法や環境から抜け出して（to step out of your comfort zone），言語活動のレパートリーを増やすことが重要である。

2.4 専門知識

　教壇に立ちはじめると，教師としての専門知識がいかに必要かを痛感させられる。下の表は，教師の専門性が試される場面と，その専門性を得るための対応策，日々の心構えを整理したものである。なお，指導案については，研究会で示されるような詳細なものを現場の教師が毎日作るわけではないが，少なくとも簡略化した指導案と，毎日の授業の振り返りの記録を残すことは必須である。

教師の専門知識が試される場面と対応策

場面	対応策（日々の心構え）
指導案作成 （第13章「指導案」参照）	・学習指導要領，観点別評価，英語教育の目的，コミュニケーション能力とは何かについて理解を深める ・すぐれた実践者の指導案を分析し，ファイルする ・授業分析についての基礎知識を学ぶ
文法・語彙・4技能の指導 （第11章「4技能と音声・語彙・文法指導」参照）	・英語の音声の特徴について基礎的な知識を得る ・言語習得理論について基礎的な知識を得る ・効果的指導法についての基礎的な知識を得る
テキストの内容についての英語でのやりとり，雑談	・専門分野に限らず，テキストで扱われる様々な話題・分野について英語で知識を得ておく
テスト作成 （第15章「評価とテスト」参照）	・測定すべき能力は何かを明確にする ・テスト問題の形式，作成方法について知識を得る ・パフォーマンス・テストの評価方法について知識を得る
様々な個性を持った生徒への対応 （第3章「学習者論」参照）	・学習者の個人差が外国語学習に及ぼす影響について学ぶ ・動機付けや学習ストラテジーについて学ぶ ・個々の生徒に対する日々の指導とその結果を常に振り返る
研究報告・発表 （第17章「今後への展望」参照）	・Reflective teaching, action research について学ぶ ・研究報告書作成，発表の仕方，論理的文章の書き方を学ぶ

2.5　交渉力と仕事力

　教師の仕事は人間が相手である。生徒，同僚の教員，保護者，教育委員会等とのコミュニケーションや交渉をうまく行わねばならない。そのためのプレゼンテーションスキルや情報収集，整理，分析力も必要である。複数の仕事を効率的に処理し，英語教育に時間とエネルギーを捻出したい。教師には教育者，研究者としての力量だけでなく，仕事を効率的にこなすビジネスマンとしてのスキルも必要である。

3　Professional development … 教師の成長

　学校の英語教員となるには，大学あるいは大学院で所定の単位を修得し，教育実習を経て採用試験に合格しなければならない。しかし，教師の成長はそこがスタートラインである。ここでは，教師の成長に欠かせない振り返りと自己研修について確認する。

3.1　リフレクティブ・ティーチング（Reflective teaching）

　教師が自らの実践を批判的に省察（reflection）し，次の実践へとつなげるリフレクティブ・ティーチング（reflective teaching）は，教師の成長に不可欠である。リフレクティブ・ティーチングの方法として，Richards & Lockhart（1996）は，以下の6点を挙げている。

> ① Teaching journals
> ② Lesson reports
> ③ Surveys and questionnaires
> ④ Audio and video recordings
> ⑤ Observation
> ⑥ Action research

　上記のうち，特に①の授業日誌や②の授業報告シート（チェックリスト形式の授業実践記録）は日常的に行うことが可能だ。記録に残すことで授業中

に気づかなかったことに気づき，生徒への理解を深めることができる。③の各種調査やアンケートは，生徒理解を助けると同時に，生徒に対しては教師が授業改善に意欲的である姿勢を示すことにもなる。⑥の アクション・リサーチは，授業における特定の課題について，データの収集と分析をしながらシステマティックに手順を追って行う実践研究であり，研究成果を共有することでよりよい授業実践が可能となる（第11・15章参照）。

3.2 自己研修

自己研修には，さまざまな選択肢がある。教育委員会や教育センター等の公的機関が提供する研修を始め，大学，語学研究機関，専門学校等による英語教師向けセミナー，教師の任意団体主催の研修会がある。こうした研修で熱意のある教師や研究者に出会うことは大きな刺激になると同時に，最新の理論や指導技術を学ぶ機会を得ることにもつながる。

また，近年では，オープンコースウェア（OCW = open course ware）活動により，インターネットを通じ世界中の大学・大学院の講義が英語で視聴できるようになった（The OCW Consortium の Web サイトで開講講座が閲覧可能）。英語を通じて最新の専門知識を入手し，情報交換をすることが今後ますます世界規模で展開することになるだろう。

3.3 経験のある教師と熟達教師

教師は単に経験を積むだけではすぐれた教師にはなれない。Tsui（2005）は，経験のある教師（experienced teacher）と熟達教師（expert teacher）とは同じではなく，後者に見られる顕著な特徴は，経験を積んで授業に慣れてもそれに甘んじず，授業に慣れた分の「余裕」をより高いレベルに達するための工夫に再投資することだと述べている。生徒たちに英語を教えることへの情熱と，英語教師としての自己の成長への欲求がうまくかみ合ったところに，熟達教師への道筋がある。

● REVIEW EXERCISES ●

1. Matching

この章で学んだ重要な概念またはその概念に関するエピソードが英語で説明されています。それぞれを，下のキーワードと結び付け，かっこ内に書き込んで下さい。さらに，そのキーワードを簡単に日本語でも説明できるようにしましょう。

> (a) flow　　(b) teacher enthusiasm　　(c) action research
> (d) the PDCA cycle　　(e) lead-management

(　　　　) 1. Ms. Takagi had a problem motivating her students, so she embarked on a systematic investigation to improve the situation by collecting data, trying some new teaching methods, and checking the results.

(　　　　) 2. The students enjoyed learning in Mr. Kato's class so much that time passed very quickly.

(　　　　) 3. After planning and teaching a lesson, Mr. Ishii always reflects on his teaching and uses that knowledge to teach better in the next class.

(　　　　) 4. The students like Ms. Tanaka because she is so energetic and looks like she loves teaching more than anything else in the world.

(　　　　) 5. Instead of just telling students to memorize words, Mr. Kobayashi demonstrates how to memorize them using different kinds of memory tricks.

2. Comprehension Check
　本文を見ずにかっこ内に適語を入れなさい。選択肢がある問題では，正しい方を選びなさい。パートナーと答え合わせをして，難しかったところを話し合いましょう。

　英語教師に求められる資質・能力について，2003（平成15）年に文部科学省が編纂したガイドブックには，(1　　　　)，(2　　　　)，(3　　　　)の3項目が挙げられた。英語運用能力の目標値としても英検(4　　　　)級などの指標が示された。
　一方，教壇に立つ教師にとり緊急の課題は，生徒からの(5　　　　)を得て授業を成功させることであり，自らの資質・能力を現場の状況に則していかに発揮できるかがその鍵となる。英語が使えることはもとより，教育に対する教師の(6　　　　)や教育哲学に根ざした生徒指導力，言語活動を効果的に行う力も試される。テスト作成や個別の生徒への対応など，教育測定や心理学など英語教育に関連する専門分野についての知識も必要となる。人を説得するための(7　　　　)力や能率的に仕事をこなす仕事力も教師の職務に欠かせない要素である。
　英語教師の成長には，教員として採用されてからの過ごし方が重要である。常に自己の実践を(8　　　　)り，(9　　　　)に励むことにより，単に経験のある教師ではない(10　　　　)教師となることができる。

3. Discussion
　少人数のグループに分かれ，次のトピックから1つ選んで10分間話し合ってください。次に，ディスカッションリーダーが各グループの話し合いをまとめてクラス全体に報告してください。

1. What are you currently doing to improve your English skills?
2. Who was the most influential English teacher when you were a junior

or senior high school student? Can you think of a memorable moment (either positive or negative) about this teacher?

Topic number：(　　　)

Summary of the discussion

●●● Can-do Checklist ●●●

　この章で学んだ重要な項目について，簡単な説明ができると思ったらチェック（✓）を付けましょう．チェックが付けられなかった項目は，折を見て復習してください．

I can briefly explain …

- ☐　1. the PDCA cycle
- ☐　2. flow
- ☐　3. lead-management
- ☐　4. teacher enthusiasm
- ☐　5. reflective teaching
- ☐　6. action research

● Final Reflections ●

1. 英語教育を通して，あなたはどのような生徒（児童）を育てたいですか？

　　...

　　...

　　...

2. 英語教師としての英語力や授業力を高め続けるために，毎日の生活でできることにはどのようなことがありますか？

　　...

　　...

　　...

For Further Reading

Dörnyei, Z. (2001). *Motivational strategies in the language classroom*. Cambridge：Cambridge University Press.
Glasser, W. (1998). *The quality school*. New York, NY：Harper Perennial.
鹿毛雅治・奈須正裕（編著）. (1997).『学ぶことと教えること』. 金子書房.

コラム⑵ Can-do List とは

Can-do List とは,「簡単な語句を使って自己紹介をすることができる」など,言語を用いて何ができるかについての能力記述文(Can-do statements)をリスト形式で示したものです。CEFR (Common European Framework of Reference) が有名ですが,日本でも研究が活発に行われ,こうしたリストを各学校が作成し具体的な到達目標を設定することで,コミュニケーション能力の育成に向けた英語教育をより推進することが求められています。

第3章

学習者論
Becoming a Successful Learner

ヒトがほぼまちがいなく第一言語（L1）を習得するのに対し，第二言語（L2）の習得は学習者によりその到達度に大きな違いがあります[1]。これは，外国語を学ぶ誰もが実感していることです。このような個人差を引き起こす要因を考え，さらに，外国語を上手に習得した人はどのような方略（ストラテジー）を使うのか，見てみましょう。

●Warm-up●

自分の周りに，他の人より外国語が上手な人がいるのではないでしょうか。その人はなぜ上手になったのでしょうか。その人の個性，特徴などを考えてみてください。直接聞いてみてもかまいません。結果をグループで話し合い，下の表に書き込んでみましょう。

名前	特徴1	特徴2	特徴3

---

[1] 本書では，人が最初に習得する言語を，母語，第一言語（first language）あるいはL1（エルワンと読む）と記載する。「母国語」は使用しない。母語に続いて二番目に習得する言語を，第二言語（second language）あるいはL2（エルツーと読む）と表示する。

> **KEYWORDS**: integrative/instrumental motivation,
> deductive/inductive learning, risk-taking,
> aptitude, intrinsic/extrinsic motivation

1　What kinds of factors affect your learning? … 学習者要因

　L2習得に個人差があることについては，年齢や適性など，いろいろな要因が指摘されている。効果的にL2習得を進めるためには，学習者が，自分がどのような学習者であるかを考え，どのような方法で勉強したらよいかを考えることが重要である。

1.1　年齢（Age）

　外国語学習は早く始めるとよい，という考えは，第一言語習得研究で提唱された臨界期仮説（Critical Period Hypothesis）に基づいている。これは，ある一定の年齢を超えるとそれ以後の言語習得が困難になるという説であり，第二言語習得においても同様の状況がみられるとされた（第4章参照）。この説に賛同する意見はあるが，若ければ若いほどよいという説の裏付けははっきりしていない。年少の学習者，大人の学習者それぞれに外国語学習にあたって有利な点があるので，それを生かした教育を行うべきであろう。

　　年少の学習者の利点：話題が身近なものに限られる。時間にゆとりがある。

　　大人の学習者の利点：分析的である。すでに第一言語を習得している。常識がある。

　上記のような年少の学習者と大人の学習者の利点を考慮すると，深い理解や分析が必要な文法の理解などは，大人の学習者が有利であり，身近な話題を用いての気取らない会話学習の環境などにおいては，年少の学習者の方が有利だと言えるだろう。外国語学習を全般的に見ると，ある年齢を過ぎたからといって自分の学習はこれ以上進まない，と考えるのは短絡的である。

1.2 適性 (Aptitude)

　外国語学習には適性があり，適性に恵まれた学習者は習得が早いという考え方がある。よく知られた適性テストに Modern Language Aptitude Test (1959) がある。これは，Carrol と Sapon という二人の研究者によって開発されたものであるが，彼らによると，外国語学習がうまくいくためには次の4つの能力が必要である。

- 音声を記号化する力
- 文法的な感覚
- 記憶力
- 帰納的な推論力

この4つの能力を測るために開発された MLAT のテストは，次のような5部構成となっている。簡単な例とともに示す。

Part Ⅰ：Number Learning　聴覚と記憶力，音声と意味を結びつける力を測る
　例："ba" = は one を，"baba" は two を，"tu" は twenty を表すという例を聞いたあと，"tu-ba" や "tu-baba" を聞き，それがそれぞれ twenty-one や twenty-two であることを推測する。

Part Ⅱ：Phonetic Script　音声と記号を結びつける能力を測る
　例："geeb" "geet" "buf" といった意味のない音の例を聞き，次に言われた語がさきほど聞いたもののうち何だったかを推測する。

Part Ⅲ：Spelling Cues　英語の語彙力と音声と記号を結びつける能力を測る
　例："kloz" のように，発音に近い綴りで与えられた語に最も近い意味を持つ語を，選択肢（attire/nearby/stick/giant/relatives）から選ぶ。

Part Ⅳ：Words in Sentences　文法に対する感覚を測る
　例："JOHN took a long walk in the woods." という文を見て，大文字で表わされている語と同じ文法的な働きをしている語を，問題文の下線を引いた語から1つ選ぶ。

> "Children in blue jeans were singing and dancing in the park."
> Part V：Paired Associates　機械的な記憶力を測る
> 　例：未知の言語（たとえばマヤ語）と英語の対応語彙リストを暗記し，そのあとに，マヤ語のみを見て，それに対応する英語の語を選択肢から選ぶ。

　MLAT が測定しようとする，聴覚や記憶力などの要因は，L2学習において重要なものではあるが，このテストの結果が L2学習の到達度をあらかじめ決めてしまうものではない。たとえば，このテストで比較的低い得点であった学習者が非常に強い動機（次項参照）を持っていた場合はどうであろうか。このテストで高得点であっても，L2学習への興味が低い人もいる。こういったテストを実施する場合には，その結果を外国語学習の成功を占うものとして使うのではなく，学習者に適切なアドバイスを与えるための資料として使うべきである。また，このテストは，アメリカでは，学習障害（learning disabilities）を診断する手段としても使われている。日本ではこのような外国語学習の適性テストは一般的に使われていないが，学習者の適性を念頭に置いて教えることには意味があろう。

1.3　動機（Motivation）

　外国語学習では，強い動機を持つ学習者は上達しやすいという考え方がある。学習者の動機付けは，教師にとって大切な仕事のひとつであるが，難しさもある。動機について見てみよう。

1.3.1　内的動機（Intrinsic motivation）と外的動機（Extrinsic motivation）

　心理学では，動機を大きく内的（intrinsic/internal）と外的（extrinsic/external）に大別する。

　内的動機：自分の心の中から湧いてくる，学習したい気持ちや理解したい気持ち，あるいは何かを達成したときに成就感から来るもので，外から強制されて感じるものではない。
　外的動機：良い成績を取るとほめられたりごほうびをもらえたりするから学習しようとする。

この2つの動機は延長線上にあり，生徒たちはどちらか一方のためだけに学習するということはない。学習してわかったときは楽しく（内的），また正答を出して先生にほめられたくてがんばる（外的），というように，生徒はいつもこの両方の動機に動かされながら学習するのだと考えられる。教師も，わかったときの喜びを生徒に強く印象付け，また，努力した生徒を十分にほめて励ます，両方の動機を上手に使った指導を行うことが望ましい。

1.3.2 統合的動機（Integrative motivation）と道具的動機（Instrumental motivation）

外国語学習における動機付けの研究で，おそらく最も良く知られているのが，Gardner & Lambert（1972）であろう。彼らは，動機を大きく以下の2種類に分けて説明している。

- ■ 統合的動機：その外国語に興味があり，その言語を話す人とかかわりたいという感情。
- ■ 道具的動機：その外国語を知っていると良い仕事につけるから，ビジネスチャンスがあるから，などの外的要因により学習したいと思う感情。

この2種の動機のうち，どちらの動機に基づいて学習すれば到達度が決定的に高くなるか，ということはわかっていないが，たとえば，入試のためだけに英語を勉強している場合（道具的動機）には，入試が終わってしまうと学習をやめてしまう可能性もある。教師は，入試のために英語を勉強するのだ，という意識の他に，たとえ入試のために勉強していても，学習を続けて行くうちに英語そのものに興味を持って（統合的動機），さらに学習を進めたくなるような状況を作り出して行くことが重要である。

1.3.3 第二言語学習動機セルフシステム（L2 Motivational self system）

Gardnerらの研究は，主に，英語・フランス語バイリンガルの環境であるカナダで行われた。これに対し，ハンガリーの学習動機研究者Dörnyeiらは，日本での英語学習のように，第二言語（second language）というより，外国語（foreign language）として外国語を学んでいる学習者が世界中にいることに注目し，研究を深めた。Dörnyeiは，2005年，Gardnerの基礎に基づきながらも，よりグローバル化した社会における外国語学習の動機につい

て新しい概念を提案した。これが，第二言語学習動機セルフシステム（L2 motivational self system）である。

この概念の主な構成要素は以下の2つである。第1は，「理想自己（ideal L2 self）」であり，「英語学習は自分にとって重要であることがわかっており，積極的に取り組もうとしている自分」である。2つ目は「義務自己（ought-to L2 self）」であり，これは，「外国語学習をしなくてはいけないことはわかっていて不安に思っている自己」である。

この考え方では，たとえば，経済学を学ぶためにアメリカに留学したいと考えている学生が，必ずしも英語話者のコミュニティーと同化したいと望んでいるわけではなくても，留学のためには英語をしっかり学ぶことが必要だという価値観を持っていれば，その学生は「理想自己」を持って英語学習に取り組むことができるのである。

Dörnyei は，自らの提案した理想自己の概念と Gardner の統合的動機とには関連性があるが，理想自己という考え方の方がより多くの状況を説明できると主張している。

1.4　認知スタイル（Cognitive style）

認知スタイルとは，学習者がどのように情報を処理するかについての傾向を指している。認知スタイルにはいくつかの特徴（traits）が提唱されているが，どのスタイルの学習者がより速く外国語を習得するということではない。認知スタイルのうちいくつかを下に紹介する。

- 場依存と場独立（field dependence & field independence）
  FD と FI とも略される。だまし絵から特定の形を抜き出すテストに苦労する人を場依存（field-dependent），楽に行える人を場独立（field-independent）の傾向があると言う。

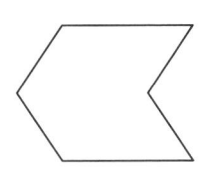

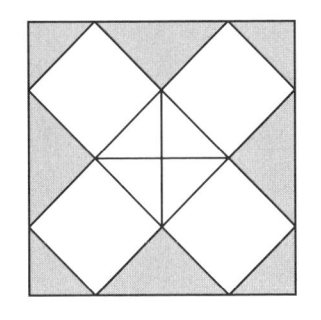

上記は，Witkin, Moore, Goodenough & Cox（1977）によるだまし絵テスト（embedded figures test）の一例である。左の形を，右のより複雑な絵から抜き出すのに苦労する人は，楽に抜き出せる人に比べると，刺激を知覚する際に視野に影響されやすいとされる。場依存の学習者は文脈を読み取ったり人とコミュニケーションしたりしながら学ぶことに優れ，場独立の学習者は文法や語彙を分析的に学ぶことに優れているという仮説がある。ただし，状況により，この依存度が変化するという説もある。

- 演繹的と帰納的（deductive & inductive）
まずはルールを学び，そのルールを使って外国語を学ぼうとするのが演繹的（deductive），まずは外国語を見て，そこから何らかの規則性を見つけ一般化しようとするのが帰納的（inductive）な学びである。

1.5 個性（Personality）

個性は，先述の「認知スタイル」の一部として取り上げられることがあり，外国語学習の成功に影響を与えると考えられている。個性は「内向的⇔外向的」というようにふたつの相反するものを対にして考えることが多いが，学習者がどちらか一方に属するというより，どちらかというと内向的，どちらかというと外向的，というように，度合で考えることが多い。以下にいくつかの個性の例を挙げて簡単に説明するが，どちらが外国語学習において決定的に有利であるとはいえない。

- 内向的（introverted personality）⇔外向的（extroverted personality）
内向的，外向的とは，自分と外の世界とのかかわり方を指しており，

外向的な性格を持つ学習者はグループ学習を好み，内向的な性格を持つ学習者は一人での学習を好む傾向があるとされる。
- リスクを避ける（risk-avoiding）⇔リスクを冒す（risk-taking）
自分に不安（anxiety）を持つ学習者はリスクを避ける傾向があり，自分に自信（self-confidence）を持つ学習者は冒険してみる傾向があるとされる。
- 他者への感情移入（empathy）がある⇔他者に対し無関心（insensitivity to others）である
他者の感情への配慮ができる学習者は他人の感情に無関心な学習者より有利であるという説がある。
- あいまいさを許容できる（tolerance of ambiguity）⇔あいまいさを許容できない（intolerance of ambiguity）
あいまいさを許容できる学習者は，自分にとってはっきりしない部分があってもそれにこだわらずに学習を進めて行くことができ，あいまいさへの許容度が低い学習者より有利だという説がある。
- 第二言語でコミュニケーションしようとする意志（willingness to communicate in a second language）という概念は，MacIntyre, Clément, Dörnyei and Noels（1998）によって提案されたものだが，第二言語学習の心理的要因としてよく言及される。コミュニケーションしたいという意欲はさまざまな要因，たとえば，「誰か特定の人とコミュニケーションしたいか」「コミュニケーションや第二言語に自信があるか」「学習者の性格はどうか」などにより左右される。

2　What kinds of strategies do good learners use?
学習ストラテジー

　外国語を学んだり，使ったりするとき，どのようにうまく，効率的に学んだり使ったりすることができるだろうか。外国語を学ぶ際の工夫やコツを，学習方略，あるいは学習ストラテジー（learning strategies）と呼ぶ。学習ストラテジーにはどのようなものがあるか，見てみよう。

2.1 O'Mally & Chamot（1990）の学習ストラテジー

O'Mallyらは，第二言語学習者は主に以下の3種の学習ストラテジーを用いていると分析した。

(1) メタ認知ストラテジー（metacognitive strategies）
計画をしたりモニターしたりして，自分の学習を管理しようとする
例：学習の計画を立てる，自分の進歩の状況をモニターする，自分の学習を自己評価する

(2) 認知ストラテジー（cognitive strategies）
外国語学習に意識的に取り組む
例：きちんとノートを取る，モデルリーディングのあとについて繰り返し練習する，想像したり頭のなかにイメージを作ったりしながら暗記する

(3) 社会・情緒的ストラテジー（social/affective strategies）
周囲とのインタラクションを求める
例：ネイティブ・スピーカーと関わろうとする，友達と協力する，教師に質問する，説明や具体例を求める

2.2 Naiman, et al.（1978）のGLL（The Good Language Learner）ストラテジー

「良い学習者」は，外国語学習が苦手な学習者と異なったストラテジーを使っているかもしれないし，同じストラテジーでもより効率的に使っているかもしれない。Naimanらは，良い学習者が共通して使っているストラテジーを大まかに以下の6つにまとめた。

(1) 自分に合った学習スタイルを見つける
自分が置かれている学習環境を補い，自分に合った学習スタイルを維持する

(2) 自分の外国語学習に積極的に関わる気持ちを持つ
受け身の姿勢ではなく，授業への参加の仕方や自己学習の仕方を工夫する

(3) 言語が知識の体系であると同時にコミュニケーション手段でもあるこ

とを意識する

文法や語彙をしっかり学ぶと同時に，コミュニケーションの機会を求めて会話しようとする

(4) 自分の語学力を高めるためにいつも気を配る

現在の力に満足せず，自分で考えたりネイティブ・スピーカーに質問したりして，力を高めようとする

(5) 母語と第二言語を切り離して，第二言語のシステムを作る

第二言語を聞いたときに母語に置き換えるのではなく，第二言語の中で理解しようとする

(6) 第二言語を学習する際の難しさをよく知ったうえで学ぶ

外国語学習が多くの努力を必要とするものだということを理解し，ときには恥ずかしい思いをしながらでも上達しようとする

コラム(3) 「ストラテジーを知っている英語学習者」

本書では，「良い学習者」の例をいくつか紹介しています。学習ストラテジーは，訓練することで効率的に使えるようにすることが可能です。自分の学習をより効率的に進めるためにはどのような学習ストラテジーを訓練したらよいかを考えてみましょう。また，教師になったときに，ストラテジーをどのように教えたらよいか，ぜひ考えてみてください。自分で自分の学習を振り返り，積極的に学習を管理し，努力しようとする姿勢は，自律的学習者（autonomous learner）になるための重要な一歩です。

3 Teaching learners to discover what works for them
学びのトレーニングの必要性

　以上，第二言語学習における到達度の差を引き起こすと考えられる「学習者の要因」と，学習者が用いているとされる「学習ストラテジー」について見てきた。教師としての私たちは，学習者はさまざまな個性を持ち，ひとりとして同じ人間はいないことを知っているにもかかわらず，英語学習に関しては，さまざまなタイプの学習者がいることを忘れがちである。しかし，それを思い出したとしても学習者のタイプに合わせて何十通りもの授業をすることは実質的に不可能であるし，学習者は学習の過程で，異なったタイプに変わっていくこともある。そのような中で，教師はどのように対応したらよいのだろうか。

　教師がこのストラテジーを使いなさいとか，学習管理をしなさい，などとひとつひとつ教え込むのではなく，ストラテジーというものがある，ということ，自分の学習者タイプを知ることが重要であることを生徒に伝え，生徒一人ひとりが考えるきっかけを与えることが大切であろう。すなわち，学び方をトレーニングすることである。これこそが，外国語教育の目標のひとつである「自律学習者の育成」に一歩近づくことになる。

REVIEW EXERCISES

1. Matching

　この章で学んだ重要な概念またはその概念に関するエピソードが英語で説明されています。それぞれを，下のキーワードと結び付け，かっこ内に書き込んで下さい。さらに，そのキーワードを簡単に日本語でも説明できるようにしましょう。

(a) instrumental motivation　　(b) integrative motivation
(c) deductive learning　　(d) risk-taking
(e) aptitude　　(f) intrinsic motivation

(　　　　　) 1. This word refers to the potential that a learner has for language learning. We could predict the degree of success by using a formal test that evaluates this learner trait. A well-known test is MLAT and it evaluates learners' ability to deal with sounds, grammar, memory, etc.

(　　　　　) 2. This phrase refers to the situation where learners want to learn a language, driven by a desire that comes from inside: they are interested in the language or they want to learn for their personal development.

(　　　　　) 3. This term refers to the situation where learners want to learn a language because it will be useful for goals such as passing an examination or getting a job.

(　　　　　) 4. Some learners want to learn the language because they want to get to know the people who speak that language. They are also interested in the culture associated with that language. This concept was first proposed by Gardner and Lambert.

(　　　　　) 5. This is a personality factor that describes the degree to which a learner is willing to undertake actions that involve a significant degree of risk.

(　　　　　) 6. It is an approach to language learning in which learners are taught rules and given specific information about a language. The learners apply these rules when they use the language.

2. Comprehension Check

　本文を見ずにかっこ内に適語を入れなさい。選択肢がある問題では、正し

い方を選びなさい。パートナーと答え合わせをして，難しかったところを話し合いましょう。

　年齢と外国語習得の関係について，(1 年少の方が／年長の方が) 有利であると考える人が多いが，これは，(2　　　　) という仮説に基づいている。ただし，この仮説についても賛否両論があり，幼い頃に外国語習得を始めた学習者は，(3 発音／文法) に，年長になってから始めた学習者は (4 発音／文法) に優れていることを示す研究がある。つまり，年齢そのものが外国語学習に決定的な役割を果たすと断言 (5 できる／できない) のである。

　認知スタイルの中でも，まずルールを学んでから外国語に取り組むことを得意とする (6　　　　) な学習者と，ルールを教えられずに外国語を見て，パターンを見つけ出していくことを得意とする (7　　　　) な学習者がいると考えられる。また，自分のまわりとの関わりを重要視する (8 場依存／場独立) の学習者は，人と関わり，コミュニケーションをとりながら学ぶことに優れ，(9 分析的／全体的) な学び方をする (10 場依存／場独立) の学習者とは異なっていると考えられる。しかし，ここでもまた，重要なことは，認知スタイルは100％どちらかに偏っているのではなく，どちらの方向にどれだけの傾向を示しているか，という観点から見ることが必要だということである。

3. Discussion
　少人数のグループに分かれ，次のトピックから1つ選んで10分間話し合ってください。次に，ディスカッションリーダーが各グループの話し合いをまとめてクラス全体に報告してください。

1. What are the merits of starting foreign language education in junior high school rather than in kindergarten?
2. What is a good way to teach students with different personality types

in one classroom?

Topic number：(　　　)

```
Summary of the discussion
```

Can-do Checklist

この章で学んだ重要な項目について，簡単な説明ができると思ったらチェック（✓）を付けましょう。チェックが付けられなかった項目は，折を見て復習してください。

I can briefly explain …
- [ ] 1. Critical Period Hypothesis
- [ ] 2. aptitude
- [ ] 3. instrumental motivation
- [ ] 4. integrative motivation
- [ ] 5. learning strategies
- [ ] 6. tolerance of ambiguity
- [ ] 7. introverted personality vs. extroverted personality
- [ ] 8. risk-avoiding vs. risk-taking
- [ ] 9. the traits a good language learner has

Final Reflections

1. 自分の personality を分析して，自分がどのような language learner なのか簡単に書きなさい。どの部分を変えたらさらに効率の良い good language learner になれると思いますか。

　..

　..

　..

2. 教師になったとき，自分のクラスに英語学習にまったく興味を示さず，「私は一生日本で暮らすので英語はいらない」と言う生徒がいたとします。どのように話しかけて，生徒のモチベーションを高め，維持したらよいでしょうか。

　..

　..

　..

For Further Reading

Dörnyei, Z. (2005). *The psychology of the language learner: Individual differences in second language acquisition.* New Jersey: Lawrence Erlbaum Associates.

Gardner, R. & Lambert, W. (1972). *Attitudes and motivation in second language learning.* Rowley, Mass.: Newbury House.

O'Mally, J. & Chamot, A. U. (1990). *Learning strategies in second language acquisition.* Cambridge: Cambridge University Press.

コラム(4) 学習者も人それぞれ

教師はそれぞれに外国語学習の成功を左右する持論を持っていることが多いものです。「外向的でないと英語はうまくならない」とか，「英語が好きでないとうまくならない」など。こういった持論により，内向的な学生や，英語が取り立てて好きでない学生が疎外感を持つような授業を行ってはなりません。自分が教える生徒が，それぞれに異なった個性，適性，動機などを持っていることを念頭に置き，指導を工夫することが教師には求められているのです。

第4章

言語習得と言語教育
Language Acquisition and Language Teaching

私たちはどのような方法で言語を身に付けるのでしょうか。この章では，まず，母語習得（第一言語習得）について簡単に振り返り，次に外国語習得（第二言語習得）について考察します。外国語教育（英語教育もこれに含まれます）の使命は，学習者を後押しして，効率のよい外国語習得を図ることです。その際に，私たちがどのように第二言語を習得するのか，ということについて知っておくと，とても参考になります。

●Warm-up●

自分の英語習得について振り返ってみましょう。下の表に書き込んだら，グループ内で発表しあい，各自の英語習得の道のりの中でどんな点がうまくいったか，どんな点がうまくいかなかったかを話し合ってみましょう。

あなたの第一言語	
あなたの第二言語	
英語習得のスタート時期	（　　　　　　　　）歳ころ
初めて英語を学んだ場所	家庭・幼稚園（保育園）・小学校・中学校・塾・その他
うまく行った点	
むずかしかった点	
英語習得で特に思い出に残っていること	

> KEYWORDS : first (second) language acquisition,
> habit formation, innate capacity,
> Critical Period Hypothesis, interaction,
> affective filter, interlanguage

1　First language acquisition … 第一言語習得

　このテキストの読者のほとんどが，自分の第一言語は日本語だと答えるであろう。では，みなさんは，日本語をどのように習得したか覚えているだろうか。第一言語は，通常，幼少期に，努力することなく身につく。言語の複雑さを考えるとその事実は驚くべきものであり，その複雑なメカニズムは十分に解明されているとは言えない。ここでは，1950年代以降の第一言語習得研究の考え方について簡単に振り返る。

1.1　言語の生得性（Innateness to learn language）

　言語習得というテーマは古くから人々を魅了してきた。我々が第一言語（母語，L1）をどのように身につけるのかということについて，いろいろな説があったが，その中でも，20世紀半ばまでに最も広く考えられていたのは，言語習得は習慣形成（habit formation）であるという説であった[1]。これは，当時の行動主義的心理学（behaviorism）と構造主義言語学（structuralism）に基づくモデルとされ，子どもは模倣（imitation）や反復（repetition）により，周囲の大人の発話をまねしながら第一言語を身につけていくと考えた。しかし，その後研究が進むにつれ，言語の習得は習慣形成のみでは説明されないらしいことがわかってきた。以下にその理由を挙げる。

- 大人の発話を聞き，それをまねているだけなら，大人と同様の文（すなわち，文法的に間違っていない文）を言うはずである。しかし，子

---

[1] これを外国語教育に応用したものが，オーディオリンガル・メソッドである（第5章「教授法」参照）。

どもの言語には，発達の段階があり，その途上で，文法的に間違った発話をしながら，だんだんと大人の文法へと進んでいくことがわかっている。子どものころに利用する文法を子どもの文法（child grammar）と呼び，大人の文法（adult grammar）と区別する。
- 大人の発言がどのようなものであるかにかかわらず，子どもの第一言語が発達する順序（文法構造などの習得順序）がほぼ同じであることがわかっている。有名な例としては，否定の習得があるが，英語では，まず，No milk. というように，文の最も外側に否定辞を置くことから始め，それからだんだんに文の内側に入れるようになる。
- すべての子どもは，どんな言語であれ，第一言語の文法と音声の体系を無理なく身につけることがわかっている。育った環境や多少の発達遅滞は母語の習得を妨げない。

このようなことから，子どもにはことばを学ぶ生まれつきの能力があるのではないかと考えられるようになった。子どもは，大人の発話をまねすることはあっても，文法については，まねすることにより習慣として身につけるのではなく，もともと持っている能力によって身につけるのではないかという考え方である。これを言語の生得性（innate capacity to learn language）と言う。この理論は，アメリカの言語学者ノーム・チョムスキー（Noam Chomsky）が提案した生成文法の理論を子どもの言語習得に当てはめたものである。これまで，外に現れる行動のみを見てきた立場に対し，人間の心の中を見ようとする立場が提案されたことに意味がある。ここで注意すべきは，たとえば，日本人の両親に産まれた子どもも，フランス語を母語とする人にもっぱら育てられ，フランス語の環境で生育すればフランス語の母語話者となる。つまり，子どもは日本語やフランス語を持って生まれてくるのではなく，どんな言語にも対応できる抽象的な能力を持って生まれてくると考えられる。この抽象的な能力を普遍文法（Universal Grammar）と呼ぶ。これは，「学校文法」のように，文法書として1冊の書籍にまとめられるようなものではない。人間の脳にあるブラックボックスのようなものと考えておこう。このブラックボックスには，すべての言語に共通する特徴と，耳から入って来るフランス語や日本語などの個別言語の特徴をとらえる力が備わっ

ており，そのおかげで，幼児は，大人の会話をインプットとして聞き，それをヒントとして，言語を作り出すことができるのである。その途上において大人の言語にはない間違いをするが，どの子どもも，ほぼ同様の発達の道筋をたどり，ほぼ間違いなく第一言語習得を成し遂げるのである。

1.2 臨界期仮説（Critical Period Hypothesis）

ある一定の年齢を超えてから第一言語を習得することは困難であると言われているが，このことは，第一言語が正常に発達するためには，幼児期の早いうちに言語習得が始まらなくてはならないことを意味している。これを臨界期仮説（Critical Period Hypothesis, CPH）と言う。この仮説において，いわゆる臨界期（これを過ぎると言語習得が難しくなる年齢）が何歳くらいであるかについては統一した見解はないが，おおよそ思春期（puberty）であろうと考えられている。我々は言語習得の時期に家族や社会から隔絶されて育った子どもについての話を聞くことがある。彼らは母語を獲得することが非常に難しかったが，これが臨界期を示すものだと言われていた[2]。しかし，この問題について実証的な研究をすることができないため，臨界期仮説は「仮説」の域を出ないとされている。

この仮説はもともと第一言語習得に関わるものであるが，第二言語習得においても議論されている。第3章を参照されたい[3]。

1.3 相互作用（インタラクション＝interaction）

第一言語習得においては，子どもはことばを学ぶ生まれつきの能力を持っているらしいと述べた。それでは，その生まれつきの能力だけで，ある特定

---

[2]たとえば，1800年にフランスの森の中で保護された少年ヴィクトールは5年間の言語教育を受けたが習得できなかった。また，1970年のアメリカでは，生まれて以降両親によって監禁されていた13歳の少女ジニーが保護された。彼女も言語学者の指導にもかかわらず言語習得ができなかった。

[3]第二言語を習得するときに，ある一定の年齢を過ぎると無理になってしまうことがあるのだろうか。子どもには外国語の早期学習をさせるべきで，適切な時期を逃すべきでない，といった意見をよく聞く。これが第二言語習得における臨界期仮説である。

の第一言語が完璧に習得されるかというと，そうではない。子どもの周囲でその言語が使われ，その言語が子どもに対して発せられることが重要であり，その言語を使う人々，特に親や世話をしてくれる人からのインプット（caretaker speech）が子どもの言語習得に重要な役割を演じる，と考える立場を相互作用（interaction）的なアプローチと呼ぶ。1.1 で述べたように，日本人を母語とする両親のもとに生まれても，フランス語を母語とする人に育てられ，フランス語の環境で生育すればフランス語の母語話者になる。これは，子どもが，すべての言語に共通の原理を学ぶ能力と，個別言語の特徴を学ぶ能力の両方を備えていることを意味している。この能力を発揮するためには，子どもはその言語が話されている環境の中で相互作用（interaction）をすることが必要である。

2 Second language acquisition … 第二言語習得

　第二言語習得とは，第一言語習得が終わっている（つまり，母語を持っている）学習者が，新たに言語を習得することを指す。第二言語がどのように習得されるのか，そのメカニズムを探る研究は，第一言語習得研究の理論と方法を参考にしながら進められてきた。しかし，第一言語習得と第二言語習得の決定的な違いは，第一言語はほぼすべての人が間違いなく獲得できるのに対し，第二言語はその達成度に大きな個人差があるということである。これは，母語を獲得したその上に新たな言語を習得するという複雑さによるものであるが，このメカニズムについて統一した見解に至るにはほど遠い状況である。ここでは，初期の研究からいくつかの代表的な研究を取り上げて簡単に振り返る。

2.1　初期の第二言語習得研究（行動主義的アプローチ）

　1940年代から60年代にかけての第二言語習得研究は，第一言語習得研究の影響を受けて，行動主義（behaviorist）的なアプローチをとっていた。これは，言語習得とは習慣形成（habit formation）であるとする立場で，刺激（stimulus）-反応（response）-強化（reinforcement）というプロセスをたど

るとしている。この立場をとる研究者は，対照分析（contrastive analysis）を行った。これは第一言語と第二言語を比較し，その類似点と相違点を見つけ出した上で，習得の困難さを予測するものである。第一言語は第二言語に影響を与えるので，第一言語と第二言語が類似している項目では習得が容易であり（これを正の転移 positive transfer と呼ぶ），第一言語と第二言語が異なっている項目では困難である（これを負の転移 negative transfer/interference と呼ぶ）。

　この考えに基づくと，文法構造が類似している韓国語を母語とする人と，文法構造が大きく異なる英語を母語とする人が，それぞれ日本語を学ぶ場合，韓国語の学習者の方が有利になることが予測される。この考え方で説明できる点も多々あるが，構造が近い言語でも習得が困難な場合もあり，第二言語習得がうまくいくかどうかを2つの言語の比較のみで説明したり予測したりすることは困難である。

2.2　普遍文法のアプローチ

　子どもは言語習得のための抽象的な能力（普遍文法）を持っている，という考え方は，もともと第一言語習得研究で提唱されたものであるが，すぐに第二言語習得研究にも応用されるようになった。第二言語習得においても，学習者は普遍文法を利用することができるのだろうか，第一言語習得と第二言語習得の関係はどのようなものなのだろうか，などの疑問に対して多くの研究者が取り組んだ。初期の研究の有名なものは，特に，Brown（1973）らが唱えた「第一言語習得において，形態素[4]の習得順序が同じである」という主張を第二言語習得に応用する研究で，「学習者の母語が何であれ，彼らが第二言語として英語を習得する際の形態素の習得順序はほぼ同じである」という結論に達した。これを英語教育の立場から考え，「実際に教室で教える順序にかかわらず，第二言語を習得する順序が不変であるなら，第二言語の文法を教えても意味がないのではないか」といった極端な議論も生ま

---

[4]形態素（morpheme）とは，意味を持った最小の言語単位を指す。言語習得研究で研究対象となった形態素は，冠詞，複数 -s，三人称単数現在形 -s，進行形 -ing などである。

れた。こういった議論はその後修正されつつ，現在に至るまで多くの研究者により，普遍文法に基づく第二言語習得研究が続けられている。このアプローチが持つ重要な意味は，学習者の心の中で何が起きているのか，という，表面に見えない部分を扱っていること，そして，理論に基づく実証的な研究を行っていることである。

2.3 モニター・モデル（Krashen, 1985など）

　1970年代から80年代にかけて，Krashen（1985など）が提唱したモニター・モデル（Monitor Model）という考え方が第二言語習得研究に大きな影響を与えた。モニター・モデルは次の5つの仮説からなっており，普遍文法のアプローチの影響をうかがわせるものである。

- 習得・学習仮説（Acquisition–Learning Hypothesis）
  言語習得（language acquisition）と言語学習（language learning）は異なるものである。言語習得は無意識のものであり，言語学習は教室のような場所で行われる意識的なものである。
- モニター仮説（Monitor Hypothesis）
  学習（learning）で得られた知識は，発話したり書いたりするものをモニター（monitor）して，発話などを訂正したりするのに用いられる。
- 自然順序仮説（Natural Order Hypothesis）
  学習者の母語や学習環境の違いにかかわらず，第二言語の習得順序は変わらない。2.2で説明した普遍文法のアプローチに基づく仮説を取り入れたものである。
- インプット仮説（Input Hypothesis）
  言語習得が起きるのは，理解できるインプット（comprehensible input）が与えられるからである。理解できるインプットは，学習者のそのときのレベルより少し上の $i+1$（アイ・プラス・ワン）で表され，このようなインプットが十分にあり，学習者がそれを理解したときにのみ，そのインプットは，学習者の中間言語（interlanguage）

の一部となる。これをインテイク，または内在化（intake）と呼ぶ。言語習得において重要な役割を果たすのは，このインテイクである。
- ■ 情意フィルター仮説（Affective Filter Hypothesis）
学習者が不安を持っていたり緊張していたりすると，情意フィルターが上がり，インプットがあってもそれを理解することができなくなり，習得が進まない。

これら5つの仮説に対しては，じゅうぶんな検証ができるのかどうか，当時から種々の批判はあったが，のちの第二言語習得研究および英語教育に多くの問題提起をすることになった。

2.4　インタラクション（相互作用）仮説（Long, 1981）

　学習者が周囲の人々とのインタラクション（interaction：話すこと）を通して言語を習得すると考える仮説である。インプットが重要であるという説は多くあったが，この仮説（Long, 1981）では，学習者が何をインプットされるか，ということより，どのようなインタラクションを行うかの方が言語習得で重要であるとしている。このインタラクションをする際に，学習者は，お互いに意味の交渉（negotiation of meaning）を行っているとする。1.3において，第一言語習得におけるインタラクション仮説を取り上げたが，第二言語習得でも同様に，この仮説が提唱された。

2.5　アウトプット仮説（Swain, 1985）

　Krashenは，「インプット仮説」において，言語習得が起きるのは，理解可能なインプットが与えられるからだと唱えたが，これに対し，Swainは，学習者が聞き手に対して理解可能な発話（comprehensible output）を行うことが重要だとして，アウトプット仮説（Output Hypothesis）を唱えた。これは，カナダにおけるイマージョン（immersion）教育[5]の研究に基づく

---

[5] 1960年代のカナダで始まった言語教育法で，教科の内容を目標言語で教えるというもの。「浸す」という意味の"immerge"から来ている。

もので，自らが発話して，それを聞き手がわかるように言い換えたり，相手からフィードバックしてもらったりすることを通して第二言語の発達が促されるとした。

以上，第二言語がどのように習得されるかについての仮説をいくつか紹介した。これらは仮説であり，英語教育の領域をすべてカバーしているわけではない。しかし，このような研究があることを知った上で学習者に目を向けることは，日々の授業の準備をする上でも有益である。ここで紹介した仮説についてはより詳しい書籍が多く出版されているので，機会を見つけて自分なりに読み込んでみることが望ましい。

3 Comparing L1 and L2 acquisition: from the standpoint of foreign language education
第一言語習得と第二言語習得を比較する … 外国語教育の視点から

英語教育に携わっていても，言語習得という概念を持つ機会があまりないとしたら，とても残念なことである。というのは，自分が教えている生徒達が言語習得のプロセスを経験しているということを意識することで，授業の組み立てや教室での発言，さらには教師としての心構えなどに影響があると思われるからだ。ここでは，第一言語習得と第二言語習得を比較してその違いを把握し，英語教師の通念を検討してみよう。

3.1 言語習得開始時

第一言語の習得は生まれたときにすでに始まっている。母語を習得する子どもたちは生得の言語習得能力（innate capacity）を持つと考えられる。これに対し，第二言語習得が開始される時は個人によって大きな差がある。海外で生まれ，家庭内では日本語（第一言語），保育所や幼稚園では現地の言語（第二言語）を使用する場合，第一言語とほぼ同時に第二言語習得が始まると考えられる。また，小学校から始めたという学習者も，中学校から始めたという学習者もいる。これらのいろいろな背景を持つ学習者が，第一言語

を習得したときと同様に，第二言語習得について生得の言語習得能力を使えるかどうかは議論が多くあり，一定の結論には到達していない。

また，第二言語学習者の特徴は，社会的な知識や常識，推論したり比較したりする認知的な能力，周囲の人々とのインタラクションの経験や技術などを持っていることである。これらが，第二言語習得をさらに複雑にし，到達度を個人差の大きいものにしているのである。

3.2　言語習得途上

第一言語を習得する子ども達も習得の途上においては文法の間違いをすることがある。この習得途上の言語のことを子どもの文法（child grammar）と呼んでいる。子どもの文法は，発達に伴って徐々に大人の文法（adult grammar）に近づいていくが，このときに，周囲の人々からの言語のインプットと，彼らとの双方向性のインタラクション（interaction）が必要である。

これに対し，第二言語学習者が習得途上に用いる言語を中間言語（interlanguage）と呼ぶ（Selinker, 1972）。中間言語もまた，自然言語の一形態である。中間言語が発達するためには，第一言語話者と同様に，インプット，インタラクション，アウトプットが必要であるが，それ以外の要因として，動機（モチベーション，motivation），適性（aptitude），教員からの教授（instruction）やフィードバック（feedback）などがあり，これらが第二言語習得の到達度の差に影響を及ぼすとされている。

3.3　言語習得終了時

第一言語話者の子どもは，当該言語の習得プロセスが終了したとき，その言語の母語話者（native speaker）となる。これに対し，第二言語学習者は，自分にとって二つ目の言語を操る複数言語話者（multilingual）となるのだが，第一言語習得と異なり，到達度に大きな差が出ることは周知のとおりである。我々は「第二言語」の「母語話者」になることはできない。非常に高度な習得を達成した人を near-native と呼ぶが，その場合でも発音（特に思春期を過ぎてから習得を始めた人）や，コロケーション（collocation）

の使用[6]，文化的，歴史的な知識を必要とする言外の意味（connotation）の理解，などにおいては母語話者と全く同様のふるまいはできないとされている。バイリンガル話者は，二つの第一言語を同時に習得したと考えるべきだが，それでも，二言語が同じように発達するためには，両親や世話をする人が細心の注意を払うことが必要である。

なお，第二言語習得の途中のあるレベルで習得が滞ってしまう現象がある。これを Selinker（1972）は化石化（fossilization）と呼んだ。化石化を起こす要因としては，学習年齢，学習者の意識，コミュニケーションの量など，種々が挙げられているが，この現象は，なぜ第二言語学習の達成度に個人差があるのか，という重要な疑問との関連で，より深く議論する必要がある。

4 Popular assumptions of language teaching 英語教育のここを疑ってみよう

以下の考えは，英語教育に携わっている教員の間でも意見が分かれることがあるだろう。このようなことについて自分の意見を持とうとするとき，言語習得の知識を持っているとより的確な判断ができる。次の命題について，考察してみよう。

4.1 外国語教育の目的は学習者をネイティブ・スピーカーのように育てることか？

この章で，第一言語習得と第二言語習得はその学習過程が大きく異なり，どの子どももほぼ失敗せずに第一言語は習得できるのに，第二言語習得には達成度が人により大きく異なることを見てきた。ここに至って，「アメリカに行けば誰でも英語を話しているのだから，英語学習は簡単だ」とか，「6

---

[6]具体例として，日本語では「日記をつける」が英語では "keep a diary" となる。日本語で「濃いコーヒー」は英語では "strong coffee" となる。こういった決まった語の組み合わせはかなり高度なレベルに達した第二言語話者でも使いこなすことは難しい。

年間も勉強してきたのに英語が話せないとは，頭が悪いのではないか」などという言葉がいかに的外れであるかわかるだろう。ごく幼いときに第二言語習得を開始した人を除いては，自分にとって二つ目の言語を高いレベルまで習得するには，非常に多くのインプットを受け入れ，自分のアウトプットについては相手からフィードバックをもらって修正し，文法にも関心を払い，そして高いモチベーションを保ち続けることが必要である。

　このことを踏まえ，もともとの外国語への関心も，モチベーションも，学習環境もそれぞれに異なる生徒をどのように指導するのかを判断する必要があろう。

4.2　教室では目標言語のみで教えるべきか？

　新しい学習指導要領では，教室内で目標言語を積極的に使用することが勧められている。それでは，教師は，授業時間のすべてを英語で教えるべきか。これは，担当する科目の特性，生徒の特性，生徒からの期待などいろいろな要素を勘案して決めるべきであり，英語で教えることが目的化されてはならない。生徒が目標言語を使った言語活動を行うことが重要なのであって，教師が英語を話し続けることが学習指導要領の趣旨ではないことに注意したい。

4.3　教室では，コミュニケーション活動を行い口頭でのインタラクションを重視し，文法説明は避けるべきか？

　コミュニカティブ・アプローチが唱えられだして以降，口頭でのインタラクションは重要であり，明示的な文法説明はなるべく短時間に抑えるという傾向が見られる。しかし，これは，学習者の効率良い言語習得につながらない場合もある。本章で見てきたように，第二言語習得と第一言語習得は異なる現象である。第二言語でコミュニケーションしたい，自分の考えていることを話したい，と思っても，そのことばを構成するのは文法であり，日本の学校制度が定める英語の授業時数を考えると，文法はある程度明示的に教える必要がある。その教え方にこそ工夫をすべきである。

4.4　学習者の誤りはいつも／すべて訂正すべきか？

　自分の教室での役割のひとつを，生徒の間違いを正すことだと思っている教師は多いだろう。誤りの修正（corrective/negative feedback）を生徒の発話や英作文の間違いすべてに対して行うことは，教師にとっては時間も労力も精神力も使う仕事である。では，訂正されると生徒は正しい形をしっかりと学び，次回からその間違いをしなくなるのであろうか。実は，必ずしもそうではない。研究によれば，教師が生徒の誤りを正すと，その直後には，生徒は直された通りに発話するが，時間をおいてみると，また同じ間違いをする，というデータがある。つまり，生徒は，教師の訂正通りには必ずしもならないということである（Long et al., 1998）。

　それでは，訂正は何の役にも立たないかというとそうではない。学習者は，自分の発話に対してフィードバックや，確認などが行われることにより，言語習得が進むとされている。教員の負担や効率を考えると，課題を与えるたびに訂正を行うのではなく，全く訂正をせずに多くのアウトプットをさせることを主眼とするタスク，誤りをしないように気をつけさせ，誤りを教師が訂正して学習者の注意を喚起するタスクなど，その時々に合わせて，訂正を行うタスク（正確さを目的とする）と訂正を行わないタスク（多くのアウトプットをさせることを目的とする）に分けて行うことが望ましい。

●● REVIEW EXERCISES ●●

1. Matching

　この章で学んだ重要な概念またはその概念に関するエピソードが英語で説明されています。それぞれを，下のキーワードと結び付け，かっこ内に書き込んで下さい。さらに，そのキーワードを簡単に日本語でも説明できるようにしましょう。

(a) habit formation　　　　(b) innate capacity
(c) Critical Period Hypothesis　(d) interaction
(e) affective filter　　　　　(f) interlanguage

(   ) 1. Ms. Brown wanted to learn French when she was young but did not have a chance to do it. Now she is 30 years old and her friends say it's too late for her to start. She is wondering if it is worth the effort.

(   ) 2. Bob is scared of his Spanish teacher. He doesn't feel comfortable and doesn't speak much in class. As a result, he doesn't speak Spanish well, and his grade has gone down.

(   ) 3. Mr. Sudo is learning German. He thinks that language learning means memorizing words and phrases and using them.

(   ) 4. Erika started studying Chinese when she was fifteen years old. Now at 17, she still makes a lot of errors in case, tense and so on. She is a little ashamed of speaking Chinese in class, but her teacher encourages her and says that her Chinese is good. The language she speaks is not a distorted version of a native Chinese speaker but her present stage of Chinese language acquisition.

(   ) 5. Mr. and Mrs. Takemoto are both deaf. When they had a child, they were worried if she would acquire a language orally. They use sign language to communicate with their child, and take the baby to a park or family events often so she would have no difficulty learning her first language.

(   ) 6. Bobby is the first child to Mr. and Mrs. Jones. They live in a rural town and both Mr. and Mrs. Jones had few friends over to their house, so their home was always very quiet. They didn't speak much to their son, either. Although Bobby didn't have many chances to hear how adults were speaking, he was able to start speaking when the time came！

2. Comprehension Check

本文を見ずにかっこ内に適語を入れなさい。選択肢がある問題では，正しい方を選びなさい。パートナーと答え合わせをして，難しかったところを話し合いましょう。

1900年代半ばには，（1　　　　）主義心理学と（2　　　　）主義言語学の影響を受け，言語習得は，（3　　　　）であるという意見が広く支持された。しかし，それに反する例が多く見つかり，実は子どもは（4　　　　）を持って生まれてきているという意見が多く採択されるようになってきた。

第二言語習得についての研究を見ると，どのようにして第二言語を習得するかには諸説があり，ひとつに決められる状況では全くない。そういった意見の中には，第一言語と同様に言語の生得性をもとにする考え方，学習者が多くのことばを聞いて習得が効率よく進んでいるのだとする（5　　　　），逆に，自分が多くの発話をするからこそ言語習得がうまく進むと提唱する（6　　　）など，諸説ある。

第二言語習得では，初めから上手に発信することができるわけではなく，学習者としての言語である（7　　　　）と呼ばれる言語を話す。しかし，重要なことは，（7　　　）はネイティブ・スピーカーの発話が崩れたものではなく，（8　　　　）のひとつの形だということである。その意味では，学習者は自らの不完全な第二言語を披露することを遠慮していてはならない。積極的にコミュニケーションをとろうとする態度こそが重要なのである。

3. Discussion

少人数のグループに分かれ，次のトピックから1つ選んで10分間話し合ってください。次に，ディスカッションリーダーが各グループの話し合いをま

とめてクラス全体に報告してください。

1. If you don't understand what your British conversation partner just said in English, what do you do?
2. If your students keep making the same mistake in articles in English, what kind of advice would you give them?

Topic number：(　　　)

```
Summary of the discussion


```

Can-do Checklist

この章で学んだ重要な項目について，簡単な説明ができると思ったらチェック（✓）を付けましょう。チェックが付けられなかった項目は，折を見て復習してください。

I can briefly explain …

- [ ] 1. first language acquisition
- [ ] 2. second language acquisition
- [ ] 3. innate capacity of language learning
- [ ] 4. habit formation
- [ ] 5. child grammar
- [ ] 6. interaction
- [ ] 7. affective filter

Final Reflections

1. 中学校で教育実習を行っているとき，ある生徒が，どうしても複数形の -s を付け忘れます。あなたはその生徒にどのように接し，どのように指導しようと思いますか。

....

....

....

2. 第一言語習得と第二言語習得の大きく異なる点をあげて，自分の言語学習の経験と比較して述べなさい。

....

....

....

For Further Reading

Brown, R. (1973). *A first language: The early stages*. Cambridge, Mass.：Harvard University Press.

Krashen, S. (1985). *The input hypothesis: Issues and implications*. London：Longman.

第5章

教授法
Ways of Teaching

学習者に英語を教える方法はいろいろな要素によって変わります。例えば，学習者が英語を勉強する理由によっても変わってきます。また，学習者の保護者や学校，周囲の環境が外国語をどう学ばせたいと考えているかによっても変わってくるでしょう。さらには，教師が好む教授法は教師自身が英語を学んだときに効果的だったことを反映していることもあります。

●Warm-up●

中学校・高等学校時代の英語学習の経験から，効果的だったと思うアクティビティを書き出してみましょう。なぜそのアクティビティは効果的だったのでしょうか？ その理由も書いてみましょう。グループ内でお互いの経験を話し合い，結果を下の表に書き込んでみましょう。

効果的な アクティビティ	特徴1	特徴2	なぜ効果的だったのか

KEYWORDS：approach,　Communicative Language Teaching,
　　　　　PPP,　　　　the Grammar Translation Method,
　　　　　FonF,　　　 Oral introduction,　　TBL

1 Talking about foreign language teaching
教授法に関する言葉の定義

　英語教育に携わる者なら誰もが知っておかなければならない言葉がある。アプローチ，メソッド，テクニックなどの用語は基礎的なものであるが，使う人によって定義がまちまちである。本書では，Richards & Rogers (2001) を参考に，メソッド (method)，アプローチ (approach)，デザイン (design)，プロシージャー (procedure) を以下のように定義する。

1.1　アプローチ (Approach)

　Richards & Rogers (2001) によると，アプローチ (approach) とは「言語や言語学習の本質についての考え方」のことである。人はどのようにして第二言語の知識を得るのかという過程を説明し，学習方法や学習理論の基礎となるものである。つまり言語や言語学習の本質に関する考え方や基本姿勢（接近の仕方＝approach）を意味するものである。

1.2　デザイン (Design)

　デザイン (design) とはアプローチに基づく教授内容や方法の枠組みあるいは設計図である。デザインを作成する段階で考慮されるのはシラバスの構成，教師の役割，教材の役割など，学習者が第二言語を獲得することができるよう計画的に配置された活動内容やその扱い方の明細である。

1.3　プロシージャー (Procedure)

　プロシージャー (procedure) とは授業内で実際に行う言語活動，学習活動のことである。言い換えるならば，特定のアプローチやデザインに基づく，導入，練習，フィードバックなどといった教室での一連の活動の手順である。

1.4　メソッド (Method)

　最後にメソッド (method) であるが，Richards & Rogers (2001) によれば，メソッドとは前述のアプローチ，デザイン，プロシージャーの三つの要

素をまとめた教授法の全体像である（図参照）。

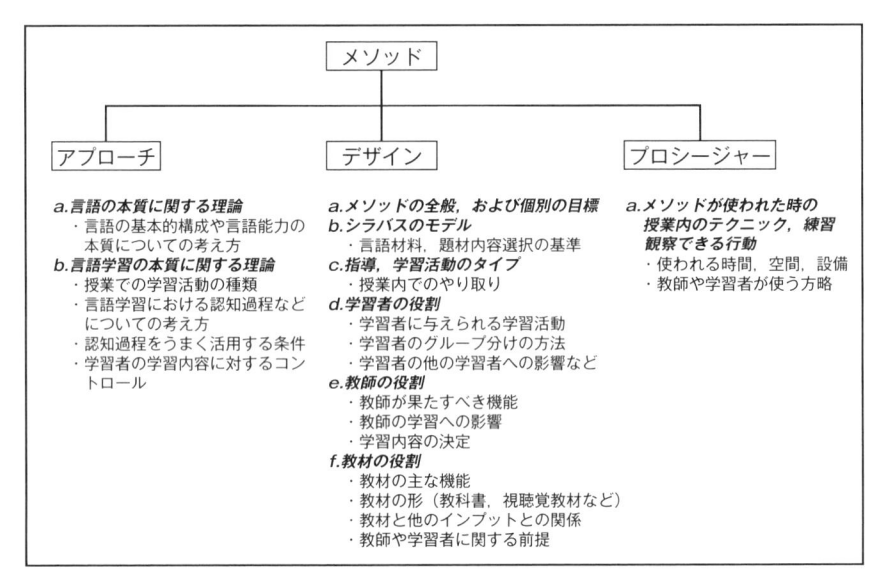

```
                    ┌─────────┐
                    │ メソッド │
                    └────┬────┘
          ┌──────────────┼──────────────┐
     ┌────┴────┐    ┌────┴────┐    ┌────┴──────┐
     │アプローチ│    │ デザイン │    │プロシージャー│
     └─────────┘    └─────────┘    └───────────┘
```

a. 言語の本質に関する理論
・言語の基本的構成や言語能力の本質についての考え方
b. 言語学習の本質に関する理論
・授業での学習活動の種類
・言語学習における認知過程などについての考え方
・認知過程をうまく活用する条件
・学習者の学習内容に対するコントロール

a. メソッドの全般，および個別の目標
b. シラバスのモデル
・言語材料，題材内容選択の基準
c. 指導，学習活動のタイプ
・授業内でのやり取り
d. 学習者の役割
・学習者に与えられる学習活動
・学習者のグループ分けの方法
・学習者の他の学習者への影響など
e. 教師の役割
・教師が果たすべき機能
・教師の学習への影響
・学習内容の決定
f. 教材の役割
・教材の主な機能
・教材の形（教科書，視聴覚教材など）
・教材と他のインプットとの関係
・教師や学習者に関する前提

a. メソッドが使われた時の授業内のテクニック，練習観察できる行動
・使われる時間，空間，設備
・教師や学習者が使う方略

メソッド・アプローチ・デザイン・プロシージャーの関連図
Richards & Rogers (2001) を参考に作成

19世紀の終わりから今日まで，多くの外国語学習に関する理論が提唱され，実践が行われてきた。主なものを年代順にあらわしたものが下表である。

年代別英語教授法一覧

年代	教授法
1880 以前	The Grammar Translation Method
1880〜	The Direct Method (Gouin Method, Berlitz Method, Phonetic Method)
1922	The Oral Method
1940〜	Graded Direct Method（GDM）
World War II	The Army Specialized Training Program（ASTP）
1950〜	The Oral Approach（The Audio-lingual Method）
1960〜	Community Language Learning（CLL）, Suggestopedia
1970〜	Communicative Approach, TPR, Notional-functional Syllabus
1980〜	The Natural Approach

以降の節においては，上表に記載されたものを含む，これまで英語教育に関して提唱されてきた教授法の主なものについて概観してみる。これらの教授法は，Richards & Rogers（2001）の言うアプローチの類似性によって，大きく4つに分類できる。

2　Conscious understanding of grammar is necessary
意識的な文法理解

　最初に取り上げるアプローチは，外国語の学習には文法を意識的に理解することが必要であるとする考え方である。従って，このアプローチに基づくメソッドは言語習得に対してアカデミックで演繹的だと言える。文法訳読法がその代表格である。

文法訳読法（The Grammar Translation Method）

　ギリシア語とラテン語の伝統的教授法から生まれた外国語教授法である。学習者は本文全体を一語一語母語（L1）に訳す。そして文法規則と語彙のリストを暗記する。この教授法の目指すものは文学の名作と古典を読んで訳すことにある。授業は母語で行われる。一般に教科書の章の始めに，習得しようとする言語の豊富な語彙のリストが載っている。学ぶべき文法の要点が本文内にあり，文法の要点は本文の文脈上で提示されている。文法の要点は教師が入念に説明する。言語の発音とコミュニカティブな面にはほとんど注意は払われない。読解に焦点が当てられるが，訳すことができれば，読解ができたことになる。

　日本では，文法訳読法の起源は，オランダ語習得の方法に遡ることができる。これには2段階存在した。最初の段階は「素読」で，語の意味を考えずに読む。学習者は文字を追って声に出して読む。第2段階は「会読」で，一種の協同学習として行われた。「会読」ではまず，一人の学習者がオランダ語のテキストを読み上げ，別の学習者が読まれたテキストの和訳を言い，もう一人の学習者が読まれたことに関して質問をする。第二次世界大戦前は，日本の英語教育は主に文法訳読法で行われた。現在の英語教育の現場でも，

この伝統的な教授法が少なからず見られる。

3 Keep practicing until it's automatic
無意識に使えるまで繰り返す

　自転車の上でバランスの取り方を覚えた後，補助輪を外して何度も何度も練習することで，人はやがて努力しなくても自転車に乗れるようになる。外国語の習得もこれに類似していると考えるのが第2のアプローチに基づく各種教授法である。少しずつ何度も何度も練習して，ついには意識的な努力をしなくてもその言語を使えるようになるという考え方である。

3.1　直接法（The Direct Method）

　外国語教授法の直接法（Direct methods）は，ナチュラル・メソッド（Natural methods）とも呼ばれる。学習者の母語は使われず，L2のみが使われる。直接法は1900年ごろにフランスとドイツで確立した（Gouin Method, Berlitz Method）。訳読を通じて文法と語彙を重視する文法訳読法に替わるものである。次の①～⑩は直接法の原理である。

---

① 教室内の指示はL2で行う。
② 毎回，役に立つ語彙と文を教える。
③ 少人数クラスの中で，教師と学習者が質問と返答を交わすように計画され，入念に分けられた発達段階に沿うことで，オーラル・コミュニケーションのスキルが養われる。
④ 文法は帰納的に教えられる。
⑤ 新しい指導ポイントは口頭で導入する。
⑥ 具体的な語彙はデモンストレーション（例：パントマイム）や，モノ（例：教材），絵などを通じて教えられる。一方，抽象的語彙は観念連想を通じて教えられる。例えば，liberty という語彙を教えるときに，自由の女神の絵を紹介したり，"freedom" か "free" という言葉を口頭で説明したりすると，liberty の観念が学習者の頭

に浮かぶことが期待できる。
⑦　リスニングとスピーキングも教える。
⑧　正しい発音と文法を重視する。
⑨　授業中，学習者はその時間の少なくとも80％をL2で話す。
⑩　学習者は，学習の初期段階から質問をしたり，質問に答えたりすることを教えられる。

　日本では，直接法から発展した Graded Direct Method［GDM］（段階的直接法）が1950年代の半ばに広まった。1929年に C. K. Ogden が850語から成る BASIC (British American Scientific International Commercial) の単語リストを作り，1945年に，Richards と C. Gibson が英語教師向けに *English Through Pictures* というテキストを発行した。この本によってGDMが広まった。GDMの主な特徴は以下の3点である。

①　教材が有機的なつながりをもって段階的に分けられており，厳密な段階に基づいていて，教師は教材からそれることはない。
②　L1は使用しない。視覚教材を多用し，SEN-SIT（視覚　SENse and SITuation）を通じて授業は直解を目指して行われる。
③　学習者の自発的な表現活動を育てる。

3.2　オーラル・メソッド（The Oral Method）

　オーラル・メソッド（the Oral Method）は日本で生まれた教授法と考えられている。この教授法の生みの親の Harold E. Palmer は，1922（大正11）年にイギリスから来日し，14年間日本に滞在してオーラル・メソッドを広めた。彼は英語の習得を，①照合・一致，②融合，③総合活用，の3段階に設定した。そして，英語の習得は音声から始まるべきだ，と教えた。また，学習者は英語を理解するだけではなく，学習の初期段階から使う必要がある，と考えた。融合の段階では，学習者は繰り返すことで意味を理解する。最後の総合活用では，英語はシミュレートされた実際の言語使用状況に

近い状態で使われる。

　このメソッドで使われるプロシージャーで有名なものは oral introduction（口頭導入）である。これは5分〜10分程度の短時間で行うもので，リーディングの指導の際に教師が新教材を口頭による英語での提示と導入をする言語活動である。口頭導入の目的は，英語の音に慣れさせること，直聞直解の練習，直読直解への橋渡し，口頭による問答の練習，スピーキングに対する学習者の学習意欲を高める，教師自身のスピーキング能力を高めることなどである。

3.3　オーディオリンガル・メソッド（The Audio-lingual Method）＝オーラル・アプローチ（The Oral Approach）

　オーディオリンガル・メソッド（the Audio-lingual Method）は1940年代から50年代にかけて世界中の外国語教育に影響を与えた。米国においては，ミシガン大学の言語研究所の所長をしていた Charles Fries や Robert Lado などにより提唱された。そのためオーディオリンガル・メソッドは，フリーズ・メソッドとかミシガン・メソッド，そしてオーラル・アプローチ（the Oral Approach）とも呼ばれる。1940年代の第二次世界大戦の最中，外国語が使える人材を増やすために開発された ASTP（the Army Specialized Training Program）がきっかけとなった。

　このメソッドは当時普及していた行動主義心理学理論，および構造主義言語学に基づいている。行動主義心理学では，言語習得は習慣の形成であり，基本文型（pattern）の徹底的な反復練習を中心に行い，言語習慣を身につけさせることが強調される。構造主義言語学では，言語というものは話し言葉として捉えている。体系的な構造は音素，形態素，語，句，節，文であり，これらの組み合わせの中で必要最小限のものを練習し，習慣化させるのが外国語教育だとしている[1]。

　オーディオリンガル・メソッドは，前述の Palmer の唱えたオーラル・メソッドと共通点がある。両者共に音声とドリルの繰り返しに重点を置いた点

---

[1] 第4章「言語習得と言語教育」も参照されたい。

である。この教授法は，口頭でのL2の導入，L1とL2の比較対照，ミム・メム（mimicry-memorization：モデルになった教師が学習者にL2を模倣させて記憶させる），パターン・プラクティス（pattern practice），会話と置き換えドリルなどに重点を置いている。

　パターン・プラクティスとは，例文を声に出して文型を練習するもので，文型と発音に正確さが求められる。学習者はL2を練習するときに，variation（変換）または，selection（選択）の練習をする。文型の変換練習は語・句の置き換え（substitution）や能動態の文から受動態の文への変換（conversion）などである。さらに語句や節を付け足すことによって文の拡張（expansion）も求められる。これらの練習の後に仮の場面を設定し，その場で使える文型を選んでL2の練習を続ける。「会話」の練習はモデルに沿って，語（句）の一部を入れ替えて練習する。

　オーディオリンガル派の考え方から生まれた指導方法にPPP［Presentation（提示）・Practice（練習）・Production（産出）］がある。それぞれ，文法の明示的説明（Presentation），正確さに焦点を当てた練習（Practice），自発的に言語を使用し，意味に焦点を当てた言語使用活動（Production）を意味する。

- Presentation（提示）：教師が指導している表現の文脈に合うような状況を設定し，学習対象としている表現を提示する。
- Practice（練習）：一斉反復，個別反復（教師のあとにクラス全体が反復し，教師は個人を選んで同じパッセージを反復させる），cue-and-response（例，教師が"homework"と言うと，学習者は"I do my homework every day."のように応答する）などのプロシージャーを通じて対象言語を練習する。
- Production（産出）：学習者が自分自身の文を作ることによって新しい表現を使用する。

3.4　全身反応法［TPR］（Total Physical Response）

　San Jose State University（California）の心理学の教授であるJames J. Asherによって1970年代に開発されたメソッドである。TPRでは，人は赤

ちゃんが第一言語を覚えるのと同じ方法で外国語を覚える，とみなす。赤ちゃんと親のコミュニケーションは言葉と肉体の両面が結びついたものである。子どもは親の話すことに反応する。子どもの反応は親が話すことでより強化される。例えば，親が子どもに「私を見て」と言って，子どもがその通りにすると，親は微笑む。それは子どもにその反応が「正しい」ことを示していることになる。このようにして子どもは話せなくても，言語を吸収していく。子どもが言語を自分のものにした後は，自発的に再生できるようになる。TPRを用いることによって，学習者は赤ちゃんの時に経験した過程を模倣する。

　学習者は教室内で指示される行動を通して，教師の言葉に物理的に反応する。（例：Walk to the door and knock two times. Pick up the English book and give it to me.）教師の命令に学習者が全員応えられるようになったら，そのうちの1人が他の学習者に指示を出すことができるようになる。このようにTPRでは学習者自身が話す態勢ができるまで，すなわち産出までに時間がかかる。学習者が言語の産出のためにプレッシャーを感じることがないようにすることが，この産出の前の段階では重要である。

　TPRは初心者への指導に役に立つ方法であり，命令形，特定の動詞の時制やアスペクト（相）に関係する語彙を教えるのに適している。TPRの学習活動では，学習者は物理的に動かなければならないので，このメソッドはdyslexia（難読症）などの学習障害のある学習者にとっては代替教授法になり得る。

4　Learning through communication
コミュニケーションによる第二言語習得

　言語学者Noam Chomskyは行動主義心理学に基づく言語習得理論を批判した。彼は，子どもが聞いたことがないことを言えるのはなぜなのかと考えた。そして人間は生まれたときから言語獲得装置が脳内に存在するから言語の産出が可能なのだ，という結論に至った（第4章「言語習得と言語教育」参照）。つまり，子どもには受け入れたインプットを基礎とし，言語ルール

を形成する能力があるという仮説である。第二言語習得研究もこのような第一言語習得理論の影響を受け、オーディオリンガルへの批判が強まった。第3のアプローチであるコミュニカティブなアプローチはこのような経緯で誕生したと言える。

4.1 ナチュラル・アプローチ（The Natural Approach）

1980年代に Krashen and Terrell（1983）が提唱した教授法である。ナチュラル・アプローチでは、リスニング能力が口頭産出よりも前に来なければならないことを強調している。この教授法の重要なポイントは以下の3点である。

> ①学習者は産出の段階に進む準備ができるまで話すことを強制されない。
> ②シラバスはコミュニケーション中心であり、ゆえにこの教授法は後述のコミュニカティブ・ランゲージ・ティーチング（CLT）の範疇に入る。
> ③教師は、インプット（input）がより多くインテイク（intake）に変えられるように、学習者の情意フィルター（affective filter）を極力下げなければならない。

Krashen（1985）は第二言語習得の世界に「情意フィルター」（affective filter）という用語を導入したことで知られている。学習者が神経過敏になったり、プレッシャーを感じたりすると、彼らの心理状態（つまり情意）が障壁となって言語習得が妨げられる。学習を助けるには、学習者の情意フィルターを下げる必要がある。学習者にとって脅威とならない学習環境を提供することによってこれが可能となる。Krashen はまた、学習者が理解できるインプットとは、彼らの現在の言語能力を少しだけ超えたものである、という仮説を立てた。彼は $i+1$（すなわち $i=$ 彼らが理解できると思われている言語構造、$1=$ もう少し）という表現を使ってこの仮説を示した（第4章「言語習得と言語教育」参照）。

4.2 コミュニカティブ・ランゲージ・ティーチング [CLT] (Communicative Language Teaching)＝コミュニカティブ・アプローチ (Communicative Approach)

コミュニカティブ・ランゲージ・ティーチング［CLT］（Communicative Language Teaching）は，一つの独立した教授法というよりも，さまざまな特徴や理念の包括的なアプローチである。CLTでは，語彙と文法よりも言語の機能に重点を置く。すなわち，学習者は様々な場面において，そして多様な目的のために，適切に言語の機能を使うように訓練される[2]。

インプットに重点が置かれることは，すなわちL2に接することに重点が置かれていることであり，学習者がL2を使う機会を多く持つことを意味する。したがって，CLTでは，学習者に現実的な場面で言語を使用させることに重点が置かれる。目的を達成するのに，言語的正確さがいちばん重要な要素とはされない。ここでの能力とは，談話能力，社会的語用論的能力，コミュニケーション方略の分野の能力も含んでいる。

4.2.1 概念・機能シラバス (Notional-functional Syllabus)

Notional-functional Syllabusは概念・機能を中心とした教授法であり，言語の形式よりも機能を重視する。1970年代になって，コミュニケーション能力（communicative competence）が注目され始めてからヨーロッパ協議会（Council of Europe）のWilkins, van EKらが中心となって開発した。Notional-functional SyllabusはCLTの先陣を切るものと位置づけられている。

言語行動は社会的な相互作用であるとし，教材提示も教室での活動もすべて実際的な場面，言語活動に目的を持たせ，文法よりも機能を優先した。概念とは，言語機能を遂行する際の思考の枠組みを言い，space, time, quantity, frequency, などを含み，一方，機能とは言語使用の目的であり，greeting, asserting, inquiring, reporting, suggestingといったものを指す。

---

[2] 例えば，I like orange juice. という表現は「オレンジジュースが好きだ」という自分の好みを表すのにも使えるが，時には相手に向かって「オレンジジュースを下さい」と要求するときに使うこともできる。

4.2.2　CLTのテクニック（Techniques used in CLT）

　CLTでは，学習者へのインプットはもちろんアウトプットの機会もなければならない，とされる。学習者がL2の習得という目標に向かって進展できるように，L2を使う豊富な機会を提供することは教師の責任である，と考えられている。教師は学習者の発話をコントロールしない。CLTの理論上，教師は学習者の「不完全な」言葉づかいを対象言語の欠陥形とは見なさないからである。L2使用の有意義な機会を学習者に提供するのによく使われるプロシージャーを3つ紹介しておく：①タスクベースの学習（task-based learning：TBL）②インフォメーション・ギャップ・アクティビティ（information-gap activities）③ロール・プレイ（role play）である。

① 　タスクベースの学習（task-based learning：TBL）

　　タスクとは，一般に「求められていることを完了させるため，学習者に外国語を使用することを要求する活動」と定義される。タスクには求められる目的・結果があり，その目的を達成した時点でタスクを完了したことになる。タスクベースの学習（TBL）では，学習者に学ぶべき言語構造ではなく，解決しなくてはならない課題や完了すべきタスクが与えられる。タスクの性質は特定の言語構造を引き出すものである。例えば，TBLを普及させたとされるN. Prabhu（1987）はインド南部の自分の生徒に「列車の時刻表の情報を見つける」というタスクをさせた。生徒はタスクをやり遂げるための質問（例：列車はいつマドラスを発ちますか？）をしたり，答えたりすることによって，現在形の単純時制を学習した。言うまでもなく，重要な点は，特定の時制が学習の焦点になっているのではなく，タスク完成の目的のために使用された，ということである。TBLは学習者にとって楽しみである一方で，タスクそのものに取られる時間が増え，言語学習に振り当てられる時間が減る，という問題がある。

② 　インフォメーション・ギャップ・アクティビティ（information-gap activities）

　　一種のペアワークで，それぞれの学習者はお互いに部分的な情報を持っている。そして，L2を使って欠けている情報を互いに相手から

手に入れる。情報を共有することによってのみペアが全体像を手に入れることができる。

③　ロール・プレイ（role play）
学習者が自分自身をある場面・状況の中に置いて行う会話である。学習者は設定された場面・状況（例えば，「旅行者が駅までの道を尋ねている。教えてあげなさい」といった場面）に基づいて即興で対話をする[3]。重要なことは言葉そのものではなく，言葉を使って何をするかという言語の使用目的にある。つまりここでは道を尋ねたり，教えたりすることである。

これらについては，第7章「リスニング指導」と第8章「スピーキング指導」でも言及しているので，参照されたい。

5 Removing the affective filter … 学習者をリラックスさせよ

先に情意フィルターと，学習者の感情的，心理的状態が学習状況にどう影響を与えるか，という点に関して学んだ（第4章参照）。第4のアプローチとして取り上げる以下の2つの教授法，Community Language Learning（CLL）と Suggestopedia は情意の変化に関する関心から生まれたものである。

5.1　コミュニティ・ランゲージ・ラーニング［CLL］（Community Language Learning）

コミュニティ・ランゲージ・ラーニング［CLL］（Community Language Learning）は心理学者で神学者でもある Charles Curran によって1960年代後半から1970年代にかけて提唱された。カウンセリングで使われるプロシージャーが外国語教育に適用されているのが特徴である。

CLL の古典的な形式では，学習者は円になって座る。円座の学習者はコ

---

[3] この対話は，オーディオリンガル・メソッドで使われる会話とは異なる。オーディオリンガル・メソッドでは学習者はコントロールされ，あらかじめ決められた会話をする。

ミュニティを形成する。何について話したいかを決めるのは彼ら次第である。カウンセラー（あるいは識者，教師など）は円の外に立つ。学習者が話し始める。L2では何も言えない学習者はL1で発話する。識者はその人の後ろにまわり，その学習者の話を忠実にL2に翻訳する。学習者はそれを聞き，今度は学んだL2の表現を用いて，グループの人たちにもう一度話す。別の学習者が次にコメントするが，その学習者がL2で話せない場合にも識者は同様にL2に翻訳をする。教師は事実上，識者として，どのようにL2で言うかを学習者に教えることになる。

この教授法では「振り返り」のための時間が設定される。この振り返りの時間では学習者はアクティビティに関してどう感じたかを話す。CLLを用いた授業では，あとで振り返って分析するために，学習者の発話を録音することもある。あらゆる点で教師は，学習者の援助者であり，彼らが外国語で言いたいことを表現するのを手伝う。教師は"facilitator"として行動する。

古典的なCLLでは，識者は良い聞き手，かつ充分な能力のあるバイリンガルでなければならない。学習者が本当に何を言いたいのかを理解して，忠実に翻訳できる人物であることが要求される。加えて，1回のCLLのセッションが長時間に及ぶこともあり，この教授法は広く取り入れられていない。それにもかかわらず，CLLは他の教授法に影響を与えてきた。CLLに見られる，学習者が自分たちの学習経験を振り返るという考え方は今や当たり前となっている。

5.2　サジェストペディア（Suggestopedia）

1960年代から90年代にかけてブルガリアの精神科医Georgi Lozanovによって開発されたメソッドであるサジェストペディア（Suggestopedia）では教室の物理的な環境と雰囲気がきわめて重要だと考える。もし学習者が快適で，自信に溢れ，リラックスしていると感じていたら，情意フィルターは下がっていて，学習が強化されると考えられる。

学習の障壁を取り除くために，学習者は子どものような状態になる。実際，このメソッドでは教師と学習者の関係は親子の関係のようなものである。学習者は実生活で使っているのとは別の名前が与えられ，ショックを与

えるようなトピックは避けられる。

　サジェストペディアの授業は主に3つの部分からなる。まず口頭での復習セッションがある。このセッションでは，以前に習ったダイアログがディスカッションに使われる。次にL2とL1の両方でプレゼンテーションと新しいダイアログを行う。その後に「コンサート」と「会議」のセッションがある。このセッションでは学習者はリラックスできる音楽を聴き，教師は音楽を聴きながら，ダイアログ（リーディング教材）を読む。（Lozanovはテンポの遅いバロック音楽を提案しているが，ゆったりしたクラシック音楽なら何でもよい。）コンサートのセッションの後，沈黙の数分間があり，それから学習者は黙って部屋を出て行く。

　サジェストペディアは昔ながらの教室の中では使われていないが，多くの教育環境の中でこの教授法のいくつかの要素を見ることができる。情意フィルターを下げることは広く受け入れられており，教室内での音楽の活用もよく見られる。また，ロール・プレイのように学習者が別人を装うアクティビティも情意フィルターを下げる役割を果たしている。

6　On what to focus … 学習の焦点はどこにあるのか

　数々の研究者によって提唱されてきた教授法やアプローチとは別に，言語学習における文法形式への焦点の置き方による分類として，Focus on Form（FonF），Focus on FormS（FonFS）と Focus on Meaning（FonM）がある。これらは，言語学習において，文法形式に着目して指導するのか，それともコミュニケーションに着目して指導するのか，という着眼点の違いによる分類である。

Focus on Form (FonF), Focus on FormS (FonFS) と Focus on Meaning (FonM)[4]

これらは，教授法というよりも教室内における文法指導にかかわる考え方，および方法論による分類であり，それぞれの考え方が各教授法に生かされている。

- Focus on Form（FonF）：教室内で対象言語（L2）でやりとりをした後に文の形，機能，意味などに注目させるやり方である。意味のある状況が出てきてからそこで用いられている文法形式に焦点を当てるので，学習者はまずその表現を使用する場面に置かれる。
- Focus on FormS（FonFS）：文脈や意味とは無関係に，文法形式について指導する方法である。例えば，教師がまず受動態の文の作り方を説明するようなやり方である。指導の力点はもっぱら文法形式の指導にある。
- Focus on Meaning（FonM）：教室内での言語学習において，文法形式等に特に触れず，コミュニケーション能力の向上のみに注力した指導方法である。The Natural Approach や Immersion program[5]に代表される。この指導法では，流暢さの伸長は図れるが，正確さが伸ばせないとの批判がある。

REVIEW EXERCISES

1. Matching

この章で学んだ重要な概念またはその概念に関するエピソードが英語で説明されています。それぞれを，下のキーワードと結び付け，かっこ内に書き込んで下さい。さらに，そのキーワードを簡単に日本語でも説明できるようにしましょう。

---

[4]第 11 章「4 技能と音声・語彙・文法指導」も参照されたい。
[5]1965 年にカナダで始められた学習プログラムで，全面的な Immersion program（イマージョン・プログラム）では，開始時から全面的に L2 を使用して指導する。

84

(a) PPP   (b) The Grammar Translation Method
(c) TBL   (d) FonF   (e) approach   (f) Oral Introduction
(g) Communicative Language Teaching

(   ) 1. This is a system of beliefs that you have about how languages are learned. Your ideas of how a foreign language is acquired will influence how you teach in the classroom.

(   ) 2. If you have highly-motivated academically-inclined students who are interested only in learning about the rules of a foreign language, you may want to consider using this traditional way of teaching to the students.

(   ) 3. You are going to start teaching a new lesson. The first reading passage is about a Japanese student who goes abroad to study. You decide to tell your students about your own experience as a foreign exchange student before you use the textbook.

(   ) 4. You believe that your students need to actually use a foreign language in order to learn it. Your students spend a lot of class time using the foreign language in various speaking activities.

(   ) 5. You believe that students need to study the grammar of the foreign language they are learning. After your students have finished doing an activity where they use a foreign language, you spend time going over the grammar of the language they produced.

(   ) 6. Your students will be guiding some foreign tourists around your town during an upcoming festival. You prepare materials that will help the students learn how to give directions and explanations to the guests.

(　　　　) 7. Your lesson plan procedures are tightly organized so the students know what to expect. You introduce new material to be learned. After that, you have worksheets about the new material for the students to fill out. Then the students go around the classroom using the new material.

2. Comprehension Check

　本文を見ずにかっこ内に適語を入れなさい。選択肢がある問題では，正しい方を選びなさい。パートナーと答え合わせをして，難しかったところを話し合いましょう。

　外国語学習に対する伝統的アプローチは（1 コミュニカティブ・ランゲージ・ティーチング／文法訳読法）である。それは数多くの授業で使用されているが，外国語学習法としては効果的ではない。なぜならこのメソッドは，意識的に（2　　　　）を獲得する学習者自身が，その知識を実際の言語使用に応用できる，という前提に基づいているからだ。
　（3 オーディオリンガル・メソッド／ナチュラル・アプローチ）は，言語学者 Noam Chomsky が行動主義心理学の言語習得理論を批判して以来，その正当性を失った。しかし，これは，当時教師によって一般的に使われていた教授テクニックはもう教室内では見かけられないということではない。実際，教師は今でも（4 dialogues／debates）や（5 information gaps／drills）に似たアクティビティを使用している。CLT の支持者は学習者に外国語を使わせるアクティビティをする傾向がある。学習者は（6 完全な／基本的な）文を産出する必要はないので，ある意味では，教室内のアクティビティは楽しいものである。しかしながら，CLT のひとつの大きな批判点は学習者が（7　　　　）に対してほとんどコントロールが利かないことであ

る。外国語の文法をよく把握しておくことが重要であるとの観点から，学習者が意味のある状況で外国語を使用するアクティビティに関連して使われる文法に焦点を当てる（8　　　）という指導法が注目されている。

　これまで見てきた教授法のどれ一つを取っても，すべての学習状況において，すべての学習者にとって完全で完璧なものはない。重要なことは英語教師として学習者にとって一番適切な教授法を利用することなのである。

3. Discussion

　少人数のグループに分かれ，次のトピックから1つ選んで10分間話し合ってください。次に，ディスカッションリーダーが各グループの話し合いをまとめてクラス全体に報告してください。

1. What are the merits and demerits of using the Grammar Translation Method in high school foreign language classes?
2. How could a teacher help a student who can communicate fairly well in the spoken mode but cannot write a short paragraph without making a mistake in each sentence?

Topic number：(　　)

Summary of the discussion

Can-do Checklist

この章で学んだ重要な項目について，簡単な説明ができると思ったらチェック（✓）を付けましょう。チェックが付けられなかった項目は，折を見て復習してください。

I can briefly explain …

- [ ] 1. the Grammar Translation Method
- [ ] 2. oral introduction
- [ ] 3. approach
- [ ] 4. Communicative Language Teaching
- [ ] 5. PPP
- [ ] 6. FonF
- [ ] 7. TBL

Final Reflections

1. 中学校の教師になったとして，自分の生徒にとってどのような教授法が一番適切かを考え，簡単に書いてみましょう。またその理由も書きましょう。

....

....

....

2. あなたは高校生にとってCLTのテクニックが有益だと考えているとします。しかし，学習者のほとんどは大学進学希望者であり，入学試験対策のコツを教えてほしいと言っています。あなたはどうすればいいでしょうか？

....

....

....

For Further Reading

安藤昭一（編）.（1991）.『英語教育現代キーワード事典』. 増進堂.

K・ジョンソン, H・ジョンソン, 岡秀夫（監訳）.（1999）.『外国語教育学大辞典』. 大修館書店.

田崎清忠（編）.（1995）.『現代英語教授法総覧』. 大修館書店.

Asher, J. J. (1982). *Learning another language through actions: The complete teacher's guidebook* (2nd ed.). Los Gatos, CA：Sky Oaks Productions, Inc.

Blair, R. W. (Ed.). (1982). *Innovative approaches to language teaching*. Rowley, MA：Newbury House Publishers, Inc.

Cook, V. (2008). *Second language learning and language teaching*. (4th ed.). London：Hodder Education.

Harmer, J. (2001). *The practice of English language teaching* (3rd ed.). Essex, England：Pearson Education Limited.

Richards, J. C. & Rodgers, T. S. (2001). *Approaches and methods in language teaching : A description and analysis*. London：Cambridge University Press.

Stevick, E. W. (1982). *Teaching and learning languages*. Cambridge：Cambridge University Press.

コラム(5)　CLL と Suggestopedia

Community Language Learning（CLL）および Suggestopedia は日本の学校の外国語クラスでは，そのままの形式では取り入れられていませんが，考えるトピックを提供するという側面はあります。CLL では学習者は自分の L1 を使用してもよいし，その場合教師（facilitator）は学習者の言いたいことを注意深く聞いて，それを伝えなければなりません。このために，教師は L2 に高度に精通している（つまりアウトプット能力に優れている）ばかりではなく，学習者の言葉の裏側にある意図を理解する高度な能力も必要です。Suggestopedia では学習環境が学習者をリラックスさせるように準備されます。音楽の使用など，学習者にとって脅威とならないものは，学習の場をリラックスした環境にするのに望ましいことです。

第6章

学習指導要領
The Courses of Study

学習指導要領は，学校教育に関し国が示している公的ガイドラインです。英語教育に関しては，小学校外国語活動，中学校外国語，高等学校外国語それぞれについて学習指導要領，およびその解説が出版され，文部科学省ホームページからもダウンロードすることが可能です。学習指導要領を読み，日本の英語教育に何が求められているのか，具体的にどのような授業をしたらよいのかを考えましょう。

●Warm-up●

小・中・高等学校の学習指導要領に記されている外国語活動および外国語科全体の「目標」を比較し，共通点と相違点は何か，またその理由は何かを考えましょう。

	学習指導要領の「目標」に含まれる内容
小学校外国語活動	・言語や文化について（　　　　　　　　　　　　）。 ・（　　　　　　　　　　　　）態度の育成を図る。 ・外国語の音声や基本的な表現に（　　　　　）ながら，コミュニケーション能力の（　　　　　）を養う。
中学校外国語科	・言語や文化に対する（　　　　　　　　　　　）。 ・（　　　　　　　　　）態度の育成を図る。 ・（　　　　　　　　　　　　　　　）などのコミュニケーション能力の（　　　　　）を養う。
高等学校外国語科	・言語や文化に対する（　　　　　　　　　　　）。 ・（　　　　　　　　　　　）態度の育成を図る。 ・（　　　　　　　　　　　　　　　）たりするコミュニケーション能力を養う。

> KEYWORDS : curriculum, globalization,
> Notional-functional Syllabus,
> positive attitudes,
> communicative competence,
> sociocultural competence,
> discourse competence

1 What is a Course of Study? … 学習指導要領とは何か？

　学習指導要領[1]は，児童・生徒が日本のどの地域でも一定水準の教育を受けられるよう，文部科学省が定めた「教育課程の基準」である。国の教育に関しては，憲法および教育基本法がその基本理念を，学校教育法が各学校段階における教育目標と枠組を，そして学校教育法施行規則が教科，科目，領域や授業時間数などを規定している。学習指導要領は，学校教育法施行規則の中で，教育課程（curriculum）編成のための基準と位置づけられている。

1.1 学習指導要領の改訂

　学習指導要領は，1947（昭和22）年の『試案』に始まり，現在に至るまで社会状況の変化や国際化の進展（globalization）を反映しながら，およそ10年に一度改訂されてきた。平成に入ってからの3回の改訂の概要をまとめた次表を見ると，1977（昭和52）年の改訂から平成期へと受け継がれてきたいわゆる「ゆとり教育」が，2008（平成20）年の改訂で見直された様子が推察できる。

---

[1] 学習指導要領は必ず，文部科学省のウェブサイトからダウンロードして，いつでも参照できるようにしておくとよい。
http://www.mext.go.jp/a_menu/shotou/new-cs/youryou/

最近3回の学習指導要領改訂の概要

改訂及び実施年[*]	小学校 外国語活動	中学校 外国語	高等学校 外国語	備考
平成元(1989)年改訂［小中高］ 平成4(1992)年実施［小］ 平成5(1993)年実施［中］ 平成6(1994)年実施［高］	学習指導要領上の規定なし（1992年，「英語教育を含む国際理解教育」を研究課題とした研究開発学校2校が指定される）	週3～4時間に文型・文法事項等の学年配当が撤廃 共通必修語507語 総語数1000語程度まで	英語Ⅰ，Ⅱ：リーディング：ライティング：オーラルコミュニケーションA, B, C 新語数[**]は中学校の1000語に加え1900語（中高合計2900語）	昭和62(1987)年JETプログラム開始 小学校低学年に理科・社会に替えて「生活科」新設
平成10(1998)年改訂［小中］ 平成14(2002)年実施［小中］ 平成11(1999)年改訂［高］ 平成15(2003)年実施［高］	「総合的な学習の時間」の国際理解に関する教育の一環として外国語会話等が導入	言語の使用場面・言語の働きが例示（中・高） 共通必修語100語 総語数900語程度まで	英語Ⅰ，Ⅱ：リーディング：ライティング：オーラルコミュニケーションⅠ, Ⅱ 新語数[**]は中学校の900語に加え1300語（中高合計2200語）	「総合的な学習の時間」新設 学校週5日制
平成20(2008)年改訂［小中］ 平成23(2011)年実施［小］ 平成24(2012)年実施［中］ 平成21(2009)年改訂［高］ 平成25(2013)年実施［高］	外国語活動が5，6年生に導入（週1時間，年間35時間）	週4時間に共通必修語の表記なくなる 総語数1200語程度 （「～語程度まで」のような歯止め規定がなくなる）	コミュニケーション英語基礎，Ⅰ，Ⅱ，Ⅲ；英語表現Ⅰ，Ⅱ；英語会話 新語数[**]は中学校の1200語に加え1800語（中高合計3000語）	平成18(2006)年から大学入試センター試験にリスニング・テスト導入

[*]学習指導要領は改訂の告示から4～5年後に各学校で実施（法律用語では「施行」）される。その間（移行期間という），教育委員会，学校で実施に向けての準備や研究が行われる。

[**]新語数は，英語Ⅰ，Ⅱ，リーディング（平成21年改訂指導要領ではコミュニケーション英語Ⅰ，Ⅱ，Ⅲ）で導入される新語数

　小学校外国語活動については，1992（平成4）年に初めて研究開発学校が指定され，その後「総合的な学習の時間」での導入を経て，2008（平成

20）年改訂の学習指導要領で独立した領域として5，6年生で実施されるに至った。現在ではさらに，導入学年の引き下げや，教科化への議論を含めた検討が進められている。

中学校・高等学校外国語については，1989（平成元）年改訂の学習指導要領で「積極的にコミュニケーションを図ろうとする態度を育てる」という表現が外国語の目標に盛り込まれて以来，コミュニケーション能力育成重視の方針が続いている。特に，1998（平成10）年および1999（平成11）年の改訂では，「実践的コミュニケーション能力」の育成が目標として掲げられると同時に「言語の使用場面と働き」が例示され，実際の場面で英語を使うことのできる指導が一層求められることとなった。

これは，概念・機能シラバス（Notional-functional Syllabus）に基づく外国語教育の考え方に通ずるものであり，欧州会議（the Council of Europe）が1998年に出版した *Threshold Level 1990*（van Ek and Trim, 1991）などによりその基本的アプローチを学ぶことができる。

2009（平成21）年の改訂高等学校学習指導要領の科目構成が，「英語Ⅰ」「英語Ⅱ」から，「コミュニケーション英語Ⅰ・Ⅱ・Ⅲ」へと変更されたのも，学校における英語教育がコミュニケーション能力育成を重視すべきとの方針を明確にしたものである。今後の英語教育を考える上で，国際社会におけるコミュニケーション能力とは何かについて明確なビジョンを持つことが必要であろう。

1.2　学習指導要領「総則」

学習指導要領は，教育課程編成の一般方針や，教科・科目の単位数，履修に関する規定を定めた「総則」（第1章）と，各教科，道徳（小・中），外国語活動（小），総合的な学習の時間，特別活動のそれぞれについて記述した各章（第2章以降）から成り立っている。特に「教育課程編成の一般方針」（第1章第1）には，小・中・高等学校を通して次の点が示されている（なお，学習者を示す際，小学校では「児童」，中学校・高等学校では「生徒」が使われている）。

- 地域や学校の実態及び児童・生徒の心身の発達段階や特性を考慮す

- 児童・生徒の「生きる力」を育む。
- 知識・技能を習得させ，思考力・判断力・表現力を育み，主体的学習態度を養う。
- 個性を生かす教育に努める。
- 児童・生徒の言語活動を充実させる。
- 道徳教育，体育・健康に関する指導は，学校の教育活動全体を通じて行う。
- 就業やボランティアにかかわる体験的な学習の指導を行う。[高等学校版のみに記載]

教育課程（カリキュラム）編成は，校長や教務担当者など一部の教員の役割と見なされがちであるが，各学校の外国語科の目標，年間指導計画の策定は，英語教師の重要な役割である。育てたい生徒像についての明確なイメージを持ちそれを実現させる能力が英語教師に求められている。

2 What do the current Courses of Study tell us?　現行学習指導要領の要点

　学習指導要領告示後，その主旨や内容についてより詳しい解説を加えた「学習指導要領解説」が公表される。現行学習指導要領解説は小学校版が2008（平成20）年6月，中学校版が同年7月，高等学校版は2010（平成22）年5月に公表された。ここでは，小・中・高等学校における現行学習指導要領の要点を，「解説」の記載事項も参考にしながら整理する。[2]

2.1　小学校外国語活動

　教育課程上の位置づけは「教科」ではなく「領域」となっている。外国語活動の評価は，教科で行われるような数値による評価はなじまないため，活

---

[2] 学習指導要領については，第7章「リスニング指導」，第8章「スピーキング指導」，第9章「リーディング指導」第10章「ライティング指導」でも言及しているので，参照されたい。

動の観察，ノートや振り返りカードの分析などに基づき，児童の学びの中で顕著なものを文章で記述することになっている。

(1) 目標

> 　外国語を通じて，言語や文化について体験的に理解を深め，積極的にコミュニケーションを図ろうとする態度の育成を図り，外国語の音声や基本的な表現に慣れ親しませながら，コミュニケーション能力の素地を養う。
>
> 　　　　　　　　　　　　　　（『小学校学習指導要領』第4章，第1　目標）

　外国語活動の目標は，① 言語や文化に対する体験的理解，② 積極的にコミュニケーションを図ろうとする態度の育成，③ 外国語の音声や表現への慣れ親しみ，の3つの柱から構成される。「解説」では，中学校英語の前倒しではなく，小学校段階にふさわしい音声面を中心とした体験的活動を行うこと，また外国語に慣れ親しませながら言語や文化の違いに気付かせ，コミュニケーションへの積極的な態度を身に付けさせることが重要であると述べられている。

(2) 内容

　「コミュニケーション能力の素地」を養うための指導（活動）内容は，学習指導要領で次のように整理されている。

コミュニケーションに関する事項	コミュニケーションを図る楽しさを体験する 積極的に外国語を聞いたり，話したりする コミュニケーションの大切さを知る
言語と文化に関する事項	外国語の音声・リズムに慣れ親しみ，日本語との違いを知り，言葉の面白さ・豊かさに気付く 日本と外国の文化の違い，見方・考え方の多様性に気付く 異文化交流を体験し，文化等に対する理解を深める

　外国語活動には検定教科書はないが，文部科学省は，「英語ノート」(2009～2011年度まで希望校に配布) 及び「Hi, friends!」(2012年度から希望校に

配布）を作成し，学級担任や外国語活動担当教師が外国語活動を行うための資料を提供している。

2.2　中学校外国語

小学校に外国語活動が導入され，音声を中心として英語に慣れ親しむ活動が既に小学校で行われていることを踏まえ，前回の学習指導要領の目標である「聞くことや話すことなどの実践的コミュニケーション能力の基礎を養う」は，現行版では「聞くこと，話すこと，読むこと，書くことなどのコミュニケーション能力の基礎を養う」となった。4技能の総合的な（すべてを含んだ）指導により，それらの技能を統合的に（うまく組み合わせて）活用できる能力の育成を目指している。

(1)　目標

> 外国語を通じて，言語や文化に対する理解を深め，積極的にコミュニケーションを図ろうとする態度の育成を図り，聞くこと，話すこと，読むこと，書くことなどのコミュニケーション能力の基礎を養う。
> 　　　　　　　（『中学校学習指導要領』第2章，第9節，第1　目標）

中学校外国語科の目標は，① 言語や文化に対する理解，② 積極的にコミュニケーションを図ろうとする態度の育成，③ 4技能に関わるコミュニケーション能力の基礎の育成，の3つの柱から成り立っている。「解説」では，指導すべき語数を除き文法事項等については前回の学習指導要領から内容を増加させていないことを挙げ，授業時数の増加分を言語活動の充実に充てるよう求めている。

(2)　指導内容と指導上のポイント

「コミュニケーション能力の基礎」を養うための指導内容は，言語活動と言語材料（語彙・文法構造など）から成り立っている。言語活動については4技能のそれぞれについて5項目，合計20項目が示されている。簡略化すると次のようになる。

［聞くこと・話すこと］
- 強勢，イントネーション，区切りをとらえて聞く，話す指導を行う。
- 機械的な練習だけでなく，意味のあるやりとりや自己表現活動を口頭で行う。
- 日常会話のやりとりや，聞いたり読んだりした内容についての感想や意見交換を行う。
- 聞き返したり，つなぎ言葉を用いたりなど，コミュニケーション・ストラテジーを使う。
- まとまりのある英文を聞いたり，あるテーマについてスピーチをしたりする。

［読むこと・書くこと］
- 文字や符号を認識し，正しく読んだり書いたりする。
- 文章を理解しながら黙読，音読したり，語順を理解して書いたりする。
- 文章を読んで概要を理解したり，メモをとったり，感想や賛否，その理由を書いたりする。
- 伝言・手紙などを理解したり，身近な出来事について気持ちや考えなどを書いたりする。
- 感想を述べたり賛否やその理由を述べたりすることを念頭に置いて批判的に読んだり，読み手に理解されるよう文のつながりに注意して一貫性のある文を書く。

テキストを読んで単に意味を理解するのではなく，テキストについて話し合ったり，意見を述べたり，さらに体験に基づいてまとまった内容の英語を話したり書いたりする活動が求められている。

2.3 高等学校外国語

中学校で養われた基礎の上に，4技能の総合的な指導を通して，4技能を統合的に活用できるコミュニケーション能力をさらに育成することを目標としている。

(1) 目標

> 外国語を通じて，言語や文化に対する理解を深め，積極的にコミュニケーションを図ろうとする態度の育成を図り，情報や考えなどを的確に理解したり適切に伝えたりするコミュニケーション能力を養う。
> 　　　　　　（『高等学校学習指導要領』第2章，第8節，第1款 目標）

　① 言語や文化に対する理解，② 積極的にコミュニケーションを図ろうとする態度の育成，③ 的確かつ適切に4技能を使うことのできるコミュニケーション能力の育成，の3つの柱から成り立っている。目標にある「的確に理解」し，「適切に伝え」るとは，場面や状況，背景，相手の表情・反応などを踏まえてコミュニケーションを図ることを意味している。

(2) 指導内容と指導上のポイント

　「コミュニケーション能力」を養うための指導内容は科目ごとに設定されている。現行学習指導要領では科目が再編され，「コミュニケーション英語基礎(2)・Ⅰ(3)・Ⅱ(4)・Ⅲ(4)」では4技能の総合的育成を，「英語表現Ⅰ(2)・Ⅱ(4)」では話したり書いたりする発信力育成を，「英語会話(2)」では日常会話能力の育成を目指している（かっこ内の数字は標準単位数）。

　必履修科目である「コミュニケーション英語Ⅰ」では，学習指導要領に示された文法事項がすべて扱われることになっている。

　各科目に共通する内容とその取扱いに関し，学習指導要領および「解説」は特に次の点に言及している。

- ■ 言語活動中心の授業展開にすることで，生徒や教師が授業で英語を使うよう心がける。
- ■ 言語の使用場面と働きを意識し，どのような場面でどう英語を使うかを指導する。
- ■ 文法はコミュニケーションを支えるものととらえ，体系的な文法説明に終始するのではなく，英語を使うための文法を，生徒が英語を使いながら身に付けられるよう工夫する。
- ■ 文構造，文法事項などの取り扱いについては，用語や用法の区別など

の説明が中心にならないようにし，詳細な説明は必要最小限にとどめる。
- 英語を通じて，多様な見方，公正な判断力，豊かな心情を育む。
- ペアワーク，グループワーク，視聴覚教材やICTの活用，ティーム・ティーチングなどにより指導方法を工夫する。

また，「解説」は，各科目で指導する言語活動の中身について詳しく触れているが，特に「読むこと」の言語活動については，概要を理解したり，登場人物の言動やその理由を理解したり，筆者の意図を理解したりすることなどを挙げている。英文を読むとは，日本語に訳すことではないということを理解させることが重要である。

3 What should we teach?
何を教えればよいのか？

学習指導要領は，コミュニケーション能力（communicative competence）を，コミュニケーションへの積極的な態度（positive attitudes）と言語や文化に関する知識（knowledge of language and culture）に支えられた4技能の能力ととらえている。しかし，コミュニケーション能力とは何かについてより分析的な捉え方をしないと，明確な目的のない言語活動をするという結果になりかねない。そこで，ここでは，Celce-Murcia（2007）によるコミュニケーション能力[3]の構成要素に基づき，言語活動を通して教師が何を教えるべきかについて考える。

3.1 社会文化的能力（Sociocultural competence）
社会文化的文脈に応じて適切に表現する能力である。相手や自分の立場に応じて表現の丁寧さを調節したりすることを含む。

---

[3]Canale and Swain（1980），Canale（1983）やBachman（1990）の枠組みが有名であるが，ここでは，教室での授業活動への指針を得やすいという視点でCelce-Murcia（2007）の例を引用した。

3.2　談話能力（Discourse competence）

　語彙や統語（文法）に関する知識を総動員してひとまとまりのメッセージの流れ，つまり談話を構成する能力である。

3.3　言語能力（Linguistic competence）

　音声，語彙，形態素（活用語尾や派生語などの知識），統語（文法）に関する能力である。このうち音声に関する指導は特に高等学校では後回しにされがちであるので注意したい。

3.4　定型表現能力（Formulaic competence）

　よく使われる定型表現を使える能力である。定型表現には，挨拶表現などの慣用表現や，動詞-目的語（例えば"spend money"）の組み合わせ，熟語（例えば"to pull one's leg"）や，パターン化した枠組み（例えば"What I want to say is...."）などが含まれる。

3.5　対話能力（Interactional competence）

　相手と対話のやりとりを行う能力である。相手に対して特定の気持ち（不満，謝罪）を伝えたり，情報を伝え合ったりする能力や，会話を始めたり終えたり，途中で相手の話を遮ったり，話題を変えたりする能力，ボディーランゲージや，相手との距離を適切にとる能力も含まれる。

3.6　方略的能力（Strategic competence）

　学習者が工夫して効率よく学んだり（learning strategies），自分の言語能力不足をうまく補ってコミュニケーションを遂行したりする能力（communication strategies）を指している。

　こうした要素は，特に中学校・高等学校学習指導要領で求められる言語活動に不可欠の要素である。コミュニケーション能力の構成要素を明確にし，生徒の願いやニーズを考慮しながら具体的な到達目標と評価規準を策定し生徒と共有することが，授業の成否を左右する。教科書のレッスンをただ進めるという意識ではなく，生徒にどのような知識やスキルを身に付けさせるか

を念頭に置き日々の授業を行う意識が必要であろう。

REVIEW EXERCISES

1. Matching

この章で学んだ重要な概念またはその概念に関するエピソードが英語で説明されています。それぞれを，下のキーワードと結び付け，かっこ内に書き込んで下さい。さらに，そのキーワードを簡単に日本語でも説明できるようにしましょう。

(a) sociocultural competence (b) Notional–functional Syllabus
(c) positive attitudes (d) discourse competence
(e) globalization

(　　　　) 1. People in the world are becoming more and more interdependent and there is a constant flow of information, people, and goods among countries.

(　　　　) 2. Today, students in Ms. Saito's class learned how to ask for help in different levels of politeness depending on who they were talking to.

(　　　　) 3. Ms. Kimura's students are used to writing simple sentences in English, but they have difficulty writing a coherent paragraph.

(　　　　) 4. Takeshi uses an English textbook where the lessons are not arranged by grammar points but by specific themes (such as travel, shopping, free time, etc.), language functions (such as introducing self, asking for information, etc.), and notions (such as time, frequency, etc.).

(　　　　) 5. Mr. Taguchi's students are not particularly good at English, but they are all eager to learn with him and are willing to speak English in class.

2. Comprehension Check

　本文を見ずにかっこ内に適語を入れなさい。選択肢がある問題では，正しい方を選びなさい。パートナーと答え合わせをして，難しかったところを話し合いましょう。

　学習指導要領は，学校教育法施行規則の中で（1　　　　）編成のための基準と位置づけられている。2008（平成20）年度の改訂では，（2　　　　）が小学校に導入され，中学校英語の授業時間数が週4時間になり，中学校・高等学校の新語数が合計で3000語となるなど，いわゆる（3　　　　）教育路線からの転換を示す内容となっている。学習指導要領総則には，児童・生徒の「（4　　　　）力」を育むことなど，学校教育全般に関する基本方針が述べられている。
　小学校外国語活動は，「コミュニケーション能力の素地」を養うことが目標であり，（5　　　　）の前倒しにならないよう，音声を中心とした英語に慣れ親しむ活動を行う。中学校外国語では，「（6　　　　）などのコミュニケーション能力の基礎」を養うことが目標であり，これら4技能を総合的に指導し，（7　　　　）的に活用できる能力の育成を目指している。高等学校外国語は，「情報や考えを的確に理解し（8　　　　）に伝えるコミュニケーション能力」を養うことを目標とし，授業は基本的に英語で行うこと，そして（9　　　　）はコミュニケーションを支えるものとして活動の中で指導するよう努めることが示されている。
　学習指導要領に基づく授業を行うにあたっては，コミュニケーション能力についてより分析的な捉え方をし，具体的な到達目標と（10　　　　）規準を策定し，生徒と共有することが重要である。

3. Discussion

　少人数のグループに分かれ，次のトピックから1つ選んで10分間話し合ってください。次に，ディスカッションリーダーが各グループの話し合いをまとめてクラス全体に報告してください。

1. What can you do to motivate your students to study English?
2. What are some of the activities that you enjoyed the most in elementary or secondary（junior/senior high）school English classes?

Topic number：（　　　）

Summary of the discussion

Can-do Checklist

　この章で学んだ重要な項目について，簡単な説明ができると思ったらチェック（✓）を付けましょう。チェックが付けられなかった項目は，折を見て復習してください。

I can briefly explain …

- ☐ 1. Notional–functional Syllabus
- ☐ 2. positive attitudes
- ☐ 3. communicative competence
- ☐ 4. sociocultural competence
- ☐ 5. discourse competence

Final Reflections

1. 小・中・高等学校の各段階における英語教育で，特に留意すべき点は何だと思いますか？

　　..

　　..

　　..

2. 学習者としての自分を振り返り，コミュニケーション能力の構成要素として挙げられた点（3.1～3.6）の中で特に自分の弱点だと思うものは何ですか？また，それぞれの能力を高めるにはどうしたらよいと思いますか？

　　..

　　..

　　..

学習指導要領関連資料

1. 学習指導要領（文部科学省ホームページ）
　新学習指導要領（本文，解説，資料等）
　　　http://www.mext.go.jp/a_menu/shotou/new-cs/youryou/
　先生応援ページ（指導資料・学習評価等）
　　　http://www.mext.go.jp/a_menu/shotou/new-cs/senseiouen/index.htm
2. 学習評価資料（国立教育政策研究所ホームページ）
　　　http://www.nier.go.jp/kaihatsu/shidousiryou.html

For Further Reading

兼重 昇・直山 木綿子（編著）.（2008）.『小学校 新学習指導要領の展開 外国語活動編』. 明治図書.

岡部 幸枝・松本 茂（編著）.（2010）.『高等学校新学習指導要領の展開 外国語科英語編』. 明治図書.

平田 和人（編著）.（2008）.『中学校新学習指導要領の展開 外国語科英語編』明治図書.

文部科学省.（2008）.『小学校学習指導要領解説 外国語活動編』. 東洋館出版社.

文部科学省.（2008）.『中学校学習指導要領解説 外国語編』. 開隆堂出版.

文部科学省.（2010）.『高等学校学習指導要領解説 外国語編・英語編』. 開隆堂出版.

第7章

リスニング指導
Teaching Listening

本章から，4章にわたり，4技能（Listening, Speaking, Reading, Writing）について見ていくことにしましょう。まず，本章では，リスニングを取り上げます。何十年か前までは，英語を学ぶ学生の典型例は，リーディングとライティングはある程度できてもリスニングとスピーキングは苦手だというものでした。しかし，その傾向は近年様変わりしてきているように思われます。テレビが2か国語放送を行うようになって約30年。我々を取り囲む言語環境は大きな変化を遂げています。しかし，耳を通して英語に触れることのできる多様なメディアがあることと英語の音を理解できることとは直結はしないでしょう。あらためて，効果的なリスニング指導について考えてみましょう。

●Warm-up●

あなたは，4技能のうち，どの技能が得意または不得意ですか。それはなぜでしょう。自分の英語学習を振り返ってみましょう。また，4技能についてどんな力をつけたいと思いますか。下に書き込み，グループで話し合ってみましょう。

・得意な技能：＿＿＿＿＿＿　　その理由：＿＿＿＿＿＿＿＿＿＿＿＿＿＿
・不得意な技能：＿＿＿＿＿＿　その理由：＿＿＿＿＿＿＿＿＿＿＿＿＿＿
・4技能で実現したい力：

リスニング	
スピーキング	
リーディング	
ライティング	

> **KEYWORDS**：top-down processing, dictation, extensive listening, while-listening activity, jigsaw listening, make inferences

1 What is "listening"? … リスニングとは何か?

1.1 receptive skills と productive skills

　4技能を論じるときによく聞かれるのが，ことばを生み出すスピーキングとライティングは生産的な技能（productive skills）であり，ことばを理解するリスニングとリーディングは受容的な技能（receptive skills）であるということだ。しかし，リスニングとリーディングは受け身（passive）の活動ではないことを確認しておきたい。それぞれ，聞いたもの，見たものを理解する活動ではあるが，耳や目に入ってくるものだけを頼りにするのではなく，自分がもともと持っている知識や情報を使って意味を作り出しているのである。リスニングにおいては，耳を使って注意深く音をとらえ，人と会話しているときには相手の表情や身振り手振りを見て相手の意図することの手がかりを得る。さらに思考力を使って，聞いている音が意味をなすように，背景的知識を掘り起こす。目や耳で受け取る物理的な手がかりと同時に，言葉の使われている文脈なども考慮しなければならない。リスニングは決して受動的なスキルではないのである。聞き手の側で多くの労力を必要とする。その意味で，リスニングは受容的（receptive）かつ能動的（active）なスキルだと言える。

1.2 耳からのインプットの処理

　リスニングを効果的に教えるためには，リスニングはどのような要素からなっているのかを大まかに知っておく必要がある。そうでないと，「ただひたすら聞けばよい」などといったアドバイスに終始しかねない。音を聞く能力とその音に意味を与える能力は全く別の種類の能力なのである。音が聞こえた時，耳はインプットがあったというメッセージを脳に送る。その音が意

味をなすためには，つまり，そのインプットを理解するためには，脳に蓄積された経験と知識を利用しなければならない。聞き取りが上手な人と苦労する人がいるのはなぜなのだろうか。耳に入ってくる音に意味を与える能力に影響する要因をみてみよう。

1.2.1　スキーマ理論（schema theory）

何かを聞いて意味を知ろうとするとき，われわれは，バラバラなものではなく，ある文脈の中のものを聞こうとしている。聞いたことの意味は文そのものの中にあるというより，むしろ聞き手の心の中に蓄えられた事前の知識と，聞き手がその文に意味を与えようとする過程から引き出されるものなのである。H. D. Brown（2007）に紹介されている例を挙げる。

> A fifteen-year-old got up the nerve one day to try out for the school chorus, despite the potential ridicule from his classmates. His audition time made him a good fifteen minutes late to the next class. His hall permit clutched nervously in hand, he nevertheless tried surreptitiously to slip into his seat, but his entrance didn't go unnoticed.
>
> "And where were you?" bellowed the teacher. Caught off guard by the sudden attention, a red-faced Harold replied meekly, "Oh, uh, er, somewhere between tenor and bass, sir."　　　　　　　　　　(p. 359)

このユーモラスな話を理解するのには，内容スキーマ（content schema）と形式スキーマ（formal schema）が必要とされる。スキーマ（schema, 複数形は schemata）とはテキストの解釈を左右する背景的な知識のことを言うが，内容スキーマは，一般常識的な知識，あるいはテキストに関連するトピックの知識である。ここでは，15歳くらいの少年は学校の合唱団に入ることを少し恥ずかしく感じるものだ，教室に遅刻して入っていくことは恥ずかしい，生徒はいきなりあてられるとどぎまぎする，15歳の少年というと変声期を迎えていることが多い，などが内容スキーマにあたる。このような事前知識は，理解を助けるための「足場」（scaffolding）を与えていると言える。一方，形式スキーマ（formal schema）とは談話パターンの知識，例

えば比較／対照パターンや原因／結果パターンの知識，及び典型的な話の流れについての知識（例えば，民話には一定のパターンがある）などである。ここでは，オーディションと授業の時間的な関連（授業の直前にオーディションがあったこと），少年は結局入室許可証を先生に渡さなかったこと，先生が尋ねたのは合唱のパートではなくて少年がどこにいたのかということだった，など話の流れを理解するのに必要な知識である。スキーマについては，第9章「リーディング指導」にも解説があるので，参照されたい。

1.2.2　単語の意味（meaning of a word）

文を理解するにはその文中の単語の意味を理解しなければならない。ひとつの単語が複数の意味を持つことがあるので，文を理解するには，聞き取った単語を頭の中にある情報と素早く比べなければならない。例えば"It's cool"という文を聞いたとき，"cool"の意味は文脈によって異なる。誰かが天気について話したのか，最近の映画について意見を述べたものなのか，単語の適切な定義を即座に文脈に照らし合わせる能力は，テキストを理解するのに重要な要素なのである。

1.2.3　トップダウン処理とボトムアップ処理
　　　（top-down processing and bottom-up processing）

リスニング活動では，耳に入ってきた音声を順番に文法的に解析して意味をくみ取らなければならない。例えば，The woman eats an apple every day. という文が音声として耳に入って来た時，The woman は動作を行う人であり，その次に来る eats とは彼女が行っている動作を表し，an は単数を表す冠詞であり，apple は赤い果実であることを英語の文法に基づいて理解できなければならない。このように理解できるには，The woman や apple といった音がそれぞれ聞き取れるということだけでなく，それらを文法的に分析できることが必要である。

聞いたものに意味を与えるための処理には2種類の仕方がある。ひとつはボトムアップ処理（bottom-up processing）と呼ばれ，もうひとつはトップダウン処理（top-down processing）である。

多くの学習者はボトムアップ処理で外国語を聞く。すなわち耳から入ったインプットの異なった部分に焦点を合わせて，意味あるものにするという傾

向がある。例えば、知っている語彙、文法、機能表現、談話構造、特定の音などである。この処理では、インプット全体の一部しか理解できず、全体を理解するのが困難なこともある。例えば、We'll have to meet next week since there's not enough time today. という文を聞いた生徒が we, meet, time の単語しか知らなければ、それだけの部分的情報から全体の意味を理解することはできない。

インプット処理のもうひとつの方法はトップダウン処理である。理解できるインプットの部分から始めるのではなく、インプットの背景となる知識から始める。この背景となる知識はスキーマとして知られ、これには2種類あることは前述の通りである（1.2.1参照）。トップダウン処理では、内容、文脈、文化についての事前の知識が役に立つ。ただしトップダウン処理では全体的に起こっていることを理解するのは可能だが、細部の多くを欠く可能性がある。

リスニングを効果的に行うために、学習者は、ボトムアップとトップダウンの両方の処理を行うことが必要になる。その際、個々の語を聞き取ることができればボトムアップ処理、イントネーションや事前の知識などを有効に利用すればトップダウン処理をすることができる。指導者はこの両方の練習を学習者が行えるように心がけることが重要である。（第11章にボトムアップ処理とトップダウン処理を説明した図があるので、参照されたい。）

2　What are the aims and purposes of teaching listening?　リスニング指導の目標

新学習指導要領では、小学校、中学校および高等学校のリスニングについて次のような目標が掲げられている。

2.1　中学校学習指導要領における「聞くこと」の指導

2008（平成20）年公示の中学校学習指導要領では、「外国語を通じて言語や文化に対する理解を深め、積極的にコミュニケーションを図ろうとする態度の育成を図る」ことを目標に、4技能別に指導目標が掲げられている。

「聞くこと」の指導の目標は以下のように示されている。

> (1)初歩的な英語を聞いて話し手の意向などを理解できるようにする。
> 　　　　　　　（『中学校学習指導要領』第2章第9節，第2-1　目標）

それに続く内容では，以下のように記されている。

> (ア)　強勢，イントネーション，区切りなど基本的な英語の音声の特徴をとらえ，正しく聞き取ること。
> (イ)　自然な口調で話されたり読まれたりする英語を聞いて，情報を正確に聞き取ること。
> (ウ)　質問や依頼などを聞いて適切に応じること。
> (エ)　話し手に聞き返すなどして内容を確認しながら理解すること。
> (オ)　まとまりのある英語を聞いて，概要や要点を適切に聞き取ること。
> 　（『中学校学習指導要領』第2章第9節，第2-3　内容(1)　言語活動ア聞くこと）

　上記の内容からもわかるように，一語一語を聞き取るということではなく，強勢やイントネーションを手がかりとして，話し手の意図を正確に聞き取ること，そして，内容がよくわからないときには聞き返すなどの方略を用いて確認すること（ここには，「話すこと」の要素が加わることは言うまでもない），さらには，会話におけるリスニングを離れ，あるまとまった話を聞いて概略を理解するといった，プレゼンテーションや放送などの理解に通じるスキルの指導も求められている。

2.2　高等学校学習指導要領における「聞くこと」の指導

　2009（平成21）年公示の高等学校学習指導要領では，大きな変更があった。旧学習指導要領にあった「オーラルコミュニケーションⅠ，Ⅱ」「英語Ⅰ，Ⅱ」「リーディング」「ライティング」の6科目は廃止され，これに代わって「コミュニケーション英語基礎〜Ⅲ」，「英語表現Ⅰ〜Ⅱ」，「英語会話」という7つの新科目が導入された。多くの高校生が学ぶであろうコミュニケー

ション英語Ⅰにおける「聞くこと」の指導を見てみると，この科目では「英語を通じて，積極的にコミュニケーションを図ろうとする態度を育成するとともに，情報や考えなどを的確に理解したり適切に伝えたりする基礎的な能力を養う」(『高等学校学習指導要領』第2章第8節第2款第2コミュニケーション英語Ⅰ 1 目標) ことを目標としており，4技能を関連付けた指導目標が掲げられている。特にリスニングに関しては「事物に関する紹介や対話などを聞いて，情報や考えなどを理解したり，概要や要点をとらえたりする」(同上2内容(1)ア) ことが挙げられており，リズムやイントネーション，話す速度，声の大きさなどに注意しながら聞くことが重要だとされている。

2.3 小学校学習指導要領における「聞くこと」の指導

2008 (平成20) 年度の改訂により，小学校学習指導要領に「外国語活動」が加えられ，小学校5，6年生に実質上の英語教育が導入された。小学校における「外国語活動」の目標は，下記の通りとなっている。

> 外国語を通じて，言語や文化について体験的に理解を深め，積極的にコミュニケーションを図ろうとする態度の育成を図り，外国語の音声や基本的な表現に慣れ親しませながら，コミュニケーション能力の素地を養う。
> (『小学校学習指導要領』第4章 外国語活動，第1 目標)

さらに，具体的な活動内容については，下記の通りである。

> 1 外国語を用いて積極的にコミュニケーションを図ることができるよう，次の事項について指導する。
> (1) 外国語を用いてコミュニケーションを図る楽しさを体験すること。
> (2) 積極的に外国語を聞いたり，話したりすること。
> (3) 言語を用いてコミュニケーションを図ることの大切さを知ること。

> 2　日本と外国の言語や文化について，体験的に理解を深めることができるよう，次の事項について指導する。
>   (1) 外国語の音声やリズムなどに慣れ親しむとともに，日本語との違いを知り，言葉の面白さや豊かさに気付くこと。
>   (2) 日本と外国との生活，習慣，行事などの違いを知り，多様なものの見方や考え方があることに気付くこと。
>   (3) 異なる文化をもつ人々との交流等を体験し，文化等に対する理解を深めること。
>
> (『小学校学習指導要領』第4章　外国語活動，第2　内容)

　小学校では，4技能に分けた指導目標はなく，言語コミュニケーションの大切さ，楽しさを体験させることの一環として，積極的に外国語を聞いたり話したりすることを指導することになっている。ネイティブ・スピーカーの補助を得たり，CDやDVDを積極的に使用したりして，音声面を中心に指導することが推奨され，アルファベットなどの文字の導入は慎重にすることになっている。

2.4　学習指導要領改訂の要諦

　これらの新学習指導要領を概観すると，小学校から中学校への段階では，音声を重要視していることが見て取れる。また，中学校では単に聞き取るのではなく，情報を正確に聞き取り，適切に応じ，内容を確認しながら理解する，という，多岐にわたる言語活動が提唱されている。高等学校では，中学校における総合的な指導を踏まえ，しっかりと聞き取り，概要や要点をとらえ，さらにそれについて書いたり話したりする力をつけることが提唱されている。

　今回の改訂で大きな話題となったのは，高等学校における「各科目に共通する内容」として，「英語に関する各科目については，その特質にかんがみ，生徒が英語に触れる機会を充実するとともに，授業を実際のコミュニケーションの場面とするため，授業は英語で行うことを基本とする。その際，生徒の理解の程度に応じた英語を用いるよう十分配慮するものとする。」(『高

等学校学習指導要領』第2章第8節第3款英語に関する各教科に共通する内容等4）という1項が新たに付け加えられたことである。普段から授業で英語を聞く機会が増えれば、生徒のリスニング能力も高まることが期待できるだろう。

3 Teaching listening … リスニングの指導過程

　リスニングの目標は音声認識と内容理解ができることである。一言一句聞き取れなくても内容が理解できれば良いのであり、一つひとつの語が聞き取れても意味がわからなければリスニングの目的は達成されない。まず、リスニングのむずかしさについて考えてみる。

3.1　リスニングを難しくしているもの[1]

　H. D. Brown（2007）は、リスニングを難しくするものとして、以下の8つを挙げている。

- グループ分け（clustering）：テキストを聞く時に、聞いた文全体を記憶して理解するのは不可能であるから、それをより小さい意味のまとまりに分解し、聞きながら即座に理解して行かなければならない。この分解作業が難しい。chunkingとも呼ぶ。
- 重複（redundancy）：話し言葉には、言いなおし、反復、説明、あるいは"I mean（つまり）"や"you know（〜でしょう）"のような、冗長な表現がたくさんある。これらの表現に慣れると理解が促進されるが、学習者にとっては難しい。
- 短縮形（reduced forms）：会話においては、I will を I'll と言ったり、What did you say? を Whaddaya say? と言ったり、あるいは、文を不完全な形で言ったりすることが多い。教室英語のみを学習してきた学習者にとっては難しいものである。
- 形の整わない言語表現（performance variables）：整えられた書き言

---

[1] このなかで、音声認識に関しては、第11章「4技能と音声・文法・語彙指導」を参照されたい。

葉やきちんと準備されたスピーチや講演と異なり，会話においては，言いよどんだり，自分が言ったことを訂正したりすることがよくある。ネイティブ・スピーカーはこのような一貫性に欠け，文法的に整っていない会話に慣れているが，学習者にとっては難しい。
- 口語（colloquial language）：教科書英語に慣れている学習者にとっては，くだけた口語表現，スラングなどを聞き取って理解するのは難しい。
- 話す速さ（rate of delivery）：リーディングにおいては，読む速度を自分でコントロールできるが，リスニングにおいては，相手の話すスピードはコントロールできないことが多い。
- ストレス，リズム，イントネーション（stress, rhythm, and intonation）：英語のリスニングにおいて，英語の音韻特徴を理解するのはきわめて重要である。英語は，強勢拍リズム（stress-timed rhythm）をとる言語であり，イントネーションも重要な意味を持つ。これらは，学習者にとって難しい。
- インタラクション（interaction）：相互交渉（インタラクション）の仕方を学ぶことはリスニングにおいても重要である。聞き取れなかったところを再度言ってもらう，意味を相手に確認する（negotiate meaning）など，学習者にとっては難しい。

3.2 リスニングの指導過程

次に，リスニングの指導過程について考える。リスニングを教室で指導する際，次の3つの段階を意識することが重要であると指摘されている。
- 事前指導（Pre-listening）
- 言語活動（While-listening）
- 事後指導（Post-listening）

また，リスニングに限らず，4技能の指導ではこの3つの段階を意識することが極めて重要である。ここでは，この3つの過程において，具体的にどのようなリスニング指導ができるかを見ていく。

3.2.1　事前指導（Pre-listening）

　事前指導は，実際に英語を聞く前に行うことである。事前指導は，多くのリスニング授業で割愛されやすく，学習者は，すぐにCDやALT（Assistant Language Teacher）の発する英語に耳を澄ませなければならないことがあるが，事前指導をすることにより，学習者は語彙と背景知識とを準備する（activate one's vocabulary and background knowledge）ことができ，これから聞く教材の理解が容易となる。

　リスニング前のタスクは2種類に分けられる。ひとつは学習者がそのトピックについて知っていることを使うトップダウン処理である。例えばテキストが有名な場所に関するものであれば，教師は学習者にその場所についてできるだけ多くのことを挙げるように言うことができる。もうひとつは，ボトムアップ処理である。学習者がリスニングのテキストを理解するために必要な新しい語彙や知識を教師が事前に教えることであり，これは極めて重要である[2]。

　学習者がリスニング活動を行う時，精神的負担が大きくなる。この負担を軽減するため，Brown（2011）は，リスニングの前にするべきことを提案している。文脈と内容に関する質問（例えば，トピックは何か，トピックに関して知っていることを5つ書け，単語のリストを見て，知っている語をチェックせよ等）に加え，彼は，学習者になぜリスニングをしているのかを考えるよう求めている。おおまかな理解をするのか，細部を聞き取るのか，それとも話し手の意図を推測する（make inferences）のかを決めることでスキーマを活性化させ，語彙に焦点をあてることによりボトムアップ処理を行い，リスニングの目的を理解することで，学習者はリスニングタスクに集中する余裕ができる。

3.2.2　言語活動（While-listening）

　リスニング活動において，学習者は音声インプットを聞き，タスクを行う。初歩レベルの学習者のためには，単語や文の強勢を確認し，上向きまた

---

[2]Nation（2001）は，テキストを理解し，文脈から未知の単語を推測する機会を持つためには，学習者はインプットされた単語の95パーセントをすでに知っている必要があるとしている。

は下向きの矢印を引いて文中のイントネーションを確認し，使われている語の形（例，walk vs. walked のような現在形vs.過去形）を確認するような単語レベルのタスクが適切かもしれない。おおまかな理解のためのリスニングをするタスクでは，トピックが何かを決めたり，聞いたことを要約したり，会話の機能は何か（例えば，話し手は何かを薦めているのか，誘っているのか，知らせているのか，等）を選んだり，次に何が起こるかを予想したり，ストーリーの絵を順に並べたり，などを行う。細部を聞き取るリスニングでは，トピックのリストを作ったり，一連の出来事を確認したり，チャートや地図を埋めたりするタスクを行う。推測をするためのタスクはリスニングのテキスト中に答えが直接出てこないときに使用される。この種のタスクでは，話し手の人間関係を推測したり，話し手がどのような気持ちなのかを聞き分けたり，どのような場面なのかを決めたりする。

　これらのリスニング活動では，学習者は，選択肢からひとつの解答をチェックしたり，あるいはL1またはL2で書いたり話したりして理解度を測ることができる。リスニング指導における具体的なアクティビティについては，次節を参照されたい。

3.2.3　事後指導（Post-listening）

　事後指導においては，リスニングのテキストをチェックして，内容を理解できたかどうか確認させる。教師によっては最初に正答をすべて学習者に教え，自分の出来栄えをチェックさせることもある。その後，全員でもう一度聞きなおし，教師が解説を加える。この方法で，学習者は自分たちの間違いを理解し，そこから学ぶ機会を与えられる。また，これをステップとして，次の活動（たとえば，要約を書く，意見を述べ合ったり，書いたりするなど）に発展させていくことができる。聞き取った内容について，クラスメートに口頭でアンケートを取り，発表させることもできる。

4 Listening activities … リスニング指導のアクティビティ

4.1 タスクベースの学習（Task-based learning）[3]

　教室で用いられるもっとも一般的なアクティビティの一つは，学習者にテキストを聞かせ，質問をして理解度をみることである。事前に質問が与えられることもあり，リスニングのあとで質問がなされることもある。このようなタイプのアクティビティがテストにしばしば見られることを考えると，この方法も悪くはないだろう。しかし，タスクベース（task-based）の練習問題を行う方が，実世界でわれわれが行なっているリスニングの現状により即しているのではないだろうか。タスク（task）とは，Ellis（2003）によれば，「学習者が，第二言語を実際に使用することが必要な作業計画であり，（英語の正確さというより）意図したことがしっかりと通じたかどうかで評価されるもの」のことである（かっこ内は筆者補足）。リスニングについて具体的に考えてみると，私たちは何かを聞くときにはその理由がある。たとえば，テキストの要点をつかむためや，航空機の便名と出発時刻を知るためなどである。聞く理由があるとき，学習者は必要な情報に集中し，不必要な情報を無視できる。

　タスクの例として，表の空欄を埋めたり，指示に従ってダイヤグラムや地図を描いたり，出来事を順番に並べ換えたり，テキストに出てくる単語やフレーズをチェックするなどが挙げられる。この際，効果的なノートの取り方（note-taking）を指導することも重要である。それぞれの学習者が担当した部分の情報をそれぞれ聞き取り，グループの中で共有しながら課題を解く，いわゆる，ジグソーパズルを解くように取り組むジグソー・リスニング（jigsaw-listening）は，モチベーションを上げるタスクになり得る[4]。

　多くのリスニングタスクは対話形式のテキストがベースになっている。このように文法と語彙を文脈に合わせた会話を使うことも悪くないが，学習者はより長い談話に接する必要がある。たとえば，ミニ講義，プレゼンテー

---

[3] タスクベースの学習については，第5章「教授法」でも言及されているので，参照されたい。
[4] 同様のねらいを持つジグソー・リーディングもある。

ション，ディベートなどである。また，映画，テレビ番組や歌などを活用する教師も少なくない。これらは基本的に，長い物語を理解するリスニング活動である。

コンピュータを用いたマルチメディアのリスニング活動（指導におけるマルチメディアに関しては第12章「教材研究」を参照）を利用できる学習者は，聞きながら，自分の答えが正しいか間違っているか即座にフィードバックを受けられる。また，マルチメディアやビデオ，DVD のテキストにおいて，音声だけでなく視覚教材があることは，リスニング理解に役立つとされている。視覚教材があると，人の表情やしぐさを見ることができるからである[5]。

4.2 ディクテーション（Dictation）

初心者レベルのディクテーションとは，教師がゆっくりといくつかの単純な文を言ったり CD をかけたりしたものを，学習者がその通りに書きとるものである。より高度なレベルでは，単なる書きとり練習を超えたディクテーションの総称である「コミュニカティブ・ディクテーション」となる。これにはいくつかの種類がある。2，3の例を挙げてみる。

① 話されたテキストと書かれたテキストの間に違いを見つけるもの。教師が一つのバージョンを読みあげている最中，学習者は少し異なるテキストを見る。学習者は違いを見つけ，持っているテキストを変更する。
② 教師が絵を見せ，その絵について正しい文と間違っている文を述べる。学習者は正しいものを書きとめ，間違いの文を訂正する。
③ 教師が文を読み，学習者は，内容的に自分が正しいと思うものと間違いだと思うものを分けて，表に書き入れる。
④ 「ディクトグロス（dictogloss）」では，教師が自然な早さでテキスト

---

[5]学習者は，kinesics（ボディランゲージおよびジェスチャー），proxemics（身体的距離および身体的接触），そして prosody（ストレス，イントネーション，リズム）を理解することが必要である。

を2回読み，学習者は聞き取った単語やフレーズを書きとめる。学習者はグループになり，聞き取れた単語やフレーズを出しあって力の及ぶかぎり良いテキストを再構築する。100パーセント正しくなくとも，クラス全体が話し合い，グループの答えを比較することに意味がある。レベルと制限時間により，以下のステップを付け加えることもできる。テキストを元のテキストと比べ間違いを分類し，間違いをあまり重要でないものから非常に重要なものまで，ランク付けする。最後にもう一度テキストを聞く。

⑤ テキストの一文が書いてある紙片を複数学習者に与える。学習者はその紙片を，論理的に意味が通るように並べる。教師がテキストを読み，学習者は自分たちが並べたものと比較する。

4.3　シャドウイング（Shadowing）

シャドウイングとは，聞こえてくる音声について，テキストを見ずに口頭で繰り返すという練習法である。これは，内容のみならず，英語発音のルールやイントネーションのチェックにも利用することができる。教室での活動の一部としてぜひ取り入れたい。

4.4　教室外の活動

リスニング力をつけるためには，学習者は教室外で英語を聞く機会を持つことが必要である。2つの例として，まず，精聴（intensive listening）がある。これは，同じタイプの話やトピックを繰り返し聞くもので，語彙や文法項目さえも繰り返されるので，学習者は徐々に，狭い範囲の専門的知識を構築できるようになる。繰り返しを通じて，そのトピックに馴染んでいくのである。このようにして学習者はある特定の分野のスキーマと語彙を構築していくことができる。学習者が熱心に取り組めるトピックを選ぶと効果的である。

多聴（extensive listening）は，教室外でなるべく多くの種類のリスニング教材を聞くことだが，途切れなくリスニングできるように，楽に理解できるものを聞くことが重要である。Waring (2010) は，学習者が教材を止め

ずに，内容の90パーセント，語彙の95パーセントを理解できるような教材を使用すべきだと言っている。言うまでもなく，興味深いトピックを扱う教材が望ましい。

5 Successful listeners … 上手な聞き手とは

話された英文（spoken text）をうまく理解できる人がいる一方，音の理解に苦労する学習者がいるのはなぜだろう。上手な聞き手には3つの共通点がある。これらを見てみよう。

5.1 習熟度レベル

聞くことが上手な学習者には，語彙をうまくあやつる力がある。語彙レベルは各学習者の習熟度を測る一方法である。研究により，語彙の知識とリスニングテストの点数には関係があることがわかっている。聞き手には語彙の広さ（width）と深さ（depth）が必要である。語彙の広さとは，聞き手が知識として持っている単語の数である。一方，語彙の深さとは，単語をどれくらいよく知っているか，あるいは関連語を知っているかを示す。語彙を深く理解している聞き手は，peace という語はたとえば，war, talks, broker, lasting のような語と関連があることを知っているが，語彙の深さがそれほどない聞き手は，peace と war の関連ぐらいしか知らない。

5.2 一方向のリスニングにおける方略（ストラテジー）の使用

英語の聞き取りが得意な学習者は，いろいろな方略を組み合わせ，頻繁に活用することで，リスニングを効果的に行っている。具体例をいくつか挙げる。

- テキストの構造（例えばスクリプト）に注意を払い，テキストの一文，一語より大きな意味のかたまりに注意を向けている。（熟練していない聞き手は単語ひとつひとつに注意を向けがちで，慣れない単語が出てくると聞くのをやめてしまうことが多い。）
- 自分の理解度をチェックし，聞いた内容を自分の過去の経験に関連づ

けている。
- 自問しながら聞き，自分の過去の知識に結び付ける。聞いたことを理解するために一般常識を用い，解釈する枠組みを作る。新しい情報を取り入れるたびにこの枠組みを更新する。(習熟していない聞き手は訳と個々のキーワードを当てにしてしまい，推測をせず，聞いたことをすでに知っていることに照らし合わせたりもしない。)

以上の項目を見ると，上手な聞き手はトップダウン処理をしており，それほどでもない聞き手はほとんどボトムアップ処理に頼っていることを示唆しているようである。

5.3 インタラクションにおける方略の使用

上記の項目は，一方通行のインタラクティブでないリスニングを得意とする聞き手が使っている方略である。言い換えれば，教師の言うことやオーディオテキストの内容を理解するのが得意な学習者，ということである。双方向のインタラクティブなリスニングが得意な聞き手は，上記の方略に加え，この種のリスニングに必要な次のような方略を使っている。

- もう一度繰り返してくださいと頼む
- 言い換え（パラフレーズやリフレーズ）をしてくださいと頼む
- 単語の意味を言ってくださいと頼む
- 非言語の継続シグナル（例えば，うなずく，眉を上げる）を使用する
- 理解の不足を表す非言語のサイン（例えば，首を傾げる）を使用する
- 理解やあいづちとして知られている言語シグナル（例えば，uh huh, got it, no kidding!）を使用する
- 仮説をテストする（理解したことを確認するためにテキストに関して特定の質問をする，あるいは，理解したことを確認するためにテキストをリフレーズする）
- 理解したことを示すために，あるいは理解の不足を示すために疑問文のイントネーションで，テキストの一部を繰り返す
- 質問をするか，あるいは何かを述べて，会話を進める全体的な理解不足を示す。(例えば huh？と言う)

- 理解しているふりをして，会話が進行していくうち理解できるのではないか，と様子をみる。

中級レベルの学習者は上級者より多くの方略を利用し，初心者と比べると約3倍もの方略を使用する。上手な聞き手がもっとも使用する方略は，上記の，仮説のテストやテキストの反復（例，単語を繰り返す）である。初心者は身体動作（例えば，頭を振る，等）に頼るが，習熟度が上がるにつれて身体動作の使用は減ることが知られている。

さらに，ここに挙げた項目は，リスニングに限らず他の言語技能にも当てはまる。4技能について見本となる学習者の傾向を知ることは，教育について考える際に非常に重要である。

REVIEW EXERCISES

1. Matching

この章で学んだ重要な概念またはその概念に関するエピソードが英語で説明されています。それぞれを，下のキーワードと結び付け，かっこ内に書き込んで下さい。さらに，そのキーワードを簡単に日本語でも説明できるようにしましょう。

(a) top-down processing
(b) dictation
(c) extensive listening
(d) while-listening activity
(e) jigsaw listening
(f) make inferences

(　　　　) 1. To make assumptions about something based on your understanding of what is not clearly stated in a text. It is often called "listening between the lines."

(　　　　) 2. A way of understanding a text by using one's prior knowledge of the topic to help make sense of what is heard.

(　　　　　) 3. A technique where the teacher reads a sentence and students write down exactly what they hear.

(　　　　　) 4. The middle section of a three-way division of a listening activity; it is the act of listening to and comprehending a text.

(　　　　　) 5. Listening to many different kinds of texts outside of the classroom in an attempt to improve listening comprehension skills.

(　　　　　) 6. A technique in which a text is divided into parts and one student is responsible for listening to one part and reporting the contents to other students.

2. Comprehension Check

本文を見ずにかっこ内に適語を入れなさい。選択肢がある問題では，正しい方を選びなさい。パートナーと答え合わせをして，難しかったところを話し合いましょう。

4技能のうち，リスニングとリーディングは（1　　　　）なスキルであると言われるが，それは受け身のスキルという意味ではない。リスニング活動は，耳に入って来た外国語を理解するために，それまでに自分が蓄積した知識や情報を積極的に利用する。その意味では，（2　　　　）なスキルであるとも言える。新学習指導要領において，小学校では，積極的に外国語を聞いたり話したりし，（3　　　　）を中心に指導することとされ，文字の導入は慎重に扱われている。また，中学校では音声のみならず（4　　　　）を正しく聞き取り，理解することが提唱され，高等学校では，聞き取ったことについて意見を持ち，それを書いたり話したりすることが重要視されている。

このように，リスニング指導においては多岐にわたる配慮が必要である。学習者がテキストの一部を聞いて理解することができるのは，音を意味のあ

るかたまりに分ける（5　　　　）をしているからである。加えて，トピックに関する事前知識，つまり（6　　　　）は，学習者が予測をし，テキストの意味に関して仮説をテストすることができるように，枠組みを建てて助けてくれる。

3. Discussion

　少人数のグループに分かれ，次のトピックから1つ選んで10分間話し合ってください。次に，ディスカッションリーダーが各グループの話し合いをまとめてクラス全体に報告してください。

1. What kind of listening activities do you think will be effective to improve the listening skills of junior high students?
2. What can you do to encourage students to do extensive listening?
3. Give an example of either a bottom-up processing or a top-down processing listening activity that can be used with high school students.

Topic number：(　　　)

```
Summary of the discussion



```

Can-do Checklist

　この章で学んだ重要な項目について，簡単な説明ができると思ったらチェック（✓）を付けましょう。チェックが付けられなかった項目は，折を見て復習してください。

I can briefly explain …
- [ ] 1. receptive skills
- [ ] 2. productive skills
- [ ] 3. top-down processing
- [ ] 4. bottom-up processing
- [ ] 5. background knowledge
- [ ] 6. extensive listening
- [ ] 7. dictation
- [ ] 8. shadowing

Final Reflections

1. 「リスニングが不得意です」と訴える生徒の質問に，あなたならどう対応しますか。

....

....

....

2. 中学校の指導案を作るときに，リスニングはどのように教えたらよいと思いますか。工夫してみましょう。

....

....

....

For Further Reading

Brown, S. (2011). *Listening myths : Applying second language research to classroom teaching.* Ann Arbor, MI：University of Michigan Press.

Field, J. (2008). *Listening in the language classroom.* Cambridge：Cambridge University Press.

Helgesen, M. & Brown, S. (2007). *Practical English language teaching : Listening.* New York, NY：McGraw-Hill ESL/EFL.

Nation, I. S. P. & Newton, J. (2009). *Teaching ESL/EFL listening and speaking.* New York, NY：Routledge.

Ur, P. (1984). *Teaching listening comprehension.* Cambridge：Cambridge University Press.

金谷憲　他（編）.（2009）.『大修館英語授業ハンドブック中学校編』. 大修館書店.

金谷憲　他（編）.（2012）.『大修館英語授業ハンドブック高校編』. 大修館書店.

コラム(6)　リスニングでのストラテジートレーニング

リスニングにおいて，習熟度の高い聞き手は語彙が多く，トップダウンとボトムアップの処理を十分に使い，テキストを理解するための種々のストラテジーを駆使することができます。教師が学習者のリスニングのスキル向上を助けようとするなら，学習者が深さ（depth）と広さ（width）の両方で語彙を拡張する助力をし，もっと多くのストラテジートレーニングをすべきです。特に，初心者レベルの学習者に対しては，トップダウン処理ができるように十分助言したいものです。

第8章

スピーキング指導
Teaching Speaking

世界のグローバル化に伴い，外国人と直接言葉を交わす機会は急激に増えてきました。それに伴い，英語を使って外国人と話す機会も増えてきています。何より，話すという活動は言語学習の基本的な活動です。英語を身に付けたいと願う学習者のほとんどが「英語を流暢に話したい」と願っていることは間違いありません。本章では，英語でのスピーキングとは何かを考え，その効果的な指導法について考えましょう。

●Warm-up●

「スピーキング」と一口に言っても，「話すこと」にはいろいろな種類があると考えられます。スピーキング活動には，どのようなものがあると思いますか。グループで，教室におけるスピーキング活動の例をあげ，その特徴と，将来どのような場面で役立つかを話し合ってみましょう。

スピーキング活動の例	特徴／将来役立ちそうな場面

KEYWORDS: classroom English, pair work, role play, information gap, speaking strategies, show and tell

1 What is "speaking"? … スピーキングとは何か

　スピーキングはライティングと同様に生産的な技能（productive skill）であり，この2つのスキルには密接な関係がある。スピーキングと言っても色々なタイプがあるが，まず「会話」（conversation, dialog）が頭に浮かぶ。さらに応用形として，ディスカッション（discussion）やディベート（debate）などの上級スキルがある。いずれも，表現したい内容があり，表現する手段を持っていることが重要である。

　スピーキングは，リスニングやリーディングにより得られた情報や知識に基づいて進められるものであるが，その際に，話す内容（主張，意見など），それを英語で表現するための知識（文法体系，語彙など），口頭で発表するための音声（発音，抑揚など），そして確認，質問，相づちなどのスピーキングをスムーズに進めるための方略を持っている必要がある。さらに，持っているだけではなく，それを使えることが必要である。たとえば，自動車が動くメカニズムを知っているということと実際に自動車を運転することができることは異なる。英語も同様であり，英語の知識はあっても実際に使えない人もいる。

　生産的な技能であるスピーキングにおいては，話せる人と話せない人がはっきり区別できるので，目立ちやすい。「日本の中学校・高等学校では6年間も英語を勉強しているのに十分に話せるようにならない」とよく言われるのは，リーディングやライティングと比べて，上手下手が目立つからであろう。

　スピーキング指導においては，知識として持っている英語を，いかに使えるようにするかが重要なポイントである。

2 What are the aims and purposes of teaching speaking? スピーキング指導の目標

　新学習指導要領では，スピーキングについて次のような目標が掲げられている。

2.1 中学校学習指導要領における「話すこと」の指導

2008（平成20）年公示の中学校学習指導要領では，「話すこと」の指導の目標を以下のように定めている。

> (3) 初歩的な英語を用いて自分の考えなどを話すことができるようにする。
>
> （『中学校学習指導要領』第9節，第2-1　目標）

それに続く内容では，以下のように記されている。

> (ア)　強勢，イントネーション，区切りなど基本的な英語の音声の特徴をとらえ，正しく発音すること
> (イ)　自分の考えや気持ち，事実などを聞き手に正しく伝えること
> (ウ)　聞いたり読んだりしたことなどについて，問答したり意見を述べ合ったりなどすること
> (エ)　つなぎ言葉を用いるなどのいろいろな工夫をして話を続けること
> (オ)　与えられたテーマについて簡単なスピーチをすること
>
> （『中学校学習指導要領』第9節，第2-2　内容）

上記の内容からもわかるように，中学校における「話すこと」の指導は，発音指導から始まり，気持ちや情報を相手に正しく伝え，意見を述べること，さらに会話を一定時間以上続ける方略の習得，そして，簡単なスピーチをするところまでを含んでおり，他の技能よりいっそうコミュニケーションを強く意図した内容となっている。

2.2 高等学校学習指導要領における「話すこと」の指導

2009（平成21）年公示の高等学校学習指導要領では，大きな変更があった。旧学習指導要領では，「英語Ｉ」または「オーラルコミュニケーションＩ」のどちらかが必修であったが，これが廃止され，新設された「コミュニケーション英語」で総合的なスキル育成が図られている。さらに，「英語表

現」ではライティングとスピーキング,「英語会話」ではスピーキングが扱われている。

　ここでは,多くの高校生が学ぶであろうコミュニケーション英語Ⅰにおいて「話すこと」がどのように指導されるべきかを見てみる。この科目は「英語を通じて,積極的にコミュニケーションを図ろうとする態度を育成するとともに,情報や考えなどを的確に理解したり適切に伝えたりする基礎的な能力を養う」(『高等学校学習指導要領』第2章第8節第2款第2コミュニケーション英語Ⅰ 1目標)ことを目標としており,4技能を関連付けた指導目標が掲げられている。スピーキングに関するものとして,以下のような記述がある。

　(ウ)　聞いたり読んだりしたこと,学んだことや経験したことに基づき,情報や考えなどについて話し合ったり意見の交換をしたりする。
(『高等学校学習指導要領』第2章第8節第2款第2コミュニケーション英語Ⅰ 2内容)より

　これからわかるように,中学校の基礎をふまえ,生徒同士で意見交換を行うことでお互いの考えていることを知り,さらに,コミュニケーションの楽しさを感じて,さらに聞いたり読んだりする活動へのきっかけとすることが求められている。他の技能でも同様であるが,新学習指導要領では,4技能の有機的な関連付けがいっそう強調されている。

2.3　小学校学習指導要領における「話すこと」の指導

　2008 (平成20) 年度の改訂によって,小学校学習指導要領に「外国語活動」が加えられ,小学校5,6年生に実質上の英語教育が導入されたことは前述のとおりである。この外国語活動においては,音声面の指導を中心とすることが明記されており,口頭における学習活動に重点が置かれている。

外国語を通じて,言語や文化について体験的に理解を深め,積極的にコミュニケーションを図ろうとする態度の育成を図り,外国語の音声や基本的な表現に慣れ親しませながら,コミュニケーション能力の素地を養う。

(『小学校学習指導要領』第4章外国語活動，第1 目標）より

　授業の実施に当たっては，ネイティブ・スピーカーの活用，地域の人々の協力を得て指導体制を作り，音声指導では，CDやDVDなどの視聴覚教材を積極的に活用することが望ましいとされている。
　コミュニケーションの場面としては次のような例が挙げられている。

(ア)　特有の表現がよく使われる場面
　　　あいさつ，自己紹介，買物，食事，道案内など
(イ)　児童の身近な暮らしにかかわる場面
　　　家庭での生活，学校での学習や活動，地域の行事，子どもの遊びなど

(『小学校学習指導要領』第4章外国語活動，第2 内容）より

　また，コミュニケーションの働きとしては次のような例が挙げられている。

(ア)　相手との関係を円滑にする，(イ)　気持ちを伝える，(ウ)　事実を伝える，(エ)　考えや意図を伝える，(オ)　相手の行動を促す

(『小学校学習指導要領』第4章外国語活動，第2 内容）より

　ここからわかるように，小学校段階では，英語を勉強するのではなく，実際に英語を使ってみることで母語の異なる人とコミュニケーションすることの楽しさを味わわせること，英語を使うことに慣れ，自分からも話してみようという積極的にコミュニケーションを図ろうとする態度を養うことを目標としている。このような環境の中で小学校5，6年を過ごした生徒が中学校に入学してくることを考え，小学校から中学校への英語学習の橋渡しがうまくいくように，小学校の教員，中学校の教員がそれぞれ工夫をすることが重要である。

3 Types of speaking performance in a classroom
教室でのスピーキングのタイプ

　教室でスピーキング活動を行う時に，スピーキングにはどのような形があるかを知っておくことが必要である。以下に代表的なものを4つ挙げるが，3.1のみが，すでにあるテキストを繰り返す練習であり，3.2以降はすべて自分のことばで話すものである。教室での会話練習が，印刷された会話を読み合うだけでなく，自分のことばで行われるように移行させていくことが重要である。

　ALTが教室に入るときにも，ALTをCDプレーヤーの代わりにするのではなく，ALTと学習者が意味のある英語でのやりとりができるようにしたい。

3.1 模倣的（Imitative）

　耳で聞いたものをリピートする（listen and repeat）することは，重要なスピーキング練習の一部と位置づけられる。リピート活動を意識的に行うことで，文法，音声，語彙などに気づき，これに続く意味のある会話につなげていくことができる。したがって，スピーキング練習が模倣的なレベルで終わらないように，指導者は留意すべきである。

3.2 応答的（Responsive）

　教員と学習者，あるいは学習者同士で行う短い応答練習である。これは，授業開始のあいさつ，練習問題の解答確認など，短いながらも意味のある活動であるので，日本語ではせずに英語で行うべきである。

3.3 相互的（Interactive）

　応答的な活動の発展形として，相互的な活動がある。これは，特定の話題についてある程度の長さのある会話を行うものである。模倣的→応答的→相互的と，タスクのレベルを上げながら教室で実践することが望ましい。

3.4 拡張的 (Extensive)

グループでのディスカッションの報告など，ひとりが長めの発話を行う場合である。ペアワークやグループワークを行いっぱなしにせず，各グループでどのような活動をしたかをグループリーダーがクラスに報告することができるようになることが望ましい。さらに上級では，スピーチなどもこのタイプの活動にあてはまる。

4 Teaching speaking … スピーキング指導の具体例

スピーキング指導にはいろいろな方法がある。教科書の各レッスンの内容をどのようにスピーキング活動で活用するか，また，スピーキング活動をどのように授業時間に組み込むかをあらかじめ考えておくことが必要である。授業時間に学習者がどのくらい声を出すかは非常に重要なポイントである。教師ばかりが話し，学習者が聞いているだけの教室では，スピーキング力の向上は望めない。

4.1 指導の方法
4.1.1 教室英語 (Classroom English)

スピーキング活動を行いやすくするためには，まず，指導者である教師自身が教室で英語を使うことが不可欠である。特に，高等学校新学習指導要領では，基本的に英語で授業を行うこととされているが，これは，50分の授業をすべて英語で行うということではないはずである。外国語教育において，母語を適度に用いることは，外国語習得に効果的だという研究もある (VanPatten & Cadierno, 1993)。文法の説明などは母語で行うとして，授業のどの部分で指導者が英語で話すかを決めておき，4月の授業開始から一貫して実践することが必要である。

現在では，「英語で英語を教える」(Teach English in English) ことに関する手引きが多く出版されおり，教育委員会のウェブサイトなどでも紹介されている。これを利用して，中学校入学時から，少なくともあいさつ，活動の指示，生徒の指名，口頭での評価などは，すべて英語で行うべきである。

小学校5,6年生で音声中心の活動に慣れた生徒は中学校に入って日本語の指示を聞くと,逆行した気分になるであろう。それは,高等学校でも同様である。必要に応じて日本語を用いる場面があったとしても,日常的に教師自らが英語を積極的に用いるようにすべきであり,生徒が臆せずに英語を口に出せるような環境を作っていきたいものである。

4.1.2　ペアワーク（Pair work）

話すことの基本は対話であるから,中学校・高等学校ともにペアを作って会話練習をするという習慣をつけたい。ペアワーク導入の絶好の機会は4月の授業開始のときである。教師が黒板を背にして立ち続け,生徒全員が教師の方を向いて座っているという状況では,インタラクティブな教室活動はできない。机を動かし,生徒同士を向かい合わせてペアワークを行いたいものである。

4.1.3　グループワーク（Group work）

グループワークはペアワークより少しハードルが高いが,慣れることにより,生徒も抵抗なく取り組むことができるはずである。グループはいつも同じメンバーであると人間関係などに問題が起きた時に修復しにくいので,教科書のレッスンごとに座席を変えるなど,工夫して,メンバーの固定化を防ぎたい。グループでは,グループリーダーを決め,ディスカッションを進めたり,クラスへの報告を行ったりする。メンバーに役割を与えるなどして,お互いに助け合わなければならないという気持ちを持たせることも必要である。

4.2　スピーキングのアクティビティ

4.2.1　ロール・プレイ（Role play）

ロール・プレイは,会話練習の基本である。これは,お互いに役割を決めて,実際のコミュニケーションを疑似体験するものであり,模倣的（Imitative）なタスクである。学習した内容を確認しながら取り組むことで,定着を図ることができる。また,反復練習をして暗記することにより,より応答的（Responsive）,相互的（Interactive）な活動に発展させることができるので,単なる教科書音読ととらえるべきではない。

4.2.2　インフォメーション・ギャップ（Information gap）

　基本的にペアで行う活動で，Student A が持っている情報と Student B が持っている情報が異なり，お互いに会話をして情報交換を行うことにより，その情報の違いを埋めていくというものである。

Student A

Leonardo da Vinci

　Leonardo da Vinci was born on April 15th, 1452. He was an artist, inventor, and scientist. He was left-handed and often wrote backwards from right to left.

<Ask Student B>
1. What country was he born in?
　_____
2. What is he famous for?
　_____
3. What kind of food did he eat?
　_____

Student B

Leonardo da Vinci

　Leonardo da Vinci was born in Italy. He is famous for his paintings such as "the Mona Lisa" and "the Last Supper." It is also known that he was a vegetarian.

<Ask Student A>
1. When was he born?
　_____
2. What did he do?
　_____
3. What was his unusual habit?
　_____

　この教材では，Student A, Student B がお互いに質問をし合い，自分の持っていない情報を相手から聞き出すようになっている。内容のやりとりをしながら文構造に慣れさせることができる。この他，方向を示すことばを使い，お互いの地図にない建物を教え合う活動なども考えられる。

　なお，このような活動については，第5, 12章も参照されたい。

4.2.3　インタビュー（Interview）

　インタビューの形式としては，まず，"Find someone who 〜." というタイプのものがある。たとえば，"Find five people who have a cat."（猫を飼っている人を5人見つけなさい）のようなテーマを決めておき，生徒が"Do you have a cat?" という質問ができるようにする。質問を何個か作ることで，1人のクラスメートとある程度の時間やりとりを続けることができる。

　また，教科書の内容に沿って質問事項を作っておき，ワークシートと鉛筆

を持たせて，"Interview five classmates. You have ten minutes."（5人のクラスメートに10分でインタビューしなさい）と言って教室を歩き回らせ，インタビューさせる形式もある。お互いにワークシートを見せて書きうつすことのないように注意する。

インタビューは，学習者を教室の中で動かすことで，より活発な相互的（interactive）活動として利用できる。前もってワークシートが準備できるとよりスムーズに行える。相互的な活動として好適であるが，だらだらと長時間行うものではない。タイマーなどを利用してきぱきと終わらせるべきである。

4.2.4 ディスカッション（Discussion）

ディスカッションは中学生や高校生にとってはややハードルの高いものではあるが，サンプルを用意すると比較的スムーズに進めることができる。教科書の各レッスンの内容に合わせて，"What is your favorite subject in high school?" など，話しやすい話題で，情報を述べ合うものが初歩段階では進めやすい。"Are school uniforms necessary?" のような，Yes or No の主張を含むものでは，ディスカッションリーダーの役割が重くなる。問題を述べ，グループのメンバーを順に指名して答えさせ，それをまとめることができるように指導したい。

4.2.5 レポート，要約（Report, summary）

ディスカッションリーダーが，ディスカッションの結果をクラス全体にレポートすることができると，ディスカッションもさらに意味のある活動になる。これも，サンプル英語を用意しておくと，比較的スムーズに進めることができる。"In my group, three people like math and two people like English." のような報告ができると良い。ディスカッションリーダーは，機会のあるごとに異なる生徒を選ぶと動機づけにもなる。

4.2.6 スピーチ（Speech）

スピーチは，パブリック・スピーキング（public speaking）とも言い，モノローグの延長として，自分の考えを一定時間にわたって話せるようになるのが目標である。スピーチに至る前段階の基礎的な形態のひとつに，ショー・アンド・テル（show and tell）がある。何かを見せながらそれにつ

いて話すという活動で，英語圏の小学校低学年では必ず取り入れられているが，英語学習者にとっても効果的である。

4.2.7 ディベート（Debate）

ディベートはある命題や提議について，賛成と反対の立場をとり，お互いに質問しあったり主張を述べ合ったりする。最後に，ジャッジが，どちらの立場が論理立てて説得力のある主張をしたかを判定するものである。正式なディベートは非常に高度なものであるが，英語的なものの考え方を体験させるのに，グループワークとして行ってみるのも良い。

5 Successful speakers … 上手な話し手とは

L2の学習者にとって，外国語を用いて意思の疎通を図る上でスピーキングは重要である。観光客が，外国で宿泊したホテルに苦情を言いたいとき，旅行先で病気になったとき，また，海外留学中の学生が授業の履修登録の仕方を尋ねるとき，さらに，授業の中でディスカッションやプレゼンテーションをするときなど，スピーキングには種々の異なる状況がある。したがって，スピーキングが上手な人は，メッセージを伝えるのに必要な言語の機能，文法，語彙をうまく使えるはずであり，外国語の文章を生み出す能力だけでは十分ではないのである。

発音が良い人がすなわち良い話し手とはならない。発音がきれいでも会話が続けられない人もいれば，発音はそれほど良くなくても上手に話を続けることのできる人もいる。見本となる良い話し手にはどのような特徴があるか，見てみよう。

5.1 高いリスニング力

会話においては，相手の言うことを理解し，適切に反応できなければならない。リスニングとスピーキングのスキルがしっかりと結びついているのである。プレゼンテーションなど，学習者が基本的に一人で話す場合，会話と異なっているように見えるが，このような場合でも，質問に答えたり，聞いている人からのコメントに反応したりする準備ができていなければならな

い。スピーキングは，耳からのインプットを即座に理解してそれに反応することが必要とされる，非常に難しいスキルなのである。

5.2 口語文法の理解

口語英語の会話で見られる文法は，書き言葉の文法とは異なるものを含むが，多くの学習者は，口語と文語では文法に多少の違いがあることを知らないのが現状である。上手な話し手は，口語ならではの文法を理解していることが多い。ただし，学習途中では，学校文法の枠の中で会話を行って全く問題はない。

口語ならではの用法としては，冠詞（相手が理解していると思われる事柄について最初から the を用いる），指示代名詞（物理的のみならず心理的に近いものについて this を用いる），I don't know nothing about it. のような非標準的な文法の使用などがある。

5.3 発音がうまくできること

ネイティブ・スピーカーの発音を真似することは，良い英語の発音をマスターするのに良い方法だが，良い英語の定義というのは，必ずしもネイティブ・スピーカーの英語というわけではなく，わかりやすい英語だということを覚えておくべきである。

英語では個々の音の発音より，ストレス，イントネーションなどのプロソディをきちんとマスターすることの方が重要である[1]。英語で何かに焦点を当てたいとき，イントネーションが好んで用いられるからである。焦点が当てられた単語はとても重要な情報を含んでいる場合があり，あるいは，話し手の感情や態度を示している場合もある。個々の発音がきれいでも，イントネーションが悪ければ，流暢なコミュニケーターとは見なされない。

5.4 実用的能力

実用的能力のある話し手とは，相手が意図することを理解し，文脈上適切

---

[1] 第11章「4技能と音声・文法・語彙指導」でも言及しているので，参照されたい。

な言語を使用する能力がある人のことである。同じ表現も，話し手の伝えたいことにより，多くの異なった意味を持つ場合がある。良い話し手はこれを理解し，また使用できなければならない。例えば "Good morning." という表現は，朝，最初に会う人にする単純な挨拶である。遅刻して会社に午後になってから出てきた人に対し，上司は "Good afternoon." ではなく "Good morning." と声をかけるかもしれない。この場合，"Good morning." の意図するところは，挨拶ではなく，時間通りに仕事に来ることができない人に対する迷惑と不満の表明なのである。

5.5　方略（ストラテジー）の利用

リスニングと同様，良い話し手は，いろいろな方略（ストラテジー）を組み合わせて頻繁に活用している。口頭でのコミュニケーションを円滑に行うためのスピーキング・ストラテジー（speaking strategies）の例として次のようなものが挙げられる（中谷：2005などをもとに作成）。

1. 援助を求めるためのストラテジー（asking for help）
   I don't understand./I don't follow you./What does ... mean?
2. 繰返しを求めるストラテジー（asking for repetition）
   Sorry?/Pardon?/Can you say that again, please?
3. 聞き手の理解をチェックするストラテジー（comprehension checks）
   Do you understand?/Do you know what I mean?/Is it OK?
4. 発話内容を確認するストラテジー（confirmation）
   You mean ...?/Is that ...?
5. 明確化を要求するストラテジー（clarification requests）
   What did you say?/What do you mean?/Could you explain that again?
6. 時間をかせぐストラテジー（using fillers）
   Well.../Let me see.../Um.../Mm.../Uh.../How can I say it?
7. 会話維持のための反応（response for maintenance）
   Right./I see./That's great./Good./Is that right?/Oh yeah?/Oh

really?
8. 自分の意図することを自力で相手に伝えるストラテジー（paraphrase, approximation, restructuring, circumlocution）
Hand me that thing you use to flip pancakes（spatula ということばが出なかったとき，パンケーキをひっくり返すもの，と言い換える）
9. 援助を申し出るストラテジー（offering help）
I mean.../It's like .../It's a kind of ...

以上は，コミュニケーションを円滑に行うための方略（ストラテジー）であるが，スピーキングを学習するための効果的な方略にも目を向けておく必要がある。スピーキング学習のための学習方略（study strategies）の具体的な例として，以下のようなものが挙げられる。（Stevick, 1989, cited in 竹内 2003）

- スピーキングを始める前にリスニングを十分に練習しておく
- 具体的な状況と結びつけながら発話練習をする
- 類似の表現をまとめ，関連付けながら発話練習をする
- わからない点は説明を求める[2]
- 学んだ表現を使うことで，自らの理解を確認していく
- 機械的な練習を徹底的に繰り返す
- 練習に際して音声化を行う
- 自然な形になるよう，自分の発話を母語話者に訂正してもらい，音声で繰り返してもらう
- 外国語で話をするのに適当な人物を見つける
- 自ら進んで自律的に学習する
- 実際の会話経験を積む

---

[2] これは，第7章「リスニング指導」の「インタラクティブなリスニング能力」にも詳細に出ているので参照されたい。

以上見てきたように,「良い」話し手は,単に文法の規則を使え,個々の単語がどう発音されるかを知っている以上のものを持っている。良い話し手は文法の規則が,言語のモード（例：書き言葉 vs. 話し言葉, フォーマル vs カジュアル）や社会的状況によって変わってくることを知っている。さらに,話し手の言語は,聞き手にとってわかりやすいものでなければならない。これをまとめると,良い話し手はコミュニカティブな能力,つまり,言語の暗黙の知識（tacit knowledge）とそれを使う能力を持っていなければならない,ということなのである。

REVIEW EXERCISES

1. Matching

この章で学んだ重要な概念またはその概念に関するエピソードが英語で説明されています。それぞれを,下のキーワードと結び付け,かっこ内に書き込んで下さい。さらに,そのキーワードを簡単に日本語でも説明できるようにしましょう。

(a) classroom English　(b) pair work　(c) role-play
(d) information gap　(e) show and tell　(f) speaking strategies

---

(　　　　　) 1. Students bring something and talk about it in front of class or friends. This is a common classroom activity in early elementary school in the United Kingdom, North America and Australia.

(　　　　　) 2. In order to continue a conversation effectively, learners need to know appropriate expressions, such as "May I ask you a question?" or "What do you mean by that?" Students need to learn these expressions and plan their conversation.

(　　　　　) 3. Student A has a sheet of information and student B has a sheet of different information. In a conversation, they ask each other questions to obtain information that is missing.

(　　　　　) 4. Learners take on the role of someone in a textbook or in a specific situation (such as a restaurant visitor and a waiter) and act out the conversation. This is an "imitative" task, but it can be developed into a more interactive task if learners memorize the conversation and can use the material to express their real feelings.

(　　　　　) 5. In order to encourage students to speak English in class, teachers should speak English in class. There are expressions that teachers can use in greeting, giving directions, encouraging, and so on. Some examples are "Open your books to page xx," "Please say that again," and "Excellent!"

(　　　　　) 6. This activity will give a student ample opportunities to speak English in class by working with another student. The learners can answer comprehension questions together or have a conversation about the topic.

2. Comprehension Check

　本文を見ずにかっこ内に適語を入れなさい。選択肢がある問題では，正しい方を選びなさい。パートナーと答え合わせをして，難しかったところを話し合いましょう。

　スピーキングは会話だと考える人が多いが，スピーキングを効果的に行うためには，話したいこと，聞きたいことがなければならない。その意味では，リーディングやリスニングで得られた情報をもとにスピーキング活動が成り立つとも言える。小学校では，外国語活動は外国語で話すことを体験し，積

極的に（1　　　　）を図ろうとする態度を育成するものとなっている。このような経験をした学習者が中学校に入って来る時，教師が日本語ばかりを話していては，逆行ととらえかねないので，教師が積極的に（2　　　　）を用いることが，スピーキングの機会を多くする鍵となる。

　スピーキング活動は，読んだり聞いたりしたものを繰り返す（3　　　　）な活動から始まり，教師やクラスメートの問いに短く答える（4　　　　）な活動や，より長く会話を続ける（5　　　　）な活動へと発展する。具体的には，ペアワークやグループワークを用いて，お互いが役割を担って会話するロールプレイや，情報の格差を埋める（6　　　　）など，種々の活動が想定される。

　スピーキング活動では，質問したり，相手の意図を確かめたりといったことが必要となるが，それをスムーズに進めるためのスピーキング（7　　　　）をしっかりと学ぶことが重要である。

3. Discussion

　少人数のグループに分かれ，次のトピックから1つ選んで10分間話し合ってください。次に，ディスカッションリーダーが各グループの話し合いをまとめてクラス全体に報告してください。

1. What are the difficulties in having a conversation in English? What can you do about it?
2. What can you do to encourage a shy student to speak English in class?

Topic number：(　　　)

```
Summary of the discussion



```

●・● Can-do Checklist ●・●

この章で学んだ重要な項目について，簡単な説明ができると思ったらチェック（✓）を付けましょう。チェックが付けられなかった項目は，折を見て復習してください。

I can briefly explain …

- ☐ 1. imitative speaking performance
- ☐ 2. interactive speaking performance
- ☐ 3. classroom English
- ☐ 4. pair work
- ☐ 5. group work
- ☐ 6. role play
- ☐ 7. information gap
- ☐ 8. speaking strategies

Final Reflections

1. 生徒が「日本人同士で英語をしゃべるのは不自然だし恥ずかしい」と言っています。あなたが先生ならどうしますか。

....

....

....

2. 「中学校・高等学校で6年間英語を学んだのになぜしゃべれるようにならないのですか。」と聞かれました。あなたならどう答えますか。

....

....

....

For Further Reading

Bailey, K. M. (2005). *Practical English language teaching : Speaking.* New York, NY：McGraw-Hill ESL/EFL.

Hadfield, J. (1990). *Intermediate communication games.* Essex, England：Pearson Education Limited.

Klippel, F. (1984). *Keeping talking : Communicative fluency activities for language teaching.* Cambridge：Cambridge University Press.

Nation, I. S. P. & Newton, J. (2009). *Teaching ESL/EFL listening and speaking.* New York, NY：Routledge.

金谷憲 他（編）. (2009).『大修館英語授業ハンドブック中学校編』. 大修館書店.

金谷憲 他（編）. (2012).『大修館英語授業ハンドブック高校編』. 大修館書店.

第9章

リーディング指導
Teaching Reading

本章では，効果的なリーディング指導について考えてみましょう。日本人英語学習者の多くが「英語を読むことはできるけれど，話せない」と言ったりしますが，本当に読むことはできているのでしょうか。外国語でのリーディングは取り組んでみると非常に複雑で難しいと感じられるものです。その難しさにどう対応していくか，そもそもリーディングにはどのような要素が含まれるのか，そして，どのように読む力を高めていけばよいのでしょうか。

●Warm-up●

みなさんは，今までに日本語と英語でどんなものを読みましたか。(たとえば，小説，海外旅行先の地図，電子メールなど。) 思い出せるものをみな挙げてください。友人と比べてみましょう。

今までに日本語で読んだもの
今までに英語で読んだもの

次に「英語でのリーディング」の定義を考えてみましょう。これに加えて，英語で読むことができるとはどういうことなのか，グループで話し合ってみましょう。

「英語でのリーディング」の定義

> **KEYWORDS**: background knowledge, bottom-up processing, skimming, scanning, graphic organizer, discourse markers

1 What is "reading"? … リーディングとは何か？

　「英語のリーディング」と聞くと「訳すこと」を連想することが多い。しかし，リーディングと訳すことは異なるものである。中学校でも高等学校でも，読むことは指導の重要項目であるが，読むことと訳すことは別であり，訳せたからといって読めたことにはならない。読むこととはどんなことなのだろうか。

1.1　リーディングの目的（Purposes for reading）

　最初の Warm-up 活動では，どのような答えが出ただろうか。考えてみると私たちはいろいろなものを読んでいる。日本語であれば，バスの時刻表，時計の取扱説明書，料理のレシピなどの実用的なものから，小説，詩，芝居の台本，数学の教科書，映画のテロップ，手紙，電子メールなど，実に幅広い。英語でも同様である。教科書，パソコンの画面に出たエラーメッセージ，輸入化粧品のラベル，小説，インターネットを介しての電子メール，チャットやツイッター，フェイスブックなどさまざまである。

　これらを読む目的は，それらの文章から重要な情報やメッセージをくみ取ることである。そして，その情報やメッセージは，書き手が意図したものでなくてはならない。読み方に失敗すると，間違った情報やメッセージを取りだすことになってしまう。

　まず，読むことには目的があること，その目的とは，書き手の意図する意味や情報を正確にくみ取ること，そして，その読み方は文章の種類によって異なることを確認しておこう。

1.2 リーディングの特徴

母語でのリーディングにも通じることであるが，外国語でのリーディングには次のような特徴がある。第1に，その言語そのものがわからなければならない。文字（writing system）と文法（grammar）の知識が必要なのは言うまでもない。第2に必要なのが背景知識（background knowledge）である。たとえば化学の知識が全くない人がアミノ酸の合成についての文章を読んだとしたら，文法的には易しい英語で書かれていたとしても理解できないであろう。辞書で難解な語を引いたとしてもその定義が理解できないであろう。書かれていることについての知識がないと，読み取ることはむずかしい。第3に，語彙レベル（vocabulary）が高い文章を読むのは非常に困難である。たとえ非常に易しい文法で書かれていたとしても知らない語ばかり出てくる文章は理解がむずかしい。

リーディング指導はこのように種々の要素を考えながら行う必要がある。単に「単語を覚えなさい」とか，「辞書を引かずに単語の意味を想像しなさい」と言っているだけではリーディング力はつかないのである。

1.3 スキーマ（Schema）[1]

リーディングには，「書き手」（writer）と「読み手」（reader）が存在する。書き手が意図することを正確にくみ取るためには，書き手と読み手の間に共通理解が必要である。これは，書き手と読み手が知り合いであるという意味ではない。日々の生活経験から，書き手と読み手が世界観についてある程度の共通な前提を持っているということである。これは，スキーマ（schema，複数形は schemata）と呼ばれている。スキーマは日本語にすることがむずかしい心理学の用語なので，このまま覚えておくとよい。「ものごとのありかたについて無意識に持っている，経験的，体験的に蓄積してきた情報や知識のまとまり」といった意味にとらえておくとよい。たとえば，フランス料理のレストランに初めて行く人はたいてい緊張する。それは，フランス料理

---

[1] スキーマについては，第7章にも説明があるので，参照されたい。スキーマは広義で，先に述べた背景知識（background knowledge）と同義と考えてよい。

のコースで運ばれてくる料理の順序やテーブルに並んだフォークやナイフの使い方を知らないからである。つまり，レストランのスキーマができていないと言える。

　英語教育においては，Carrell（1983）がスキーマを形式スキーマと内容スキーマの2種類に分け，形式スキーマはテキストのタイプや構造に関する背景知識であり，内容スキーマはテキストの内容に関する背景知識であるとした。そして，第二言語で効果的にリーディングを行うためには，この両者が必要であると主張した。

　リーディングをするとき，読み手は，テキスト内にある新しい情報を，自分が既に持っている情報（旧情報）と関連付けようとする。これを，スキーマを活性化する（activate schemata）と言う。これがうまくできたときに読解ができるようになるのである。

　スキーマということばは，外国語教育の重要なキーワードであり，リーディングに関しては，文法と語彙を教えるだけでは効果的に読めるようにはならないことを示唆している。

1.4　リーディングはインタラクションである（Reading as interaction）

　スピーキングやリスニングにおいては，わからないことを話し手に確認することができる。リーディングはわからないことがあったときに書き手に質問することができない。リーディングでは読み手は文章に向き合い，書き手の意図をくみ取る努力をすることが重要である。その意味でリーディングは受け身の技能ではない。また，書き手は，読み手に誤解をさせないような書き方を工夫することが必要である。すなわち，リーディングは書き手と読み手のインタラクションであるということができる。

1.5　トップダウン処理とボトムアップ処理
　　　（Top-down processing and bottom-up processing）

　トップダウンとボトムアップの処理については第7章「リスニング指導」でも述べたが，同様の概念がリーディングにも当てはまる。トップダウン処理において，読み手は経験や知性を駆使して，スキーマの活性化を行い，文

章を理解する。これは，文章の概略をつかんだり，最も重要なメッセージをくみ取ったりするときに役立つ。それに対しボトムアップの処理では，1語1語をたんねんに読み解き，文や段落の理解へと進めていく。「文法訳読」は，長く批判にさらされているが，それは，ボトムアップ処理のみに偏り過ぎた結果，一文一文の意味を日本語に直すことだけを主眼としてしまったからだと考えられる。一文一文が訳せることと，文章全体が何を述べているのかを理解できることは異なる。新学習指導要領は，このボトムアップ処理に偏り過ぎて授業時間のほとんどを英文和訳が占めてしまっている状況を改善することを求めている。

　しかし，ここで確認しておかなければならないのは，授業ではボトムアップの読み方とトップダウンの読み方の両方を指導することが重要だということである。ボトムアップに偏ると和訳をすることで終わってしまい，書き手の意図を十分にくみ取れたとは言えない授業になってしまう可能性がある。またトップダウンに偏ると，理解が大ざっぱとなり，正確な理解ができなくなる可能性がある。授業はこの両方をバランスよく組み合わせた活動を盛り込むことが望ましい。

2 What are the aims and purposes of teaching reading? リーディング指導の目標

　新学習指導要領では，リーディングについて次のような目標が掲げられている。

2.1　中学校学習指導要領における「読むこと」の指導

　2008（平成20）年公示の中学校学習指導要領では，「読むこと」の指導の目標を以下のように定めている。

> (3)英語を読むことに慣れ親しみ，初歩的な英語を読んで書き手の意向などを理解できるようにする。
> 　　　　　　　（『中学校学習指導要領』第2章第9節，第2-1　目標）

それに続く内容では，以下のように記されている。

> (ア) 文字や符号を識別し，正しく読むこと。
> (イ) 書かれた内容を考えながら黙読したり，その内容が表現されるように音読すること。
> (ウ) 物語のあらすじや説明文の大切な部分などを正確に読み取ること。
> (エ) 伝言や手紙などの文章から書き手の意向を理解し，適切に応じること。
> (オ) 話の内容や書き手の意見などに対して感想を述べたり賛否やその理由を示したりなどすることができるよう，書かれた内容や考え方などをとらえること。
> 　　　　　（『中学校学習指導要領』第2章第9節，第2-2　内容）

　上記の内容からもわかるように，中学校における読むことの指導は，文字や符号を正しく読み取るという識字の側面から始まり，黙読，音読を行い，さらに内容理解や，読んだものに対して反応することまで含んでおり，コミュニケーションを強く意図した内容となっている。2008（平成20）年公示の新学習指導要領で小学校に導入された外国語活動では，基本的に文字の導入は慎重にすることとなっているため，中学校でのリーディング指導に関しては，ライティング指導と同様，基本的に変更がないと考えてよい。

2.2　高等学校学習指導要領における「読むこと」の指導

　2009（平成21）年公示の高等学校学習指導要領では，旧学習指導要領にあった「リーディング」というリーディングに特化した科目が廃止され，新科目の中で他技能と総合的な指導をすることが求められるようになった。
　ここでは，多くの高校生が学ぶであろうコミュニケーション英語Ⅰにおける「読むこと」の指導を見てみる。この科目は「英語を通じて，積極的にコミュニケーションを図ろうとする態度を育成するとともに，情報や考えなどを的確に理解したり適切に伝えたりする基礎的な能力を養う」（『高等学校学習指導要領』第2章第8節第2款第2コミュニケーション英語Ⅰ1目標）こと

を目標としており，4技能を関連付けた指導目標が掲げられている。リーディングに関するものとして，以下のような記述がある。

> (イ) 説明や物語などを読んで，情報や考えなどを理解したり，概要や要点をとらえたりする。また，聞き手に伝わるように音読する。
> (ウ) 聞いたり読んだりしたこと，学んだことや経験したことに基づき，情報や考えなどについて話し合ったり意見の交換をしたりする。
> (エ) 聞いたり読んだりしたこと，学んだことや経験したことに基づき，情報や考えなどについて，簡潔に書く。
>
> (『高等学校学習指導要領』第2章第8節第2款第2コミュニケーション英語Ⅰ 2内容) より

上記からわかるように，中学校の基礎をふまえ，自らの背景知識を生かしていろいろな文を読み，その概要をとらえ，相手に伝えること，また，読むことをそれだけで終わらせず，読んだことをもとに話したり書いたりする活動へ結び付けていくことが求められているのである。新学習指導要領では，4技能の有機的な関連付けがいっそう強調されている。

2.3 小学校学習指導要領における「読むこと」の指導

2008（平成20）年度の改訂によって，小学校学習指導要領に「外国語活動」が加えられ，小学校5，6年生に実質上の英語教育が導入されたことは前述のとおりである。小学校における「外国語活動」の目標は，第7章「リスニング指導」に紹介したとおりであるので参照されたい。

学習指導要領には，小学校における「読むこと」の指導は明記されておらず，基本的には口頭における学習活動を意図しているものである。『小学校学習指導要領解説 外国語活動編』には，以下の記述がある。

> アルファベットなどの文字の指導については，例えば，アルファベットの活字体の大文字及び小文字に触れる段階にとどめるなど，中学校外国語科の指導とも連携させ，児童に対して過度の負担を強いることなく指導する必要がある。さらに，読むこと及び書くことについては，音声

> 面を中心とした指導を補助する程度の扱いとするよう配慮し，聞くこと及び話すこととの関連をもたせた指導をする必要がある。
>
> 　外国語を初めて学習する段階であることを踏まえると，アルファベットなどの文字指導は，外国語の音声に慣れ親しんだ段階で開始するように配慮する必要がある。さらに，発音と綴りとの関係については，中学校学習指導要領により中学校段階で扱うものとされており，小学校段階では取り扱うこととはしていない。
>
> 　　　　　　　　　　　　　　　　（『小学校学習指導要領解説 外国語活動編』p.24）

　小学校で識字，すなわちリテラシー（literacy）を取り入れなくてよいのかということについては議論があるが，新学習指導要領では，音声面の指導を中心とすることになっている。

3　Teaching reading … リーディングの指導過程

3.1　リーディングテキストの特徴

　日本語で「テキスト」と言うと，教科書（textbook）を指すことが多いが，英語教育では，英語のテキスト（text）とは，いくつもの文が集まってまとまったものである。一口に英語リーディングと言っても，そのテキストには多くの種類がある。たとえば，アカデミックな書籍，報告書，レポート，小説，詩歌，日記，広告，お知らせ，新聞や雑誌の記事などさまざまである。母語であれば一目見ればそのテキストの目的が何かわかるが，学習者にとってはこれが難しい。

　また，テキストは，それを構成する要素と組み立て方によって，4種類に分類することができる。これを知っておくことは，リーディング指導に役立つ。4種類のテキストとは，①ものがたり文（narrative text），②記述文（descriptive text），③論述文（expository text），④議論文（argumentative text）である。いずれの種類のテキストにもトピック（テキストが何について書かれているのかということ）があるが，トピックに関する意見・立場の

表明（メイン・アイディアと呼ぶ）は，ものがたり文と記述文にはない。[2]

このような「書かれたテキスト」（written text）の特徴について，H.D. Brown（2007）は次の7点を挙げている。

- 永続性（Permanence）：話し言葉が話されるそばから消えて行くのに対し，書き言葉は，目の前にあるので，必要に応じて何度でも見直すことができる。
- 処理にかかる時間（Processing time）：リーディングの場合，リスニングと異なり，自分のペースで読むことが可能な場合が多い。特別な場合を除いて，ゆっくり読む人より早く読める人の方が優位に立っているとは言えない。
- 距離（Distance）：読み手は，書き手が時間的にも距離的にも離れたところで書いたものを，テキストのみを手がかりとして読み解かなければならない。質問したり，意味を確認したりすることができないのである。これは，リーディングを難しくしている要因の一つである。
- つづり字（Orthography）：話し言葉においては，話されたことば以外に，ストレス，イントネーション，間，声の大きさ，など，意味への手がかりになるものが多いが，書き言葉においては，書かれた文字しかない。しかし，接頭辞，接尾辞，形態素（複数の –s や動詞につく –ing など）を手がかりにしていけば，多くの情報を得ることができる。

---

[2]・ものがたり文（Narrative text）：ものがたり文では，ある一連の出来事について，それが起こった順に報告される。それぞれの事象が起こった時点を表すために，時を表す副詞（例 first, then）や前置詞句（例 at first, in the end）が用いられる。また，出来事に関する書き手の感想や評価も加えられ，出来事の意味づけも表明される。
・記述文（Descriptive text）：記述文では，ある特定の人物・事柄等について詳細な解説がなされる。一つのことについて，複数の側面から記述されるものもある。
・論述文（Expository text）：論述文では，先ず，トピックに関する意見（メイン・アイディア）が表明され，次に，それを支持する内容が続く。例えば，メイン・アイディアが仮説である場合には，仮説を支持する証拠がいくつか挙げられる。
・議論文（Argumentative text）：議論文では，先ず，あるトピックに関する2つの相対する意見が表明される。その後，どちらが優位であるのかに関する議論が展開される。

- 文の複雑さ（Complexity）：話し言葉は書き言葉に比べて，ひとつひとつの節が短く，それらを等位接続詞でつなげる傾向がある。（たとえば，SV and SV というように。）これに対して，書き言葉では，従属接続詞を用い，節も長めになる傾向がある。（たとえば，Although SV, SV のようになり，主節と従属節の関係が理解できる必要がある。）このように，話し言葉と書き言葉の違いを理解することは学習者にとって重要であり，易しいことではない。
- 語彙（Vocabulary）：日常会話における話し言葉と比べると，書き言葉においては，書き手はゆっくりと言葉を選んで考えて書くことができるため，話し言葉に比べるとより豊富な語彙を用いる。抽象的な語をはじめ，難解な語がテキストにあると，学習者にとっては理解が難しい。
- 形式（Formality）：書き言葉は，話し言葉に比べるとよりフォーマルであると言われる。これは，書くものは，その種類によって書き方が決まっているということである。また，アカデミックな文章では，パラグラフの構成など，基礎知識がないと効率的に読み解けないことがある[3]。

3.2　リーディングの指導過程

　入門期のリーディング指導においては，文字や符号の識別，綴り，単語の認知から始まり，語，句，文の違いをわからせることが必要である。これについては，ライティングにおける文字指導と共通点が多い。第10章を参照されたい。

　入門期を終えた生徒にリーディングを教室で指導する際に，他の4技能と

---

[3] アカデミックな英語のリーディングでは，パラグラフ，およびいくつかのパラグラフがまとまったパッセージの構成を知ることが重要である。これは，ライティングの指導にも通じる重要なポイントである。パラグラフとパッセージの構成については，第10章に詳しいので，参照されたい。教師は，テキストの種類やパラグラフとパッセージの構成に学習者の注意を向けるような努力が必要である。そして，良い構成で書かれたテキストを読むことでライティング指導に生かすことができる。

同様に，次の3つの段階を意識することが重要である。
- 事前指導（Pre-reading）
- 言語活動（While-reading）
- 事後指導（Post-reading）

ここでは，この3つの過程において具体的にどのような指導ができるかを見ていく。

3.2.1 事前指導（Pre-reading）

事前指導は，実際に英文を目にする前に行う活動である。この段階でスキーマの活性化が行われるので，すぐに英文に入らずに，本文テキストに関係のある写真や絵を見せて本文に何が書いてあるかを想像させたり，本文に出てくる重要語リストを勉強させたりする。この指導はなるべく英語で行いたい。

3.2.2 言語活動（While-reading）

前項で述べたボトムアップ処理とトップダウン処理をバランスよく取り入れ，どちらにも偏らないようにしたい。この段階では，黙読（silent reading）を行ってテキストの概要を読み取る，段落ごとにトピックセンテンスと支持文を探す，書き手の意図を理解する，求める情報を探す，などの活動を行い，テキストを深く理解させる。英問英答も効果的である。リーディング指導における具体的なアクティビティについては，次節を参照されたい。

3.2.3 事後指導（Post-reading）

リーディングの事後指導には，理解を確認するための活動が必要である。理解確認の問題，要約の作成，さらに，音読などの活動が考えられる。さらに，読んだテキストについて友人に説明したり，自分の意見を述べたり書いたりする活動も考えられる。このようなコミュニカティブな活動をリーディング活動で行うことも，新学習指導要領のねらいのひとつである。

4 Reading activities … リーディング指導のアクティビティ

4.1 すばやく意味をとらえるための黙読（Silent reading）

　声に出さずに，意味のまとまりを意識しながら黙読することは，効率よく読む助けとなる。意味のまとまりを考えながら，必要に応じてそのまとまりの境界にスラッシュ（/）を入れながら読むことをフレーズ・リーディング（phrase reading）と呼ぶ。この方法により，英文の語順のままに読み進めることが可能となる。スラッシュ・リーディング（slash reading）とも呼ぶ。

4.2 スキミング（Skimming）

　スキミングとは，テキストにさっと目を走らせて，読もうとするテキストのメイン・アイディア（主題・主旨）やトピック・センテンス（主題を担っている文）を見つけることを意味し，読む量に比べて時間が限られている時などに有効なストラテジーである。また，メイン・アイディアを導くキーワード（keywords）をスキミングによって見つけることも重要な練習である。具体的には，会議の前に資料にさっと目を通すときなどにこのスキルが有効である。

4.3 スキャニング（Scanning）

　スキャニングは，探したい情報をあらかじめ決めておき，それをテキストの中から効率的に見つけ出すことである。スキミングと並んで，第2言語におけるリーディングの最も重要なストラテジーである。ともに母語では無意識に行っていることであるが，第2言語で行うためには訓練が必要である。たとえば，辞書を引いて，目的の語を見つける時，修学旅行の旅程表から必要な情報を見つけ出す時などに有効である。

4.4 グラフィック・オーガナイザー（Graphic organizer）

　テキストを理解するために，テキスト中の概念を図や表などにまとめて見やすく整えたものである。例としては，セマンティック・マップ（semantic map), T-チャート (T-chart), ベン図 (Venn diagram) などがある。これらは, あらゆる技能の指導で有効であるが, リーディングでは, 読もうとするテキストを視覚的にとらえることができるので効果的である。pre-reading activity としてのセマンティック・マッピング, while-reading としてのベン図, フローチャート, 表などの活用は特に効果的である。

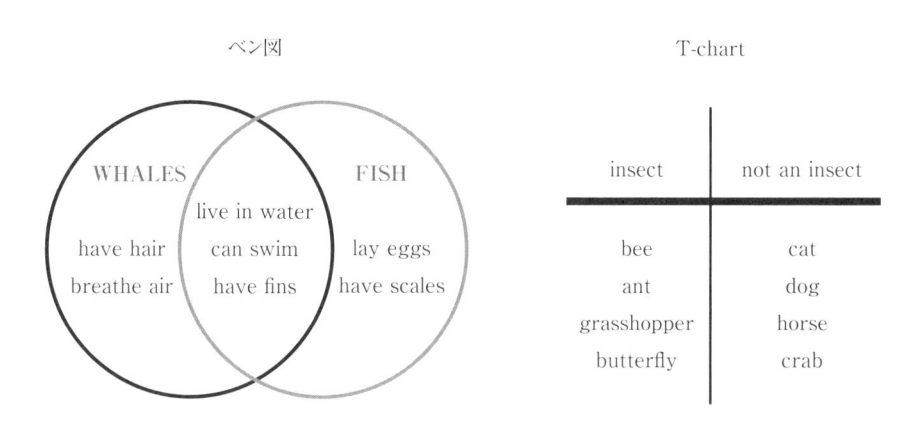

ベン図

	WHALES	(共通)	FISH
	have hair	live in water	lay eggs
	breathe air	can swim	have scales
		have fins	

T-chart

insect	not an insect
bee	cat
ant	dog
grasshopper	horse
butterfly	crab

4.5 精読と多読 (Intensive reading & extensive reading)

　リーディング指導でよく取り上げられるのが精読 (intensive reading) と多読 (extensive reading) である。中学校や高等学校の英語教科書は, 教室の中で, 一語一語をていねいに見る精読の教材として用いられることが多い。これは, 特にボトムアップのリーディングで行われることであり, 単にテキストの意味をとるだけでなく, 文法や語彙についても学ぶことにより, 他のテキストを読むときにも応用できるストラテジーの訓練となる。

　これに対し, 多読は, やさしめの英語で書かれた本を, 辞書を引かずに大まかな意味をとりながら読む訓練であり, 教室外での指導や夏休みの宿題などに用いられることが多い。多くの出版社から多読にふさわしい種々の読み物も出版されている。生徒は自分がスキーマを活性化しやすいテーマの教材を選んで楽しんで読むこともできる。多読を指導するときには以下の点を生徒に伝えておきたい。

- 辞書を引かない（辞書を引かなくても無理なく読めるレベルから始め

る）
- わからないところがあっても気にせず，読み進める
- つまらなく感じたら無理をせず，違う本を選んでよい
- 記録をつける（読んだ本のタイトルや語数，あらすじ，感想などをブックレポート（book report）やジャーナル（journal）のようなかたちで記録すると励みになる）

リーディングは多くの要素が複雑にからみあった活動であり，学習者が思っているよりはるかに多くの時間とたゆまぬ努力が必要な技能である。これを少しでも効果的に進めるために教師はいろいろな工夫をしていくことが望ましい。

5 Successful readers … 上手な読み手とは

今までに見てきたリスニングやスピーキングと同様，基本的な語彙力は上手にリーディングを行うために不可欠な要素である。さらに効果的にリーディングを行うために，良い読み手はどのような方略（ストラテジー）を活用しているのであろうか。Schramm（2006）や H. D. Brown（2007）などをもとに，下にまとめてみる。

5.1 読む目的を設定する（Good readers establish reading goals.）

良い読み手は，読む前になぜそのテキストを読むのか，しっかりと目的を決める。教室でのリーディング科目ではこれが行えないことが多いが，意識的に読む理由を考えてみることが重要である。また，良い読み手は，テキストをざっと見て，自分の持っている知識をこれから読むテキストと関連付けることができる。

5.2 上手に黙読をする
（They use efficient silent reading techniques.）

良い読み手は，黙読が上手である。すなわち，すべての語を心の中で言わず，視覚的には，一度に数語を視野に入れることができる。

5.3　メイン・アイディアを把握するためのスキミングをする
(They skim the text for main ideas.)

　良い読み手は，さっとテキスト全体に目を走らせて，テキストの目的，トピック，メイン・アイディアなどを把握することができる。

5.4　求める情報を把握するためのスキャニングをする
(They scan the text for specific information.)

　良い読み手は，テキスト全体を読み通さずに，必要な情報のみを探すことができる。

5.5　書き手との協同活動を行う（They cooperate with the author.）

　読み手と書き手の距離は，時間的にも距離的にも離れているわけであるが，良い読み手は，書き手がそのテキストを書く際に意図したことが，どのように自分と関係があるのか考え，自分の経験と関連付けることができる。また，良い読み手は，テキストについて興味を持ち，読みながら心に湧いた疑問に自ら答えようとしたり，次に何が書いてあるかを予測しようとしたりする。さらに，行間を読み，書き手がほのめかしていることをとらえようとする。

5.6　テキストの理解を確認する
(They secure comprehension of the text.)

　良い読み手は，読みとったことと自分の背景知識との間に矛盾があったときにはメモをとり，クラスでのディスカッションなどで確認することができる。また，自分の理解をいつもモニターし，辞書などを効果的に使うことができる。

5.7　ディスコース・マーカーを活用して文の関係を把握する
(They capitalize on discourse markers.)

　ディスコース・マーカー（discourse markers）とは，テキスト中の文や節などの関係を表すしるし（つなぎことば）のことである。文，節，句と

いった単位を超えて，談話（discourse）のレベルで読み取れるようになると，リーディングの効率は大きく上昇する。良い読み手はこれをすることができるのである。下に，H.D. Brown（2007）から，代表的なディスコース・マーカーを挙げる。

1. 列挙（Enumerative）：順序だてて述べたり，時間の推移を述べたりする。
   first(ly), second(ly), third(ly), next, then, finally, lastly, to begin with, eventually, finally, in the end, to conclude
2. 追加（Additive）：確認，類似，推移などを表す。
   again, also, moreover, furthermore, in addition, above all, what is more, equally, likewise, similarly, now, incidentally, by the way,
3. 論理的帰結（Logical sequence）：述べたことのまとめ，結果などを表す。
   so, so far, altogether, therefore, in short, to conclude, to summarize, as a result, consequently, as a consequence, in consequence
4. 解説（Explicative）：説明や解説を加える。
   namely, in other words, that is to say
5. 具体例（Illustrative）：例を加える。
   for example, for instance
6. 対比（Contrastive）：代替，対照，譲歩などを表す。
   alternatively, on the other hand, instead, on the contrary, by contrast, anyway, anyhow, however, nevertheless, nonetheless, still, though, yet, in spite of (that), at the same time

以上見てきたように，「良い」読み手は，語彙力，文法力のみならず深い洞察力を駆使してテキストに対して正しい質問をし（ask the right questions），自ら求める答えを導き出す方略を備えた読み手と言うことができよう。

REVIEW EXERCISES

1. Matching

この章で学んだ重要な概念またはその概念に関するエピソードが英語で説明されています。それぞれを，下のキーワードと結び付け，かっこ内に書き込んで下さい。さらに，そのキーワードを簡単に日本語でも説明できるようにしましょう。

(a) background knowledge　　(b) discourse markers
(c) graphic organizer　　(d) bottom-up processing
(e) skimming　　(f) scanning

(　　　　) 1. If students already know things about the subject of the reading material, it helps them to obtain new information from that reading material. For example, if the subject of the reading material is the history of Australia, what you already know about the country will help you to understand the passage much better than if you had no prior knowledge.

(　　　　) 2. This is a reading technique that is used when you are trying to get specific information, for example, finding the date and time of your favorite singer's concert in a music magazine. You don't start from the first page of the magazine, but flip through the pages and look for the specific information you are looking for.

(　　　　) 3. We use this technique when we want to find the main idea of a text. For example, when you are reading an article in a newspaper, you will pay attention to the headline, subheadings, keywords in the text, or charts and graphs to get the most important information in the article.

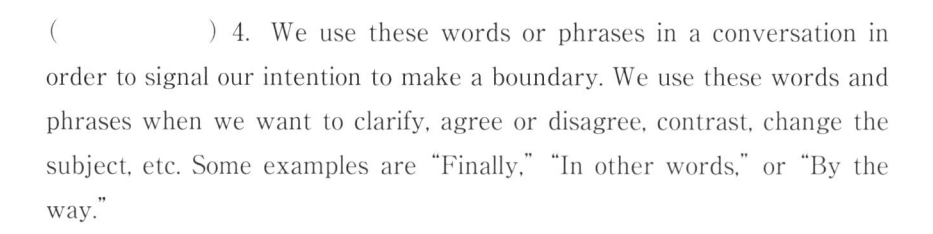

(　　　　　) 4. We use these words or phrases in a conversation in order to signal our intention to make a boundary. We use these words and phrases when we want to clarify, agree or disagree, contrast, change the subject, etc. Some examples are "Finally," "In other words," or "By the way."

(　　　　　) 5. We pay attention to each word, each phrase and each sentence of a text when we do this type of processing. This approach is effective to get a detailed explanation of the text.

(　　　　　) 6. This is a way to show visually the information of a written text. You can use things such as tables, diagrams, and flow charts.

2. Comprehension Check

本文を見ずにかっこ内に適語を入れなさい。選択肢がある問題では、正しい方を選びなさい。パートナーと答え合わせをして、難しかったところを話し合いましょう。

リーディングのむずかしさとして、文字や（1　　　　）を知らなければならないこと、さらに（2　　　　）と適切なレベルの（3　　　　）を持たなければならないことがあげられる。これらのどれが欠けても、効果的なリーディング活動はできない。なかでも、（2　　　　）は理解を促進する重要な要素である。リーディングの授業では、（4　　　　）を活性化するために、ヒントとなる写真や絵を見せたり、重要語彙を確認したりしたのちに教材に入ることが望ましい。また、語のレベルから確認し、語句から文へと視点を上げていく（5　　　　）処理と、経験や知識をもとに理解する（6　　　　）処理の双方を生徒がバランスよく経験できるような言語活動を用意することが望ましい。

さらに，新学習指導要領の理念に基づき，リーディングをテキスト理解で終わらせず，コミュニケーションを支えるものと捉え，読んだものをまとめたり，読んだものについて感想を述べ合ったり書いたりする活動も取り入れたい。

　また，教室で行う丹念な（7　　　）と，教室外で行う（8　　　）を上手に組み合わせ，生徒が読むことに積極的に取り組む雰囲気作りをしていきたいものだ。

3. Discussion

　少人数のグループに分かれ，次のトピックから1つ選んで10分間話し合ってください。次に，ディスカッションリーダーが各グループの話し合いをまとめてクラス全体に報告してください。

1. What is the role of a teacher in a reading class?
2. How much English should we use in teaching reading?

Topic number：(　　　)

Summary of the discussion

Can-do Checklist

この章で学んだ重要な項目について，簡単に説明ができると思ったらチェック（✓）を付けましょう。チェックが付けられなかった項目は，折を見て復習してください。

I can briefly explain …

- [ ] 1. background knowledge
- [ ] 2. schema activation
- [ ] 3. top-down processing
- [ ] 4. bottom-up processing
- [ ] 5. phrase reading
- [ ] 6. skimming
- [ ] 7. scanning
- [ ] 8. graphic organizer
- [ ] 9. intensive reading
- [ ] 10. extensive reading

Final Reflections

1. 自分のリーディング力について考えてみましょう。現在のリーディング力を高めていくためにどんなことができるでしょうか。なるべく具体的に考えてみましょう。

　　　　　　　　　　　　　　　　　　　　　　　　　　　　　　　　　　

　　　　　　　　　　　　　　　　　　　　　　　　　　　　　　　　　　

　　　　　　　　　　　　　　　　　　　　　　　　　　　　　　　　　　

2. リーディングの授業にはどのような活動が必要か，なるべく具体的に考えてみましょう。

　　　　　　　　　　　　　　　　　　　　　　　　　　　　　　　　　　

　　　　　　　　　　　　　　　　　　　　　　　　　　　　　　　　　　

　　　　　　　　　　　　　　　　　　　　　　　　　　　　　　　　　　

For Further Reading

Brown, H. D. (2007). *Teaching by principles. An interactive approach to language pedagogy.* (3rd ed.). White Plains, NY: Pearson Education.

金谷憲　他（編）.（2009）.『大修館英語授業ハンドブック中学校編』. 大修館書店.

金谷憲　他（編）.（2012）.『大修館英語授業ハンドブック高校編』. 大修館書店.

第10章

ライティング指導
Teaching Writing

コミュニケーションは口頭で行うものというのは大きな誤解です。ライティングは文字を媒体としてのコミュニケーション活動です。電子メールやツイートなど文字を用いて英語を発信する機会は非常に増えています。ですから，ライティングは単に和文英訳だけを指すものと捉えてはいけません。発信のための重要な手段であると肝に銘じて指導するべきです。

ライティングの指導は，媒体としての文字の指導から始まって論文やエッセーのようなまとまった文章を書くことに至るまでかなり幅広い学習が伴います。そして，それらのすべての段階が重要です。ライティング指導は容易なものではありませんが，結果がわかりやすいため，上達の喜びも感じられるものです。

●Warm-up●

「英語のライティング」を行う場面にはどのようなものがあるでしょうか。たとえば，「電子メールを英語で書く」など，小学校から大学まで，英語のライティングを行う目的をグループで考えてみましょう。そして，それらを効果的に行う時にどのようなことに気をつけたらよいか考えてみましょう。

場　面	留　意　点

> **KEYWORDS：** punctuation, paragraph, topic sentence, supporting sentences/details, process writing, brainstorming

1　What is "writing"? … ライティングとは何か？

　ライティングはスピーキングと同様に生産的な技能（productive skill）だと言える。しかし、スピーキングとは異なり、考えを文字にするというステップがあるため、学習者にとってとりわけ難しい技能である。ライティングと一言で言っても広範囲の概念を含む。学習指導要領における指導内容の記述からも、中学校から高等学校と校種が上がるにつれ、「文字で書くこと」から「内容のあるものを書くこと」そして「内容のあるものを、ふさわしい構成で書くこと」と広がっていくのである。中学校においては、ライティングはアルファベット指導から始まって単一文からパラグラフへ指導を進める。さらに、高等学校では、中学校の復習をしながら、最終的にはパラグラフの構成を理解しつつ複数のパラグラフが書けるように指導していくことが望ましい。

2　What are the aims and purposes of teaching writing? ライティング指導の目標

　まず、ライティング指導の目的がどこにあるのかを把握することから始めよう。「ライティング」という場合、一般的には、内容のあるものを書き記すことを意味することが多い。しかし、中学校と高等学校の学習指導要領においては、文字やつづりの書き方指導から内容のある文章の書き方の指導までを含んでおり、「書くこと」の指導という表現が使われている。そこで本章では学習指導要領に沿って、ライティングをいわゆる書写から内容のある文章の書き方までを含むものと捉えることにする。

2.1 中学校学習指導要領における「書くこと」の指導

2008（平成20）年公示の中学校学習指導要領では，「書くこと」の指導の目標を以下のように定めている。

> (4)英語で書くことに慣れ親しみ，初歩的な英語を用いて自分の考えなどを書くことができるようにする。
> 　　　　　　（『中学校学習指導要領』第2章第9節，第2-1　目標）

それに続く内容では，以下のように記されている。

> (ア)　文字や符号を識別し，語と語の区切りなどに注意して正しく書くこと。
> (イ)　語と語のつながりなどに注意して正しく文を書くこと。
> (ウ)　聞いたり読んだりしたことについてメモをとったり，感想，賛否やその理由を書いたりなどすること。
> (エ)　身近な場面における出来事や体験したことなどについて，自分の考えや気持ちなどを書くこと。
> (オ)　自分の考えや気持ちなどが読み手に正しく伝わるように，文と文のつながりなどに注意して文章を書くこと。
> 　　　　　　（『中学校学習指導要領』第2章第9節，第2-2　内容）

　上記の内容からもわかるように，中学校におけるライティングの指導は，文字や符号を正しく識別するという書写の側面，語と語の区切りを正しくし，句読点を誤りなく文を書くなどの英語の表記法を学び取る側面から始まる。2008（平成20）年公示の新学習指導要領において小学校に外国語活動が導入されたが，ライティング指導にかかわっては，小学校に移行するのではなく，基本的に変更がないと考えてよい（2.3参照）。

　ライティング指導においても，中学校のレベルから「感想，賛否やその理由を書いたり」とあり，「自分の考えや気持ちなどを書くこと」ともあるように，初級段階から単なる和文英訳ではないコミュニケーションを意図した

指導を求めている。

2.2　高等学校学習指導要領における「書くこと」の指導

　2009（平成21）年公示の高等学校学習指導要領の改訂はかなり大幅なものとなったが，ライティング指導にかかわっては，「ライティング」という科目が削除されたことが大きい。旧課程においては，ライティングの指導を「ライティング」の中で重点的に取り上げて指導したが，今回の改訂により，各科目内の指導内容に含まれることになった。例えば，旧学習指導要領の「英語Ⅰ」において，「聞いたり読んだりして得た情報や自分の考えなどについて，整理して書く」とされていた書くことの言語活動は新学習指導要領の「コミュニケーション英語Ⅰ」では，「聞いたり読んだりしたこと，学んだことや経験したことに基づき，情報や考えなどについて，簡潔に書く」（『高等学校学習指導要領』第2章第8節第2款第2コミュニケーション英語Ⅰ 2内容）となっている。また，ライティングはスピーキングとともに「英語表現」において重点的に扱われている。つまり，これまでのようなライティングの指導を「ライティング」という科目に集約するのではなく，それぞれの科目の言語活動に織り込むことで，他の言語活動との有機的な関連付けを意図したものと思われる。

2.3　小学校学習指導要領における「書くこと」の指導

　2008（平成20）年度の改訂によって，小学校学習指導要領に「外国語活動」が加えられ，小学校5，6年生に実質上の英語教育が導入されたことは前述のとおりである。しかしながら，ライティングの指導に関しては，取り立てて指導することは考えなくてよい。小学校における「外国語活動」の目標は，第7章「リスニング指導」に紹介したとおりであるので参照されたい。

　学習指導要領には，小学校における「書くこと」の指導は明記されておらず，基本的には口頭における学習活動を意図しているものである。『小学校学習指導要領解説 外国語活動編』には，以下の記述がある。

> アルファベットなどの文字の指導については，例えば，アルファベットの活字体の大文字及び小文字に触れる段階にとどめるなど，中学校外国語科の指導とも連携させ，児童に対して過度の負担を強いることなく指導する必要がある。さらに，読むこと及び書くことについては，音声面を中心とした指導を補助する程度の扱いとするよう配慮し，聞くこと及び話すこととの関連をもたせた指導をする必要がある。
>
> 外国語を初めて学習する段階であることを踏まえると，アルファベットなどの文字指導は，外国語の音声に慣れ親しんだ段階で開始するように配慮する必要がある。さらに，発音と綴りとの関係については，中学校学習指導要領により中学校段階で扱うものとされており，小学校段階では取り扱うこととはしていない。
>
> (『小学校学習指導要領解説 外国語活動編』p.24)

3　Writing letters and words … 文字と単語

　学習指導要領にある「書くこと」の指導を念頭に置きながら具体的なライティング指導の方法について見ていく。まず本節では，初期段階での文字 (letters) の練習から単語のつづり (spelling) 学習について検討する。

3.1　アルファベットの指導 (Teaching the alphabet)

　英語の単語はアルファベット (alphabet) 26文字からできている。したがって，英語学習者が英語で読み書きをするにはまず，26文字のアルファベットを覚えるところから始めなければならない。

　アルファベットは小学校の国語教育の中でローマ字として既習である。しかしながら，文字そのものは学んでいても，発音については英語とローマ字とでは大きく異なるところもあり，混乱の要因となり得る。気をつけて指導することが肝要である。

　実際の指導は中学校1年生の導入段階となるが，その際，文字それぞれの

発音とその変化に気を配りながら指導したい。例えば，アルファベットの最初の文字である a は table［teibl］のように発音する場合と，cat［kæt］のように発音する場合がある。こうした文字と音声との組み合わせについては初期の段階から生徒に気づかせて丁寧に指導したい。

3.2　文字から単語へ（From letters to words）

アルファベットを覚える時，英語の単語を同時に覚えるとよい。つまり，単語を覚えながらアルファベットも身に付けていく。その際，以下の点に気を配る必要がある。

- 英文は単語の組み合わせでできており，単語と単語がスペースで区切られるものである。
- 英語の単語はいつも［子音＋母音］の組み合わせでできているわけではない。
- 英語の単語のつづりとアルファベットの発音は必ずしも一致しない。

発音とつづりの問題については次項に譲るとして，中学校で英語を習い始めたばかりの子どもたちの中には，単語と単語の間にスペースをほとんど入れず，アルファベットを連続して英文を書いてしまう者がいる。これは日本語のローマ字つづりの影響があるのかもしれないが，ローマ字の「分かち書き」のように，英語は個々の単語がしっかりと認識できて初めて意味が把握できるということを初歩の段階で十分に指導し，単語はしっかり詰めて書くこと，単語と単語の間のスペースを十分にとることを指導する。

3.3　つづりと発音（English spelling and pronunciation）

英語のつづりと発音とは必ずしも一致しない。そのために英語の発音を聞いて綴りを思い浮かべるには一定程度の習熟が必要である。つづりと発音との関係を学ぶのにはフォニックス（phonics）が有効である。フォニックスとは，英語のつづり（spelling）と発音（pronunciation）との間の規則性を示すことにより，英語の読み方の学習を容易にし，発音を良くする方法である。

フォニックス学習の対象は，英語母語話者の子供や，L2として英語を学

んでいる子どもが中心であるが,ある程度英語を話せることが前提である。例えば,綴りのsは,「エス」ではなく,子どもたちがすでに知っているsunや,saladなどにある「スー」という音であると気づかせる。すでに知っている語と音をつなげるのがフォニックスである。英語は発音とつづりの関係が不規則であり,規則性が適用されるのは,すべての英単語の75％程度だとされている。そのため,フォニックスを学んでもすべての英単語を発音できるわけではないが,読み方を学ぶには有効であるとされている。

4 Writing sentences … 英文を書く

　英語の単語を文法構造に合わせて並べ,特定の意味を持たせるのが「英文を書く」ということである。その英文を文のつながりと流れを考えながらまとめるのが「パラグラフを書く」ということである。

4.1　表記法と句読法（Writing system and punctuation）

　英単語を並べれば英文ができ上がるわけではない。英語の表記法（writing system）には日本語とは全く異なる点がいくつかある。そこで,英文を正しく書くには,まず英語の表記法を知る必要がある。そして,英語の語順にしたがって単語を並べ,必要な変化形を使って英文を書くことになる。初級段階で確実に身に付ける必要がある表記法には以下のようなものがある。

- 単語と単語の間にはスペースが入る。
- 文頭の単語の最初の文字は大文字にする。
- 文末にはピリオド（.）を,文中の適切な個所にコンマ（,）を打つ。
- 固有名詞は単語の最初の文字を大文字にする。

表記法は,必ずしも初級段階でのみ指導するべきものではない。例えば,複数の英文からなるテキストをパラグラフに構成するときには,インデントを知る必要がある。また,コロン（:）やセミコロン（;）などに関する細かな句読法（punctuation）についても生徒のレベルに応じて指導する必要がある。

4.2　和文英訳（Translation）

　日本語を使って生活している我々にとって英語で表現をする初期の段階はやはり和文英訳，つまり日本語で考えた文を英語に直していくという作業であろう。和文英訳は日本語の文構造と英語の文構造を対比しながら英語の文構造を習得するという意味でも有効な学習方法である。そのために，中学校・高等学校における英語の授業で和文英訳が使われる場合が多く，英語授業で英作文と言えば多くの場合，和文英訳と同義と見られがちである。

　和文英訳は英語の文構造を習得するのに有効な指導方法ではあるが，それがために英文法学習の一環として扱われる場合も多い。指導に際しては，文法の定着と同時に，表現力の向上を意識し，読む・聞く・話す活動とも関連させながら総合的に指導することが大切である。

4.3　英借文のすすめ

　「英文を書く」ということと和文英訳をするということとは同義ではない。「英文を書く」ということは，「伝えたい意味を英語で書き表す」ということである。大切なことは意味を伝える，すなわちコミュニケーションをとるということであり，最初に和文があるということではない。伝えたい意味に対する英語表現は複数存在するであろうし，単語もバリエーションが考えられる。そのことを考慮の上，英作文を指導すべきである。

　そこで有効な学習方法が「英借文」である。英語を母語としない学習者が最初から英語で文を書くと言っても，どうしても日本語に頼らざるを得ない。そこで，伝えたい意味を表す英語表現を覚えてその英語表現を借りて英文を書いてみる，つまり，すでにある英語の表現を借りて伝えたい英文を書く，ということである。例えば，「日本に来られたのはなぜですか」という日本語の和文英訳ならば，"Why did you come to Japan?" となる。これで文法的には間違いではないが，そこが英借文となると，自分が知り得た英語表現を借りてきて，"What brought you to Japan?" とか "What made you come to Japan?" といった表現もできる。

　英借文することは，他人の英文を剽窃すること，つまり丸写しすることではない。あくまでも良い表現を参考にして自分なりの文章を書くのである。

そのためにも大切なことは，日ごろから生徒ができる限り多くの英文に触れるようにする，つまり英語を読ませることであり，そこで目にした英語表現を日本語の意味とともに憶える努力をさせておくことである。

5 Writing paragraphs … パラグラフを書く

　一連のまとまりのある内容が複数の文によりまとめられたものをパラグラフ（paragraph）と呼ぶ。ここでは，パラグラフの書き方指導（paragraph writing）についてまとめる。

5.1　パラグラフ構成の指導

　パラグラフは一つの内容のまとまりであり，冒頭の文字下げ（indentation）に見られるように形式的には日本語における段落に似ている。しかし，パラグラフの中身は必ずしも日本語の段落と同一ではない。一つのパラグラフに書くべき事柄とその配置はおおよそ決まっている。

- 主題文（Topic sentence）：そのパラグラフの主題となる文（パラグラフで書き手が伝えたい中心の内容）で，ほとんどの場合，パラグラフの冒頭に書かれる。
- 支持文（Supporting sentences/details）：主題文の内容を支える（説明したり，根拠を示したりする）ための文で複数の文からなる。支持文の性格は書かれている文章の種類により異なる。
- 結びの文（Concluding sentence）：パラグラフで書かれている中心的な内容，すなわち主題を再度書いてパラグラフ全体をまとめる文で，原則としてパラグラフの最後の一文。ただし，まとめの文は省略されることがある。

パラグラフを書くときには，以上の構成を意識しなければならない。

　次に，上記の支持文の種類を見ておく必要がある。主題文の内容を支える支持文は，書く目的により異なる。それらの代表的なものを以下に示す。

- 例（examples），事実（facts），理由（reasons）：主題文を例証する事実や理由などを説明する。

- 時間系列（time order）:「私の一日」のように，できごとを時間の流れに沿って説明する。
- 空間配列（space order）:「私の部屋」のように，空間の位置関係を説明する
- 比較対照（comparison and contrast[1]）:「コンビニAとコンビニB」のように，2者を比較対照して述べる。
- 原因と結果（cause and effect）:「地球温暖化の原因と結果」のように，何らかの原因が影響をもたらすことを述べる。この場合，effectが次のcauseとなって，鎖のように続く場合がある。

5.2 文章ライティングの指導

高等学校の新学習指導要領においては，旧課程にあった「ライティング」がなくなり，新科目で総合的に4技能を指導することとなっているが，最終的には複数のパラグラフからなる文章（passage, essay）を書くことができるように指導することが望ましい。

いくつかのパラグラフからなる文章の場合，その構成は，パラグラフの構成を拡大したものと考えるとよい。

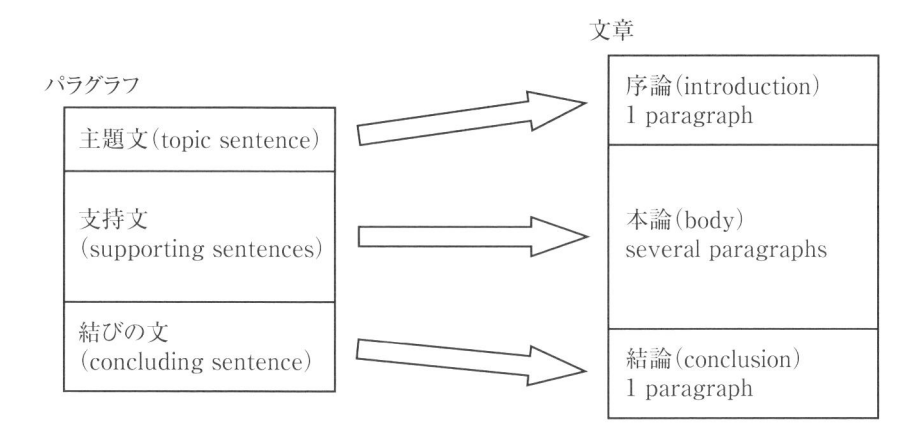

パラグラフ		文章
主題文（topic sentence）	→	序論（introduction） 1 paragraph
支持文（supporting sentences）	→	本論（body） several paragraphs
結びの文（concluding sentence）	→	結論（conclusion） 1 paragraph

---

[1] compare and contrast とも呼ぶ。

このような複数パラグラフからなる文章のライティングを指導するには，何といっても，模範となる良質の文章を読ませ，その構造を借りて書く練習をさせることが最も効率的である。「4.3 英借文のすすめ」にもあったように，書写のレベル，文のレベル，文章のレベル，すべてを通して，ライティングにおいては良質の模範を借りて練習を重ね，徐々に自分のものとしていくことが重要である。

5.3　プロセス・ライティング（Process writing）のすすめ

　ライティング指導に関して，プロダクト（product）とプロセス（process）とが対比されることが多い。プロダクト・ライティングでは，指導者がライティングのトピックを決め，学習者の最終的な作品を提出させ，その間違いをチェックし，コメントや評価を与える。これに対し，プロセス・ライティングでは，学習者をより自律的にとらえ，書き始める前に自らトピックを考えさせ，何回かの草稿の間に学習者同士でピア・フィードバック（peer feedback）を行い，指導者も適切なフィードバックを与え，最終的な作品まで導いていく。このように学習のプロセス（process）に力点を置く指導をプロセス・ライティング（process writing）と呼ぶ。これは時間のかかるプロセスではあるが，学習者の自律を助け，より効果的にライティング指導をすることができる。このプロセス・ライティングは，中学校から十分に導入が可能であり，指導者が「学習者の学びを促進させる人」（facilitator）として機能するうってつけの機会である。

　このプロセス・ライティングという概念に基づいて，他の技能を指導する際と同様に，事前指導（pre-writing），言語活動（while-writing），事後指導（post-writing）という3つの過程を考えてみてほしい。

　まず，事前指導（pre-writing）では，ブレインストーミング（brainstorming），マインドマッピング（mind-mapping），プラン作成，話し合いなどが行われる。ブレインストーミングは1人で，あるいはグループで，書こうとするテーマについて思いつくことをなるべくたくさん，文法や正誤を気にすることなく述べ合ったり書いたりする活動である。マインドマッピングは，書こうとするテーマについて，まず主題を中心に書き，その周辺に事

柄を関連付けて書いてみることである。ぶどうの房のようにも見えるのでクラスタリング（clustering）と呼ばれることもある。

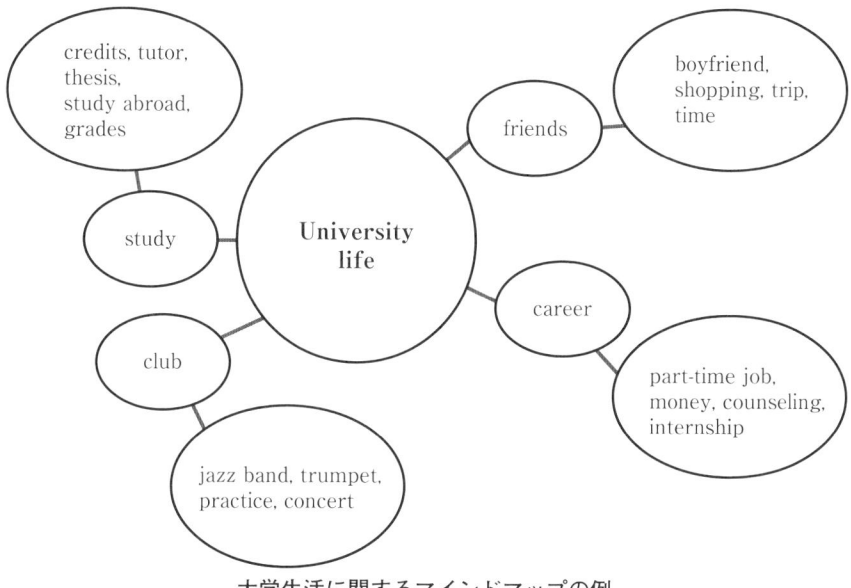

```
                credits, tutor,
                thesis,                              boyfriend,
                study abroad,                        shopping, trip,
                grades                               time

                                          friends

                      study

                               University
                               life
                                          career

                      club                           part-time job,
                                                     money, counseling,
                                                     internship

                     jazz band, trumpet,
                     practice, concert
```

大学生活に関するマインドマップの例

　次に言語活動（while-writing）では，書こうとするテーマに沿って，パラグラフの構成を考え，目的に合った主題文，支持文を考える。さらに，複数パラグラフからなる文章を書く場合には，それぞれのパラグラフの順序や適合性を考える。この間に，自分で書きなおすこと，友人同士で読み合い，お互いにフィードバックを行うこと，指導者がフィードバックを行うことなどを経て，最終稿となる。

　事後指導（post-writing）では，自分の作品について発表したり，感想を話し合ったりすることで，より深い理解に導くことができる。

　また，プロセス・ライティングを行う過程で書いた草稿や完成稿などを順にまとめたポートフォリオ（portfolio）作成も生徒の励みになる。ポートフォリオは他の技能を指導する時にも有効だが，ライティングにおいては，自分の進歩を一目で概観することができるので非常に有効である。中学生で

も，1か月に1回ずつ書いたものを色紙に貼りつけたりすれば，簡単なポートフォリオができる。

5.4 正確さ（Accuracy）と流暢さ（Fluency）の指導

　スピーキングとライティングにおいては，自分の発話や書いたものが正確なのかどうかは大変気になるところである。文法的に正確な文であるかどうかに気を取られて，言いたいことが言えず，書きたいことが書けないのは残念なことであるし，細部に注意を払わずに流暢さのみを求めるのも良くない。この両者をバランスよく指導するにはどうしたらよいだろうか。これについては，学習者の習熟度に合わせた配慮が必要であろう。

- 初級者レベルでは，文字，綴り，発音など，一度に多くのことに注意を払わなければならない。文法的な正確さより，まず書けることの楽しさを味わわせたい。
- 中級者レベルでは，文法的な正確さに用心深くなってしまう生徒と，気にしなくなってしまうタイプの両方が見られるようになる。指導者は，なるべく過ちを恐れずに書いてみる態度を養うために，時間を測って書き続ける練習（Timed writing）などをすることができる。一方，ALT（Assistant Language Teacher）に依頼して，生徒のライティング原稿を見てもらうことは，生徒にとって非常に新鮮な経験となるであろう。
- 上級者レベルでは，友達同士で原稿を見てディスカッションしたり訂正し合ったりする，ピア・レビュー（peer review）やピア・フィードバック（peer feedback）が効果的である。この段階では，次に述べるように，自分がわからないこと（uncertainty）に対応する方法の一つとして，周囲や教師からのアドバイスを求め，より正確で豊かなライティングができるように指導したい。

　学習者の習熟度に合わせた指導は，習熟度別クラス編成になっていない場合にはなかなか難しい。そのような場合，次に述べるように，評価する観点を決めた指導を，ステップを踏んですることができる。

- 文法の正確さに焦点をあてたステップ：このときには，あらかじめどのような要素に注目するかを生徒に知らせておき，「○ができたら△点」

というように，加点法で採点する。たとえば，初級者レベルでは，三人称単数の -s，主語と動詞の一致などが挙げられる。
- 流暢さに焦点をあてたステップ：文法を気にし過ぎることなく，切れ目なく，書き続けることを重視するステップ。「こんなにたくさん書けた」という達成感を学習者に持たせることは，書くことへのモチベーションとなる。

5.5 書くことを楽しむ指導（Teaching writing for pleasure）

　ライティング指導において流暢さを身に付けさせるには，多く書かせることが何よりも重要である。それには，授業内でのライティング指導だけでは決して十分だとは言えない。授業外において積極的に書く姿勢を持たせるような工夫が必要になる。その方法として「楽しみのためのライティング」（writing for pleasure）が利用できる。例えば，日記（diaries），ジャーナル（journals）など，日々の生活の中での諸々の出来事を英語で書き留めたり，ちょっとしたメモを英語でつけてみたりする。最近では，ネットを利用してのブログ（blogs）やツイート（tweets）なども活用できるかもしれない。一度に書く量は少なくても，毎日少しずつ書くことで自然と書くことへの抵抗は減るものである。生徒が文法上の誤りをあまり気にせず日ごろから積極的に書く姿勢を持つように仕向けたいものである。

6　Successful writers … 上手な書き手とは

　リスニング，スピーキング，リーディングの各章でも見てきたが，L2で良い書き手と言われる学習者にも何らかの共通点があると思われる。それをGordon（2006）などをもとに見てみることにする。

6.1　たくさん読む（They read a lot.）

　L2のみならず，L1でのライティングにおいても，リーディングを行うことが不可欠である。良い書き手は，ライティングのタスクを始めるときに必ず図書館に行ったり，インターネットで検索したりして，良いライティング

の見本を見つけたり，考えをまとめたりする。それも，一度だけでなく，何度でも図書館に行って資料を探す粘り強さがある。

6.2 語彙を増やす努力をする（They attend to vocabulary.）

良い書き手は，語彙を増やす努力をするだけでなく，語彙の使い方や他の語との関連を調べてメモを作る[2]。また，リーディングを通して学んだ新しい語や表現を積極的に使ってみようとする。

6.3 不確かなことに対応する方略（ストラテジー）を利用する
   （They develop strategies to manage uncertainty.）

L2でライティングを行っていると，自分にとって不確かなこと，自信が持てないことがたくさん出てくる。良い書き手は，自分で自信が持てないながらも単語や表現を使ってみるが，手当たりしだいに使うのではなく，リーディングを通して身に付けた知識を活用して，与えられたタスクにふさわしい単語や表現を選ぼうとする。

6.4 意味と文法がよくわかる
   （They attend to meaning and grammar.）

良い書き手は，まずきちんと下書きを作り，メイン・アイディアや支持文を書き起こし，意味がきちんと通るように努める。また，書きあげた後にかならず文法をチェックする。このために，パソコンの文法チェック機能を利用したり，教師のフィードバックを求めたりする。

6.5 何度も書き直す（They work with their writing until the ideas are clear and coherent.）

良い書き手は積極的に自分のライティングを改訂する。これが時間のかかる作業であったとしても，自分のライティングの構成と意味が，目的通りだ

---

[2] 語彙の学び方については，第7章「リスニング指導」で，広く深く語彙を学ぶことの必要性が述べられているので参照されたい。

と思われるまで，粘り強く改訂することができる．

6.6　積極的に書くことへの興味をかきたてる
　　(They actively generate their own interest to write.)

　良い書き手は，書き始めから書き終わりまで，モチベーションを保つことができる．与えられたトピックにあまり興味が持てない場合でも，いろいろなものを読んで，トピックに対する興味を自らかきたて，それを維持することができる．

6.7　教室外でも書く機会を作る
　　(They create opportunities to write outside the classroom.)

　良い書き手は，課題として書くのみならず，教室を離れても，L2で日記をつけたり，手紙を書いたりして，教室で学んだことを再活用することができる．

　以上見てきたように，良い書き手は，良い学びの機会に恵まれることを受け身に待つのではなく，自分でライティング技術を伸ばす機会を作り出すことができるのである．

REVIEW EXERCISES

1. Matching

　この章で学んだ重要な概念またはその概念に関するエピソードが英語で説明されています．それぞれを，下のキーワードと結び付け，かっこ内に書き込んで下さい．さらに，そのキーワードを簡単に日本語でも説明できるようにしましょう．

(a) process writing　　(b) paragraph　　(c) topic sentence
(d) supporting sentences / details　　(e) punctuation
(f) brainstorming

(　　　　　) 1. This is a technique that starts the thinking process. It is useful when students are preparing to read a text, to start a discussion or to write about a topic. Students are given a topic and are asked to say or write ideas, facts or concepts that come to mind.

(　　　　　) 2. When we write something, we need to learn rules about using periods, commas, colons and so on. These symbols are very important because they will make your writing easier to understand.

(　　　　　) 3. It is a part of writing, usually marked by indentation. It usually deals with a single theme and it often has a topic sentence, supporting sentences and a concluding sentence.

(　　　　　) 4. It is a sentence that expresses the main idea of the paragraph. It is usually followed by several supporting sentences that have details, examples or reasons to support the main idea.

(　　　　　) 5. These are the sentences that usually follow the topic sentence of a paragraph. They function to give explanations, examples, facts or reasons that support the main idea that the topic sentence expresses. Usually a concluding sentence follows these sentences.

(　　　　　) 6. In this type of writing instruction, students have to think about each stage of writing. They start with brainstorming and they go on to structure the draft. After they start writing, they get feedback from their peers and instructors and edit their drafts.

2. Comprehension Check

本文を見ずにかっこ内に適語を入れなさい。選択肢がある問題では、正しい方を選びなさい。パートナーと答え合わせをして、難しかったところを話

し合いましょう。

　新学習指導要領では，中学校で文字・表記法を学ぶほか，「自分の考えや気持ちを書く」など，単なる（1　　　）ではない，コミュニケーションを意図した指導が求められている。また，高等学校では，旧学習指導要領の（2　　　）は書くことに特化した科目であったが，これが削除され，「コミュニケーション英語」などの科目それぞれに織り込まれることになった。

　ライティング指導には種々の側面があり，複雑である。初期段階の文字指導は，（3　　　）の指導から始まる。英語ではつづりと（4　　　）が一致しないのも，難しさの一因である。英文が書けるようになると，コンマやピリオドなどの（5　　　）を学ぶことも必要である。

　英文が書けるようになると，それを複数まとめた（6　　　）構成の指導，さらに，それを複数まとめた文章ライティングへと進んでいく。文章指導においては，生徒がライティングに主体的に取り組み，書き始めから書き終わりまでの過程において教師や友人からフィードバックを受けながら進める（7　　　）という指導法が注目される。この指導法においては，トピックについて生徒同士で考えを出し合う（8　　　）など，いままでのライティング活動とは異なった，協同的な試みを行うこともできる。

3. Discussion

　少人数のグループに分かれ，次のトピックから1つ選んで10分間話し合ってください。次に，ディスカッションリーダーが各グループの話し合いをまとめてクラス全体に報告してください。

1. What are the differences and similarities between "teaching writing" and "teaching Japanese-English translation"? Think of your own experiences.
2. What are some good ways to keep records of your writing?

Topic number：(　　　)

Summary of the discussion

● Can-do Checklist ●

この章で学んだ重要な項目について，簡単な説明ができると思ったらチェック（✓）を付けましょう。チェックが付けられなかった項目は，復習してください。

I can briefly explain …

- [ ] 1. punctuation
- [ ] 2. paragraph
- [ ] 3. topic sentence
- [ ] 4. supporting sentences/details
- [ ] 5. concluding sentence
- [ ] 6. process writing
- [ ] 7. peer feedback
- [ ] 8. brainstorming

Final Reflections

1. 中学生が自分のライティングの進歩を実感できるようにするには，どんな工夫ができるでしょうか。

……………………………………………………………………………………………

……………………………………………………………………………………………

……………………………………………………………………………………………

2. 高校生へのライティング授業で，プロセス・ライティングを意識した指導案を作ってみましょう。

……………………………………………………………………………………………

……………………………………………………………………………………………

……………………………………………………………………………………………

For Further Reading

Gordon, L. (2008). Writing and good language learners. In C. Griffith (Ed.). *Lessons from good language learners*. Cambridge: Cambridge University Press.

金谷憲　他（編）. (2009).『大修館英語授業ハンドブック中学校編』. 大修館書店.

金谷憲　他（編）. (2012).『大修館英語授業ハンドブック高校編』. 大修館書店.

第11章

4技能と音声・語彙・文法指導
Teaching the Sounds, Words, and Grammar for the Four Skills

音声・語彙・文法は英語の4技能を支える大切な基礎と考えられます。しかし，これらの分野に関する専門知識を持っていることや，発音練習，単語・熟語の暗記，文法学習を個別に積み重ねるだけでは，英語の4技能は身につきません。そこでこの章では，英語の基礎・基本である音声・語彙・文法・定型表現に関する知識・技能を，4技能を駆使するコミニュケーション能力に結びつけるにはどのような点に留意して指導したらよいかを考察します。第7～10章との関連にも注意してください。

●Warm-up●

学習者としての立場から，英語の reading, listening, speaking, writing について自分の弱点は何かを考え，メモしましょう。次に，メモの中から，音声，語彙，文法に関する弱点と関係する内容を探してみましょう。

	弱点
Reading	
Listening	
Speaking	
Writing	

> KEYWORDS：connected speech,
> productive vocabulary,
> collocations,
> Focus on Form
> prosody,
> declarative knowledge,
> stress-timed language,

1　Communicative competence … コミュニケーション能力

　コミュニケーション能力の構成要素について，Canale and Swain（1980）及びCanale（1983）は(1) grammatical competence（文法能力），(2) strategic competence（方略的能力），(3) sociolinguistic competence（社会言語学的能力），(4) discourse competence（談話能力）の4つに分類したが，Celce-Murcia（2007）は次の6つの要素を提案し（第6章「学習指導要領」参照），談話能力（discourse competence）がその中核であるとした。
　(a) Sociocultural Competence（社会文化的能力）
　(b) Discourse Competence（談話能力）
　(c) Linguistic Competence（言語能力）
　(d) Formulaic Competence（定型表現能力）
　(e) Interactional Competence（対話能力）
　(f) Strategic Competence（方略的能力）
　この分類及び，Celce-Murcia and Olshtain（2000）に基づき，コミュニケーション能力の要素を模式的に示したのが次の図である（図中の(a)～(f)は上記の要素に対応している）。
　まとまった談話（話し言葉・書き言葉）を解釈したり産出したりする能力，つまり4技能を使ってコミュニケーションをする能力が中心に配置され，それに必要な知識がトップダウン処理，ボトムアップ処理（第7章「リスニング指導」～10章「ライティング指導」参照）を通じて実際の言語運用に貢献していることを示している。

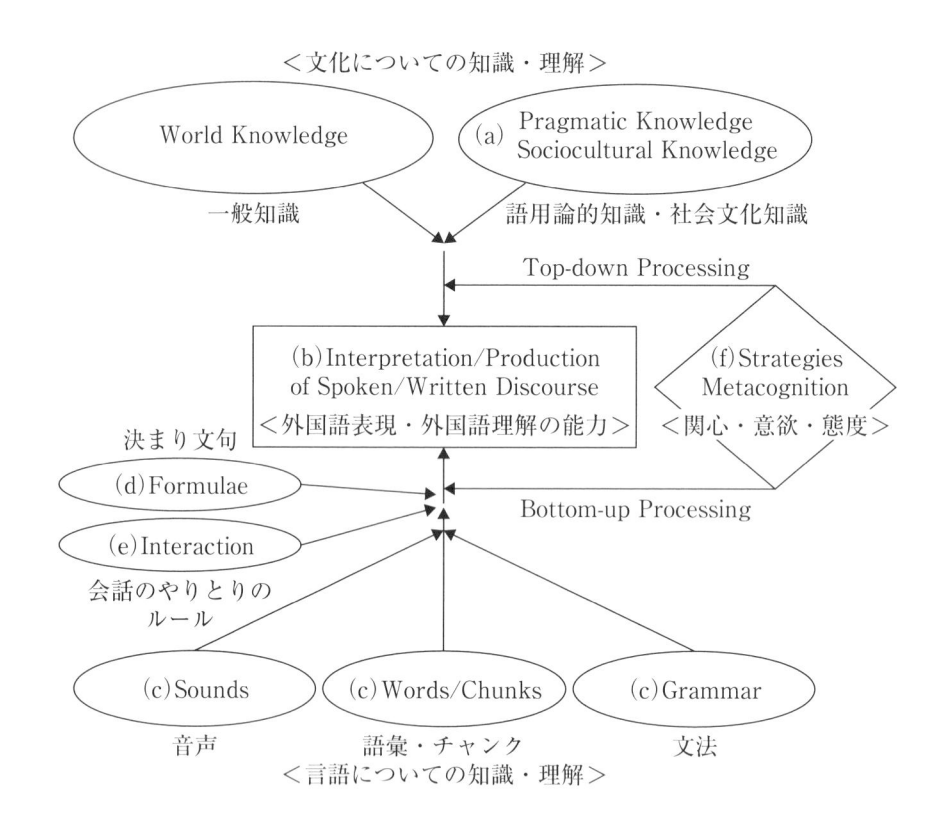

```
                    <文化についての知識・理解>

    ┌─────────────┐        ┌─────────────────────┐
    │World Knowledge│      │(a) Pragmatic Knowledge│
    │             │        │    Sociocultural Knowledge│
    └─────────────┘        └─────────────────────┘
       一般知識                語用論的知識・社会文化知識
                      ↓    ↙
                   Top-down Processing
                      ↓
    ┌───────────────────────────┐    ┌──────────────┐
    │(b) Interpretation/Production│    │(f) Strategies│
    │   of Spoken/Written Discourse│   │   Metacognition│
    │  <外国語表現・外国語理解の能力>│    └──────────────┘
    └───────────────────────────┘     <関心・意欲・態度>
  決まり文句              ↑
    (d) Formulae          │
                   Bottom-up Processing
    (e) Interaction
  会話のやりとりの
      ルール
          ↑            ↑            ↑
    (c) Sounds   (c) Words/Chunks  (c) Grammar
      音声        語彙・チャンク       文法
            <言語についての知識・理解>
```

談話能力を中心としたコミュニケーション能力の構成要素
(Celce-Murcia & Olshtain, 2000, Celce-Murcia, 2007 を参考に作成)

　例えば，英語で聞いたり話したりする際には，world knowledge（一般知識），pragmatic knowledge/sociocultural knowledge（語用論的知識・社会文化知識）を活用しながら，sounds（音声），words/chunks（語彙・チャンク），grammar（文法），formulae（定型表現），interaction（対話のやりとりのルール）の知識を総動員して相手の言葉を理解し，自分の言いたいことを表現する。また，こうした知識を活用して4技能を駆使するには，自分の言語能力の不足を補ったり学習方法を工夫したりする strategies（方略）や metacognition（メタ認知）といった能力も重要となる。

　これは，言語や文化についての知識・理解が，積極的にコミュニケーショ

ンを図ろうとする関心・意欲・態度を介在して4技能を使うコミュニケーション能力に貢献していることを示唆しており，学習指導要領で指導が求められている内容とも一致する。

　しかし，これは必ずしも，知識を得てから英語を活用するという順序を示していない。図の矢印は「言語についての知識・理解」，「文化についての知識・理解」，さらに「（コミュニケーションへの）関心・意欲・態度」から中心の「外国語表現・外国語理解の能力」へと伸びているが，英語を使うことにより言語や文化についての知識を得たり，自信や動機付けが高まったりするという側面があることも忘れてはならないだろう。学んだ知識を使うことにより知識の質は高まるのであり，言語活動中心の授業が必要とされる理由もそこにある。

　一方，音声・語彙・文法に苦手意識を持つ生徒は多く，英語の基礎・基本を生徒に理解させることは英語教師にとって大きな課題となっている。また，話す，聞くなど流暢さを求められる場面では，理屈抜きに覚えておかなければならない定型表現や，対話のやりとりのルールなどを，場数を踏みながら学ぶことも不可欠である。

　そこで以下のセクションでは，英語の基礎知識としての音声・語彙・文法，定型表現や対話のやりとりのルールを，日常の授業でどう指導したらよいか，つまりボトムアップ処理に関わる基礎的知識をどう扱うかについて具体例を考える。

2　Teaching pronunciation for the four skills
　　4技能のための音声指導

　教師が日頃から音声指導に意識を払うのとそうでないのとでは，中学卒業時，高校卒業時の生徒の聞き取り能力，発話能力，ひいては4技能を使う能力に大きな差が出る。せっかく学んだ英語が，音声と結びついていないために聞けない，話せないという状況を作らないよう，音声指導を継続して行いたい。

2.1　リスニングのための音声指導

　聞き取りの難しさには，母音（vowels）・子音（consonants）などの音素レベルの問題，複数の語句がつながって発音される発話（connected speech）によく起こる同化（assimilation：Won't you～？）や省略（elision：He came the next_day.）などの音変化の問題，強勢（stress）・抑揚（intonation）など文レベルのプロソディー（prosody）の問題がある。こうした課題を克服するための方法として次のようなものがある。

① Minimal Pairs：sit-sat，think-sink など，一つの音素のみ違う単語のペア（minimal pairs）の発音を練習し，think-sink-think と聞かせて違う発音を当てさせる。

② カタカナ英語：カタカナになった英語や固有名詞の正確な発音を聞かせ，意味もしくは英単語を答えさせる。（例）event（イベント），escalator（エカレーター），vanilla（バニラ），Beijing（北京），Athens（アテネ），Belgium（ベルギー）

③ Dictation：英文を読み，それを書き取らせる。どこが聞き取れなかったかを自己分析させたり，ペアやグループで話し合わせたりする。

④ Listening comprehension：テキスト以外の教材も取り入れ，読み手（話し手）のイントネーションや強調して読まれた単語に注目することで内容や話し手の気持を把握する訓練をする。

2.2　スピーキングのための音声指導

　ペアワークやグループワークの際，教室内を巡回して生徒の発音をよく聞き，発音やイントネーションについてクラス全体に指摘し，練習させることで，生徒の弱点を修正することができる。特に以下の点に注意させるとよい。

① キーワードの強勢（アクセント），意味のまとまりごとのポーズを正しい位置に置く。

② 母音・子音を正確に発音する。強勢のない母音は [ə]（schwa）になる。

③ 機能語（function words）は弱く，内容語（content words）は強く

長めに読むなどして，英語らしいリズムで言わせる。英語は，強勢のある音節を中心にタイミングをとる言語（stress-timed language）なので，例えば，Dogs chase cats./The dogs chase cats./The dogs will chase the cats. は同じ3拍で読む。なぜなら，いずれの文も強勢のある音節は dogs, chase, cats の3つだけだからである。
④ 意味を考えながら，相手にわかるよう，気持ちを込めて発音する。

　国際語としての英語を学ぶ上では，学習指導要領が示す「現代の標準的な英語」の発音をマスターすることを目指しつつ，相手にわかる発音を心がけることも重要になる。英語の発音のわかりやすさ（intelligibility）について調査した Field（2005）は，聞き手にわかりやすい発音の大きな要因として，語彙強勢の位置の正しさを挙げているが，こうした研究も参考になるだろう。

2.3　4技能の基盤を養うための音読指導

　繰り返し音読することの効用として，鈴木・門田（2012）は，音声・文字・意味を頭の中で瞬時に結びつけ，早いスピードで言語処理をする能力，つまりボトムアップ処理の流暢さ（fluency）を養うことができるとしている。音読については多くの手法が紹介されているが，それぞれ，「モデルをまねる」段階から「記憶したり再構成したり」する段階を経て「自分の言葉として英語を話す」段階へと進むことを目指している。

① モデル通りに音読する：フレーズごとにモデルのあとについて開本して音読する（listen and repeat），フレーズごとにモデルのあとについて閉本して音読する（repeating）
② 早いスピードで音読する：モデルと同時にテキストを見ながら音読する（parallel reading），モデルと同時にテキストを見ないで音読する（shadowing）
③ 文字を見て自分の力で音読する：各自一人で音読する（buzz reading）
④ 一時的に記憶して音読する：フレーズごとにテキストから目を離して音読する（read and look up）
⑤ 文を組み立てながら音読する：穴埋めプリントを見ながら音読する（cloze reading），板書されたキーワードを見ながら本文を再生する

(reproduction)
⑥ 意味を思い浮かべながら音読する：役割練習（role play），英文のメッセージを聞き手に伝わるよう工夫した音読・朗読（oral interpretation）

音読指導の留意点として，モデルの音声をきちんと聞かせ，正確な発音，アクセント，ポーズで読ませることや，英文の意味を理解した上で音読させることなどが指摘されている。英文の音声，語彙，文法構造とそれに込められたメッセージを正確に理解し，自分のことばにするという言語学習の基本を意識することが音読指導の効果に大きく関わっている点にも注意したい。

3 Teaching vocabulary for the four skills
4技能のための語彙指導

学習指導要領では，中学校3年間で1200語程度，高等学校3年間で更に1800語程度（コミュニケーション英語Ⅰ，Ⅱ，Ⅲを履修した場合），合計3000語の新語を学ぶこととなっている。大学への進学を考える場合には更にそれ以上の語彙が必要になるだろう。生徒が言語活動を通して語彙を習得できるよう教師が工夫すると同時に，生徒が自ら語彙学習に取り組めるよう辞書の使い方や語彙の学習方略について指導することも必要となる。年度当初に生徒の語彙力を調査することも指導に有効な示唆を与えてくれる。

3.1 指導すべき語彙の選定と導入の仕方

語彙は，聞いたり読んだりするのに必要な受容語彙（receptive vocabulary）と話したり書いたりするのに必要な発表語彙（productive vocabulary）に分けることができる。扱う語彙が増える高等学校では特にこうした点を踏まえ語彙を導入する必要がある。また，必要に応じて綴りと発音の規則的な関係を教える指導（phonics）も取り入れるとよい。語彙の選定と導入の方法については次の留意点が挙げられる。

① テキストの新語リスト以外にも，生徒が知らない（忘れている）と思われる語彙を新語とみなし，ワークシート，フラッシュカードで扱う。
② フラッシュカードは，品詞ごとに文字を色分けしたり，発音で注意す

べき箇所に下線を引いたりするなど生徒の学習段階に応じて工夫する。
③ ワークシートでは，出現頻度の低い語彙はあらかじめ訳語を提示するなど，理解の上で重要な受容語彙，自己表現に活用できる発表語彙を重点的に学習できるようにする。頻出する語と語のつながりであるコロケーション（collocations）も提示する。
④ オーラル・イントロダクションなどにより英語を使って語彙を導入する際は，写真，絵，実物，スライドショー，ジェスチャーなど理解を助ける視覚効果を活用する。
⑤ 市販の単語集等を併用する際は，テキストや補助教材に出てきた単語をマークさせるなど，授業と関連づける。生徒からの意見も取り入れ各学校に適した教材を選ぶ目を教師が持つ。
⑥ 指導すべき語彙の選定や例文の作成にあたっては，語彙リスト，コーパスなどを参照し，使用頻度，コロケーションについてデータを得る。

3.2 語彙の定着を促す指導

　語彙の知識を4技能の能力に役立てるには，聞いたり読んだりして瞬時に意味を理解したり，話したり書いたりする際に伝えたいメッセージを的確に表現する語彙を記憶から検索したりしなければならない。そのために教室でできる指導例として，意識的に語彙を記憶させる指導（①～③），言語活動を通して語彙を定着させる指導（④～⑦）の例を挙げる。
① フラッシュカードを使った復習（定着率の低い単語のカードを残し繰り返し練習）
② 単語リスト・ワークシートを用いたペアワーク（単語・コロケーションの日→英変換練習）
③ BINGO，しりとり，単語ディクテーション，単語当てクイズ，などのゲーム的活動
④ 音読・シャドーイング（2.3参照）
⑤ テキストの内容についてのQ&A，サマリー，ノートテーキング
⑥ 自己表現活動（スピーキング，ライティング）とその準備のためのマッピング

⑦　多読（平易な英文で書かれた補助教材を読ませ基本語彙の定着を図る）

3.3　辞書を活用させる指導・語彙学習方略の指導

　自律的学習者を育てるためにも，特に中学，高等学校入学直後の時期は辞書指導・語彙学習方略の指導に時間を割きたい。辞書を引く習慣と自ら語彙学習に取り組む習慣が身につけば，生徒の家庭学習も容易になる。

　辞書の引き方についてのオリエンテーションプリントを使い，品詞，発音，動詞の語法，名詞の可算・不可算の別，多義語の持つさまざまな意味，例文など，辞書から得られる情報の種類を理解させ，教科書の本文や未知の英文中の単語・熟語の意味を調べさせる。熟語はどの単語で検索すれば見つかるかなどについても指導する。

　さらに予習（復習）プリント等で，辞書を活用しなければできないタスク（特定の単語・熟語を用いた例文を辞書で調べるなど）に取り組ませ，辞書を引く習慣を身につけさせる。高等学校でまとまった英文を書く場合などは，インターネット上の Web Dictionary やコーパスサイトなどの活用にも触れるとよい。紙の辞書，電子辞書，英和辞典，英英辞典，和英辞典それぞれの長所，短所を考慮して指導方針を決める必要があろう。

　単語の暗記を苦手とする生徒を支援するためにも，楽しい言語活動を通じ文脈の中で語彙を定着させたり，イメージや語呂合わなど様々な記憶法（mnemonics）を紹介したり，接頭辞・語根・接尾辞などの語源（etymology）を活用したりするなど，様々な工夫が必要である。

4　Teaching grammar for the four skills
4技能のための文法指導

　文法の取扱いについて，新学習指導要領では中学校，高等学校ともに「文法については，コミュニケーションを支えるものであることを踏まえ，言語活動と効果的に関連づけて指導すること」と明記されている。4技能を駆使するために文法知識を活用できるよう指導することを示している。コミュニケーションのための文法について，Celce-Murcia & Larsen-Freeman（1999）

は form（形），meaning（意味），use（使い方）の3つの側面を持つものだと定義している。

　文法形式のみに焦点を当てるのではなく，その意味と，場面に応じた適切な使い方を教える必要がある。それは，本章冒頭の概念図で言えば，文法と他の要素，つまり，音声，語彙・チャンク，定型表現，会話のやりとりのルール，一般知識，語用論的知識，社会文化知識など，コミュニケーション能力を構成するその他の要素と関連させて扱うことを意味する。こうした点を踏まえ，4技能の能力育成のための文法指導について具体例を考える。

4.1　指導すべき文法項目の選定と導入の仕方

　語彙の場合同様，理解できればよいとする文法項目と，重点的に指導して運用できるまで指導すべき項目とを吟味し，指導計画に盛り込む。単元の学習後や学期末，学年末で行わせる自己表現活動に合わせて重点指導項目を設定し，言語活動の中で繰り返し活用させたり，その成果を適切に評価したりすることが必要であろう。文法項目の導入については次の留意点が挙げられる。

① 既習事項を復習しながら新出事項が学習できるようワークシートを工夫し，英語を用いた導入を行いやすくする。（例）過去形を復習し，それとの比較で現在完了形を導入する。

② 日本語で説明を加える際は，文法項目の使い方やニュアンスを簡潔に説明する。（例）現在完了の have はもともと「持つ」だから，時間的な「はば」を持っている感じだね。でもあくまで「今の気持ち」がどうか，がポイントだよ。

③ 内容的にメッセージ性のある例文やテキストの一部を提示し，文法項目の書き言葉での使い方を示す。（例）Do not judge a man until you have walked a mile in his shoes.

④ 場面や状況などの情報を含む対話文を例示し，文法項目の話し言葉での使い方を示す。（例）A：Have you seen my diary? B：It's right there on your desk.

4.2 第二言語習得理論と文法指導

　文法指導の方法は第二言語習得研究（第3章「言語習得と言語教育」参照）の影響を少なからず受けている。例えば，行動主義は，頭の中で何が起こっているかはともかく，外からの刺激（正しいモデル）を正確に繰り返し練習することで言葉を覚えるとする考え方であり，「習うより慣れろ」（Practice makes perfect）の精神は言語指導の諸側面に取り入れられている。人間の頭の中で起こる言語習得プロセスの研究が盛んになる1960年代後半以降，行動主義は認知主義アプローチにとってかわられ，以来現在に至る第二言語習得理論は，生来備わっている言語習得能力により自然に獲得される（acquisition）側面，学習により学ばれる（learning）側面，スキルの習得としてとらえられる（skill acquisition）側面，頻繁に耳にする言葉の連鎖を脳が処理してその結果として文法を構築する（associative learning）側面などについて研究，主張がなされてきた（VanPatten & Williams, 2007）。宣言的知識（declarative knowledge）が手続き的知識（procedural knowledge）へと変わるプロセス等に関する認知心理学の貢献も大きい。

　これらの知見を活用しながら，意識的な学習より活動中心の学習，文法規則を学びそれを練習する演繹的（deductive）学習と，さまざまな例から規則性に気づく帰納的（inductive）な学習をとり入れているのが，現在行われている文法指導であると言える。教師としては，単に流行りの指導法を試すのではなく，生徒に何を学ばせたいのか，生徒の頭の中でどのようなプロセスが起こることを期待するのかを意識しながら指導法の選択を行うことが求められる。

4.3 目的に応じた文法指導

　文法指導の最終的な目的は，文法規則を理解することではなく，学習者が4技能を駆使する能力，すなわち英語を使ってインプット，インタラクション，アウトプットをする能力を身に付けさせることである。したがって，文法指導の際のコミュニケーション活動にも，インプット，インタラクション，アウトプットを盛り込む必要がある。例えば口頭でのやりとりや発表をする能力を身に付けさせたいのであれば，そうした活動の中で文法知識を活用す

る場を設けることが，学習項目が習得へと転移するのに適したプロセス，すなわち transfer-appropriate processing（TAP）を促進すると考えられる。

次の表「文法指導（学習）の方法」は，インプット（聞く・読む），インタラクション（口頭でのやりとり），アウトプット（話す・書く）を中心とした文法指導の例を，①自然な言語使用の中で文法を定着させる手法 ②コミュニケーション活動の中で文法形式に着目させる手法（Focus on Form）③文法形式への習熟を中心とした練習と明示的説明により習熟させる手法（Focus on FormS）に分けて示したものである（第5章「教授法」も参照されたい）。

①は本来文法指導の範疇には入らないが，学習者の立場からすれば英語を使いながら文法を習得する重要な方法と考えられる。テキストの内容について英語でやりとりをしながら理解を深めたり，内容をまとめたり，それをもとに自分の考えを口頭や文章で発表したりして，4技能の実際の使用の中でそれに必要な文法項目に習熟することが期待される。英語の上級者は，自らが理解したり産出したりする必要のある英文のタイプや談話構造を意識し，話し手や書き手の意図が英文（発話）の発音，語彙，文法，談話構造にどう反映されているかを分析し，それを手本にしながら自らの英語の質を高めている。母語話者が学校教育の中で母語に熟達する際のプロセスもこれにあたる。

文法指導（学習）の方法

	Input 中心 （聞く・読む）	Interaction 中心 （口頭のやりとり）	Output 中心 （話す・書く）
①英語でのやりとりを通じテキストの内容を理解するなど，自然な言語使用の中で文法の定着を図る。（Focus on Meaning）	Oral Introduction（英文の内容の導入）	Q & A Discussion Debate	Summarization Presentation Writing
②コミュニケーション活動の中で文法形式にも意識を向けることで文法の定着を図る。（Focus on Form）	Input Enhancement Listening Cloze Consciousness-raising Tasks	Recast Information Gap	Dictogloss Reproduction Retelling Picture Description
③明示的な説明の理解や練習を通し，文法形式への習熟と自動化を図る。（Focus on FormS）	Oral Introduction（文法事項の導入） Repeating Shadowing	Oral Interaction（文法事項についてのやりとり） Role play	Pattern Practice Translation

②は意味中心の活動の中で文法形式にも注意を向けさせる手法である。これらは主として第二言語習得研究において文法指導の効果を検証するために用いられる手法であり，学習者の意識を意味と文法形式の双方に向けることでコミュニケーションに資する文法能力の習得を図るとする考えに基づいている。例えば，インプットの場面で，テキストの中の重要項目を太字にしたり下線を引いたりするなどの工夫を凝らすことで学習者の注意を引きつけたり (input enhancement)，テキストに含まれる特定の言語形式への「意識を高める」活動 (consciousness-raising tasks) を行ったりすることができる。また，生徒とのやりとりの場面で，生徒の文法的誤りを教師が正しく言い直したり (recast)，生徒同士のペアワークで特定の文法形式（たとえば"be going to"）を使いながら，自分の持っていない情報（相手の1週間の予定）を聞いたり (information gap) する活動もある。アウトプットの場面では，聞き取った際のメモを参考にもとの英文をグループのメンバーで協力しながら再生する (dictogloss) 活動などが知られている。

③は教師の英語での文法項目の導入とそれに伴う明示的な文法説明（日本語），さらに正確な音読や役割練習，文の代入・転換練習などのパタン・プラクティスなどにより，英語の文法構造を「体で覚える」ことを目指している。例えば，He went to school yesterday. を即座に Did he go to school yesterday? と正確な疑問文にすることはなかなか難しい。こうした練習の難点は文脈と遊離した形で文法形式の練習をすることにあるが，英語を正確でなめらかに発音する練習をすることのメリットは大きい。形式中心の練習であっても，場面を想像させたり気持ちをこめて発話させたりすることでより実際の使用場面を想定した練習にする工夫ができる。

5 Teaching formulae and interaction skills
定型表現とやりとりの仕方の指導

自己表現活動を授業に取り入れることに成功している教師は，年間指導計画の中で自己表現活動やコミュニケーション活動に関する目標を明確にし，その目標を達成できるようワークシートなどを活用しながら生徒に必要な知

識を与えている。本章冒頭の図の「(d) 決まり文句」(formulae)「(e) 会話のやりとりのルール」(interaction) にあたる部分である。「結局どう表現するのが自然なのか」についての情報を生徒に示し，生徒が自信を持って使える英語のレパートリーを増やす支援をする必要がある。

5.1 Small Talk & Classroom English

授業中の数分を使い行うペアでのコミュニケーション活動や，授業中の英語でのやりとりで使える表現については，頻度の高いものを繰り返し学べるようにする。（例）Hi, how's it going?/What's new?/Could you say that again please?/Could you write it on the blackboard please?

5.2 ペアワーク・グループワークのための表現およびコミュニケーション・ストラテジー[1]

生徒同士のペアワーク，グループワークなどでは，生徒自身が英語で会話を継続させるためのやりとりの工夫や表現を継続的，段階的に指導する。コミュニケーション・ストラテジーのリストを示すのもよいだろう。（例）Okay, let's get started./What do you think about topic number one?/I agree with 〜./I understand your point, but 〜./What I want to say is 〜.

5.3 自己表現のための表現集

生徒が言いたいことを英語で表現するのはそれほど簡単ではない。ネイティブ・スピーカーの協力も得ながら自然な英語表現と生徒の誤りに関するデータを集積すれば，それを生徒の自己表現活動に毎年活用することができる。例えば「夏休みの思い出」「将来の夢」など身近な話題から「環境を守るためにできること」などの社会問題に至るまで，生徒に自己表現をさせたいトピックを指導計画に盛り込み，毎年指導を重ねることで，先輩の作品を後輩に提示したり，生徒が間違えがちな文法項目について的確な指導をした

---

[1] コミュニケーション・ストラテジーについては，第7章「リスニング指導」と第8章「スピーキング指導」を参照のこと

りすることが可能になる。

　コミュニケーション活動や自己表現活動に自信を持って取り組むために必要な道具（定型表現）とその使い方（やりとりの仕方）を知り，話したくなるトピックが示されれば，生徒はおのずとコミュニケーション活動への積極的態度を見せるようになるのではないだろうか。

REVIEW EXERCISES

1. Matching

　この章で学んだ重要な概念またはその概念に関するエピソードが英語で説明されています。それぞれを，下のキーワードと結び付け，かっこ内に書き込んで下さい。さらに，そのキーワードを簡単に日本語でも説明できるようにしましょう。

(a) connected speech　　　(b) prosody
(c) productive vocabulary　(d) collocations
(e) declarative knowledge　(f) Focus on Form

(　　　　　) 1. This is a type of instruction that draws students' attention to linguistic elements while they engage in communication activities.

(　　　　　) 2. This means a pair or group of words that are frequently used next to each other in speech or writing.

(　　　　　) 3. This phenomenon happens when a language is spoken in a continuous stream of sounds without clear borderlines between each word.

(　　　　　) 4. This is a type of vocabulary that learners have and can use for speaking and writing.

(　　　　　) 5. This means the patterns of stress and intonation in a language.

(　　　　　) 6. This means factual information stored in memory. In the case of language learning, it means knowledge about the target language that learners can explain in words.

2. Comprehension Check

本文を見ずにかっこ内に適語を入れなさい。選択肢がある問題では，正しい方を選びなさい。パートナーと答え合わせをして，難しかったところを話し合いましょう。

　音声・語彙・文法に加え（1　　　　　）や会話のやりとりのルールに関する知識は，4技能の能力を身に付ける上で欠かせない。外国語としての英語を理解する上で，（2　　　　　）や語用論的知識・社会文化についての知識が重要であることは明らかだが，基本的言語知識がなければ耳から聞いた英語を理解したり，言いたいことを英語で伝えたりすることはできない。
　音声に関して特に問題となるのは，母音や（3　　　　　）といった個々の発音の日英両言語の違いに加え，話された英語では複数の語句が（4　　　　　）発音されるので聞き取りに困難を生じてしまうことである。また英語は（5　　　　　）のある音節を中心にタイミングをとる言語であるので，リスニングやスピーキングの際，英語的なプロソディーに慣れる必要がある。音読を含め，正しい発音で読んだり話したりする練習を積むことが重要である。
　語彙の知識を4技能に役立てるためには，英語の語彙の意味を瞬時に（6　　　　　）する能力や，伝えたいメッセージを的確に表現するのに適した語彙を記憶から検索したりする能力が必要で，そうした面で学習者を支援する指導が必要である。自律的学習者を育てるための（7　　　　　）指導もで

きるだけ初期の段階で行いたい。

　文法指導の最終ゴールは，文法知識を明示的に学ぶことではなく，文法を使って（8　　　）を駆使する能力を身に付けることである。特に，文法はその形，意味，および（9　　　）の3つの側面が学習者に十分理解される必要がある。文法をコミュニケーションの中で使えるようにするには，インプット，（10　　　），アウトプットといった実際の言語活動の中で文法を扱う必要があろう。更に，明示的な文法説明や（11　　　）による指導を効果的に行うことはもとより，コミュニケーションを中心とした活動の中で形式に目を向ける（12　　　）と呼ばれる手法や，個別の文法習得を主眼とするのではなく学んだ英語を使いながら英文の内容を理解し話し合うなどの活動も必要である。

3. Discussion

　少人数のグループに分かれ，次のトピックから1つ選んで10分間話し合ってください。次に，ディスカッションリーダーが各グループの話し合いをまとめてクラス全体に報告してください。

1. How did you learn your vocabulary when you were in junior and senior high school? Are there any methods you would recommend to your students?
2. What are some of the grammar points you are not confident about when you speak or write in English?

Topic number：（　　　）

Summary of the discussion

Can-do Checklist

この章で学んだ重要な項目について,簡単な説明ができると思ったらチェック(✓)を付けましょう。チェックが付けられなかった項目は,折を見て復習してください。

I can briefly explain …

- [ ] 1. connected speech
- [ ] 2. prosody
- [ ] 3. productive vocabulary
- [ ] 4. collocations
- [ ] 5. declarative knowledge
- [ ] 6. Focus on Form
- [ ] 7. dictogloss
- [ ] 8. formulae

Final Reflections

1. 中学生・高校生にスピーキング能力を身につけさせるには，普段からどのような基礎知識を与え，どのような言語活動を行う必要があるかを考えてみましょう。

....

....

....

2. 中学生・高校生にライティング能力を身につけさせるには，普段からどのような基礎知識を与え，どのような言語活動を行う必要があるかを考えてみましょう。

....

....

....

For Further Reading

Celce-Murcia, M. & Larsen-Freeman, D. (1999). *The grammar book : An ESL/EFL teacher's course.* (2nd ed.). Boston, MA：Heinle & Heinle.

Graham, C. (2003). *Small talk : More jazz chants* [audiobook]. Oxford：Oxford University Press.

Nation, I. S. P. (2008). *Teaching vocabulary : Strategies and techniques.* Boston, MA：Heinle Cengage Learning.

Swan, M. (2005). *Practical English usage* (3rd ed.). Oxford：Oxford University Press.
Yonesaka, S. M. & Tanaka, H. (2014). *Discovering English sounds : Phonetics made easy*. Tokyo：Cengage Learning.
相澤一美・望月正道（編著）. (2010).『英語語彙指導の実践アイディア集CD-Rom付』. 大修館書店.
萩野俊哉. (2000).『コミュニケーションのための英文法』. 大修館書店.
鈴木寿一・門田修平. (2012).『英語音読指導ハンドブック』. 大修館書店.
高島英幸（編著）. (2011).『英文法導入のための「フォーカス・オン・フォーム」アプローチ』. 大修館書店.
GloWbE（Corpus of Global Web-Based English）コーパスサイト
　　http://corpus2.byu.edu/glowbe/
ゴガクル（NHKエデュケーショナル）例文検索サイト
　　http://gogakuru.com/english/index.html

コラム(7)　視覚や聴覚に障害がある生徒のための英語教育

　英語教師を目指す皆さんは，障がいを持ちながらも外国語学習に興味・関心を持って熱心に外国語学習に取り組んでいる生徒が多くいることをぜひ知って下さい。また，指導に取り組んでいる英語教師の努力についてもぜひ知って下さい。聴覚障害を持つ生徒は，耳が聞こえないことから，明瞭に発音することが困難です。このような場合，視覚による発音の弁別，手のひらに息を吹きかけての発音の弁別，喉元に手を当てての識別などを通して，発音指導を行っている学校があります。また，視覚に障がいのある生徒の場合，立体コピーの利用や，できるだけ具体的なものを使っての指導が心がけられています。

　聴覚や視覚に障がいがある場合，どうしても学習上不利な立場に置かれる可能性があります。たとえば，点字による英語検定は初めは盲学校の教員たちが拡大文字の問題を作るなどして協力していました。さらに粘り強い働きかけの結果，英語検定は障がいを持つ受験者にも対応するようになりました。TOEIC® やTOEFL® も障害者に対応した試験を実施しています。外国語学習は健常者のものだけでは決してないことを念頭に置き，より幅広い英語教育についても考えてみてください。また，自分が将来英語教師になったときに，担当クラスに視力や聴力に困難のある生徒がいたらどうすべきか，考えてみてください。

第12章

教材研究
Materials Development

「彼を知り己を知れば百戦殆うからず」ということばがありますが，教材研究にも似たことが言えそうです。指導する生徒のことを知り，教えようとする教材のことを知ることが「彼を知る」ことであり，指導するための技量を磨き，教具や教育機器の使い方に長けることが「己を知る」ということでしょう。教材研究は優れた授業実践の要です。

●Warm-up●

授業がうまく展開できるかどうかは教材研究にかかっているといっても過言ではありません。綿密な教材研究なしに授業は成り立たないのです。それでは，授業を成功に導く教材研究でしなければならないことにはどんなことがあるでしょうか。できるだけたくさん挙げてみてください。できたら，それらを共通するもののグループに分類してみましょう。

KEYWORDS: authentic materials, language materials, language activities, communicative competence, pseudo-authentic materials, practitioner, supplementary materials

1 What to teach … 教材内容の研究

1.1 年間の指導計画（Yearly teaching/lesson plan）

　教材内容の研究は，教材そのものの選定と内容の分析が中心ではあるが，まずは指導目標および指導内容の全体を明らかにするところから始まると考えるべきである。1時間ごとの授業の教材研究に先立って，年度初めには年間の指導計画，さらに学期ごとの指導計画を練る必要がある。さらに言えば，中学校・高等学校それぞれ3年間の計画も練る必要がある。1時間ごとの授業はそれぞれが前の授業から，そして後の授業へとつながっている。中学校・高等学校では検定教科書（authorized textbooks：以下，教科書と略す）を使用することが義務付けられているが，教科書に付属の教師用指導書（teachers' manual, instructors' manual）には年間指導計画作成用の資料が添付されている場合が多いので，指導計画作成の際はそれを参考にできる[1]。ただし，通常，中学校・高等学校での指導は一人ひとりの英語教師が単独で行うのではなく，同学年を担当する他の英語教師と歩調を合わせて進めなければならない。そのためにも年度当初に，学年，学期の指導目標，指導内容，進度等を確認した上で指導に当たるべきである。

1.2 教材としての教科書

　中学校・高等学校での授業には教科書を使用する。したがって，教材選定の一部はあらかじめなされている場合も多い[2]。教科書は，学習者のレベルを考慮して段階的に指導できるよう配慮されており，また，文法事項等も学習指導要領に則って配列してあるので，3年間で学習すべき内容が消化できるように編纂されている。その意味で教科書はcoursebookと呼べる。加えて，音声CDなどの付属教材も用意されており，使いやすくできている[3]。したがって，中学校・高等学校での教材内容の研究とは基本的には教科書の内容

---

[1] 出版社のウェブサイトに年間指導計画作成資料が掲載されていることが多い。
[2] 義務教育である中学校では，教科書を教育委員会が採択する。一方，高等学校では，学校ごとに，また年度ごとに教師が選定する。
[3] 近年はホームページで教材を提供する出版社も多い。

にかかわる研究ということになる。しかし，教科書を唯一絶対の教材としてそればかりを使用していると，知らぬ間に「教科書を教える」ことが英語授業であるかのような錯覚に陥る。教科書には長所がある半面，短所もある。一つには，編纂に数年を要することもあって，題材などが最新のものとは限らない。さらに，あくまで教授用に編纂されるものであり，本物の教材 (authentic materials：教材として作成されたものではなく，実際に使用された英語をそのまま教材としたもの) とは言えない。また，時として内容が学習者のモチベーションを高めるものとなっていなこともある。そこで，教科書の長所と短所とを踏まえた上で，英語教師自身の創意工夫により補助教材 (supplementary materials) などで補完して，より効果的な授業を展開すべきである。「教科書を教える」のではなく，あくまで「教科書で教える」，つまり「教科書を活用して生徒に英語の運用能力を身に付けさせる」という姿勢で授業に臨むべきである。

1.3 言語材料（Language materials）

教材内容の研究は，さらに大きく二つに分類できる。一つは，言語材料 (language materials) の研究であり，もう一つは題材 (topics/subjects) の研究である。

言語材料とは，学習すべき内容のことで，例えば中学校学習指導要領には，(ア) 音声，(イ) 文字および符号，(ウ) 語，連語および慣用表現，(エ) 文法事項，として記載されている。実際に扱う語彙については教科書によって多少の違いはあるものの，基本的な語彙数は決められている。

言語材料の取り扱いについて，学習指導要領を見てみよう。

(4)言語材料の取扱い
(ア) 発音と綴（つづ）りとを関連付けて指導すること。
(イ) 文法については，コミュニケーションを支えるものであることを踏まえ，言語活動と効果的に 関連付けて指導すること。
(ウ) （前項(3)のエの）文法事項の取扱いについては，用語や用法の区別などの指導が中心とならないよう配慮し，実際に活用できるように

指導すること。また，語順や修飾関係などにおける日本語との違いに留意して指導すること。〔（　）内は筆者が追加〕
(エ) 英語の特質を理解させるために，関連のある文法事項はまとまりをもって整理するなど，効果的な指導ができるよう工夫すること。

（『中学校学習指導要領』，第2章各教科，第9節，第2-2内容(2)言語活動の取り扱い）

　これらを踏まえて，授業で取り扱う言語材料に関わる知識，情報をできるかぎり入手する。例えば，新出語彙の発音や意味は言うに及ばず，反意語や派生語に関しても調べなければならない。また，単に知識，情報を手に入れればおしまいではない。それらを「自分のもの」にしなければならない。「自分のもの」にするとは，それらを自在に運用する能力を身につけること，つまり英語教師自身が英語のコミュニケーション能力を身につけることである。英語教師が生徒にとって英語学習の模範（role model）となることは重要な役割の一つである。目の前の教師が英語学習に真摯な姿勢を見せることこそ，生徒の学習態度を真摯なものにするための最良の策である。

　言語材料を自分のものにすることは重要ではあるが，授業の中でそのすべてを教える必要はない。教師が知っていることをすべて教えようとすれば，生徒は消化不良を起こす。「知ることと教えることは別」と心得て，生徒の実態やレベルに応じて，何をどこまで教えるかを十分に吟味するべきである。

1.4　題材（Topics/subjects）

　教材内容の研究の今一つは，題材（topics/subjects）に関わることである。題材（topics/subjects）とは，各レッスン（ユニット／プログラム）に取り上げられているトピック・話題のことである。異文化理解は英語教育の重要な側面であり，学習指導要領にも明記されている。

「外国語を通じて，言語や文化に対する理解を深め，積極的にコミュニケーションを図ろうとする態度の育成を図り，聞くこと，話すこと，読むこと，書くことなどのコミュニケーション能力の基礎を養う。」

(『中学校学習指導要領』, 第2章, 第9節, 第1 目標)

　教科書では異文化理解に関わる題材が多く取り上げられており, さらには, 異文化理解にとどまらず, 社会問題を題材とする単元も多い（下表参照）。そうした題材をよりわかりやすく指導し, 生徒の問題意識を掻き立てるような授業展開が求められる。

異文化理解を題材とする単元の例

月	単元	文法事項・基本表現 （◆は主な復習事項）	●言語の使用場面 ★話題, テーマ
9	Let's Read 1 A Magic Box	◆既習事項の総復習	●物語 ★3つの願い事
			●物語 ★3つの願い事
	Unit 4 Homestay in the United States ◇さくらが夏休みにアメリカへホームステイに行ったときのエピソード。ホームステイの心得, ホストマザーとの対話, ステイ中の悩み相談, と展開する。	have to, do not have to	●ガイドブック ★ホームステイ
		will	●ホストマザーとの対話 ★ペット・メーキング
		must	●教師との対話 ★ホームステイの困り事
		must not	●教師との対話 ★ホームステイの困り事
		◆will, must, have to, must not	●標識の説明文 ★標識, 日米生活習慣比較
	Listening Plus 4 明日の天気 ―天気予報を聞こう	◆will, must	●天気予報, 対話文 ★天気
	Speaking Plus 2 電話での応答 ―取り次ぎをたのむ	May I speak to ..., please? ◆have to	●電話で（取り次ぎ）

(中学校検定教科書 *New Horizon* Book 2 指導計画作成資料より抜粋)

　題材, とりわけ英語圏の文化に関する研究に当たっては, 英語指導助手（ALT）からの情報は貴重である。日ごろから ALT とのコミュニケーショ

ンを十分にとるようにすべきである。

1.5 その他の教材

教科書を教材としながらも，折に触れ補助教材（supplementary materials）を用いてより効果的に授業を展開するよう心掛けなければならないのは先述のとおりである。では，補助教材として使えるものには，どのようなものがあるだろうか。多くの英語教師が利用するものには，英語の歌や映画，実際に英語圏で手に入る雑誌，書籍，英語圏で放映されているテレビ番組などがある。近年はインターネットの普及で英字新聞の電子版やニュース映像なども容易に入手可能になってきている。そのような実物の素材（resources/subject matter/materials）を使った教材は本物の教材（authentic materials）と呼ばれるが，本物の教材は生徒のレベルに応じて作成されているわけではない。そのため，語彙や文法，音声などの難易度において小学校や中学校の低学年に使うにはむずかしいことがある。どちらかと言えば，高学年での指導に向いているだろう。もちろん，簡単な英語の歌や絵本などは低学年にも十分に活かせる。

教科書を主教材として，しかも他の英語教師との調整を図りながら指導するなかでは，本物の教材を1時間の授業全体で使うのは物理的にむずかしい。そこで定期試験の後など，ややゆとりのある時間に挿入教材として利用するといった工夫が必要だろう。定期試験終了後などは，生徒の学習意欲が減退することがあり，そのようなときには，本物の差し込み（one-shot）の教材は生徒の気分転換になると同時に学習意欲の向上にもつながる。また別の活用法としては，特定の言語材料を指導したときに教科書の内容を補完する補助教材としての利用も考えられる。

■ 英語の歌をどう使うか

小学校や中学校の低学年には，平易な英語の歌を使って，英語で歌を歌うという体験にまでぜひ持っていきたい。しかしながら，教室内で生徒に大きな声で歌を歌わせるというのは音楽の授業であってもそう簡単ではない。そのようなときには，英語教師は先導者（initiator）として率先して声に出し，生徒を導けるように努めたい。一旦，歌詞を覚えてしまえば，一定期間

授業の中で歌を聴き，歌う時間を設けるなど，英語を口にする機会を意図的に作るようにする。

　歌詞が平易で，極端にアップテンポでない英語の歌はリスニングの教材としても使うことができる。資料にあるように，穴埋め形式で歌詞の一部を聴き取らせる活動や歌詞に出てくる語彙や語法を言語材料として文法指導などに活かすこともできる。　【章末資料参照："Blowing in the Wind"教材】

■　英語の映画の魅力とむずかしさ

　教材として英語の映画がすばらしいのは，脚本がありながらも俳優の演技，背景の雑音なども手伝ってほとんど本物の英語教材に近い教材（pseudo-authentic materials）[4]になる点，また，映像が音声以外の追加情報となって内容理解を助ける点にある。私たちは英語を聴き取るときに，単に音声だけではなく，視覚的な情報や背景知識などをすべて使って理解しようとするが，映画はそれに近い状態を作り出しくれる。

　一方では，話される英語のスピードが自然な速度であり，高度な聴解力が必要なため，小学校や中学校の低学年の指導には使いにくい。さらに，映画を1本すべて使うのか，あるいは特定の一部分だけを使うのかといった授業での利用方法についても検討すべき点がある。仮に映画1本を数時間の授業を使って見せたとしたら，生徒の中には飽きてしまう者が出るかもしれない。映画の一場面を使用する場合には，どの映画のどの場面が教材として適当であるかを吟味しなければならない。それらの点を考慮しながら映画から授業に適した教材を作成するのには英語教師の教材開発力が重要になってくる。

　映画利用は必ずしもリスニング活動にのみ限定されるものではない。映画を活用してのリーディング，映画を活用してのスピーキングも工夫次第で可能になる。以下に，映画を活用した実践事例を紹介しておく。使用した映画は"The Body Guard"である。

---

[4]映画は脚本があり，厳密にはauthenticであるとは言えない。しかし，俳優の優れた演技によってごく自然に演じられているという点で本物に近いもの（pseudo-authentic）と呼ばれる。

> 事例①：オープニング・クレジットを読み取らせる映画を活用した速読学習。
>   ステップ１：映画のオープニング・クレジットを読ませる。
>   ステップ２：タスクシートにある設問に答える。
>   （例）Who is the costume designer of this film?
> 事例②：会話以外の内容（場面から得る情報）の把握。
>   ステップ１：映画の場面を見る。
>   ステップ２：タスクシートにある設問に答える。
>   （例）How many shots were fired?
> 事例③：会話の聞き取り。
>   ステップ１：映画の場面を見る。
>   ステップ２：タスクシートにある設問に答える。
>   （例）フランクは偽名を使っています。インターホンで最初に使った名前は何ですか。

　それぞれの学習活動を行った後には，スクリプトを確認し，再度，音声を聞いてみることが重要である。映画を活用した学習でも，やりっぱなしにはせず，必ず定着を図るべきである。

■　その他の実物を教材に

　英語は歌や映画だけで見られるわけではなく，英語圏に行けばすべてのもの，標識や看板，レストランのメニューに至るまでのすべてが英語である。しかも，間違いなく英語文化がそこに反映されている。英語教師は機会のある度にそのような素材（resources/materials）を入手しておき，教材にすることで，英語の授業を少しでも実際の使用に近づけるようにしたい。例えば，レストランでの会話が題材の授業で，実物のメニューを使ってみる。メニューに目をやると，"Thousand Island"と書かれている。一見，メニューとは無関係に思える「千の島」（?）が実はドレッシングの名称であることを話す。実物を通して知るこのような生の英語によって生徒の英語への関心を高めることができる。

本物の素材から教材を作成するような英語教師独自の教材開発（creating original materials）は，非常に手間と暇のかかる作業である。単なる興味本位のお遊びではなく，本質のある教材開発は時間に追われる日々の中では取り組みにくいのだが，英語教師がその努力を怠らないことが重要である。何より大切なことは，英語教師自身が教材開発を好きになり，楽しんで行うことだ。英語教師が楽しんで，意欲的に作成した教材は生徒にも伝わるものである。

2　How to teach … 指導方法の研究

　教材内容の研究と同様に重要なことが指導方法の研究である。指導方法の研究にも2つの側面がある。一つは教授法，つまり「どのように教えるか」という側面であり，今一つは教材・教具関連，つまり「何を使って教えるのか」という側面である。

2.1　教授法の選択と準備

　教材内容が決まれば，次に，それをどのように指導するのが最も効果的か検討する必要がある。すでに主だった教授法については紹介したが（第5章「教授法」参照），それらの教授法がそのまま教室での指導に使えるわけではない。指導する生徒の英語力や人数，後で確認する教具・機器の状況などを考慮した上で，最も適切な言語活動（language activities）を考えなければならない。言語活動とは，言語によるコミュニケーション活動であり，学校英語教育においても最も重要とされる活動である。演繹的（deductively）に文法を解説するだけでは teaching about the language であって teaching the language とは言えない。演繹的な解説だけでは，英語を理解はできても実践的なコミュニケーション能力にまではつながらない。とりわけ低学年ではあまり効果は期待できない。生徒の学習意欲が高まり，彼らが嬉々として取り組むような言語活動を用意する必要がある。活動は指導する内容によってさまざまであるが，ゲーム性の高いものでも，単に生徒が楽しむだけではなく内容をしっかりと捉えさせ，定着を図れるようなものにしなければならない。言語活動を通して言語形式への理解を深めさせる工夫も必要であろう。

2.2 コミュニケーションを意識した言語活動

　授業内での言語活動そのものは学習を意図したものであり，本物の活動（authentic task/real world task）ではない。だが，学習した英語を実践につなげるためにはできる限り授業内における言語活動を本物の活動に近づける工夫が必要である。より本物に近く，コミュニケーションを意図した言語活動を実践することで生徒の言語運用能力（communicative competence）を高めることができる。

■　ペアワーク・グループワーク

　言語活動は単独で行うよりもペアやグループで行う方が効果的な場合が多い。クラスメートとの協同作業は生徒の責任感を高めるし，互いが教え合うことで理解・定着の相乗効果が期待できる。日本の学校教育は，学級制度や班活動にも見られるように，日ごろから小グループでの活動が多く，生徒同士の親近感も強いので，生徒はペアワークやグループワークには馴染んでいる。しかし一方では，周到な準備なしにペアワークなどをさせると，遊びの要素が強調されすぎてしまうこともある。事前の準備は周到でなければならない。ペアワークやグループワークは以下の点に注意が必要である。

○　ペア・グループの作り方：通常は，席の隣同士をペアにすることが多いが，生徒の人間関係に配慮しなければならないことも多い。無口な生徒同士や日頃から仲の良くない者同士がペアになるとペアワークが停滞する。日頃から生徒をしっかりと観察し，担任教師などとも連携しながら，ペアワークが円滑に進むように配慮すべきである。中学校では，班ごとに席に着いていることも多いので，ペアやグループを班内で組むようにすると円滑に進めることができる。

○　活動のモニター：ペアやグループの活動をしている間，教師は机間巡視[5]をして，生徒の様子をつぶさに観察しなければならない。どのような言語活動も「やらせっぱなし」にしないことが重要で，必要に応

---

[5]現在は，机間指導という表現がもっぱら用いられるが，この場合，教師が個々の生徒を指導することが想定されている。一方，ここで言う机間巡視は，生徒がペアやグループで学習するのを観察することが中心となる。

じてタイミングよくクラス全体にアドバイスやフィードバックを行う必要がある。
○ 活発にする仕掛け：活動を円滑に，活発にするためには，制限時間を設ける，活動が終了したら着席する，ペアで3回音読する，など生徒が活動に集中する仕掛けを作ることも大切である。

よく使われるコミュニケーションを意図した言語活動には，次のようなものが挙げられる。[6]

- インフォメーション・ギャップ（information gap）：ペアワークの一種で，お互いに異なる情報を持ち，英語を使いながら，異なる部分を埋めて，情報を完成させる活動である。例えば，互いに情報が異なって記載された地図などを見ながら全体の道筋を互いに補いながら，目的地まで到達する。
- ロール・プレイ（role play）：ペアやグループで，生徒それぞれが一つの役割を演じる。例えば，レストランでの対話・表現を学習した後に，本当にレストランに出かけた時と同じように，生徒が客とウェイター（ウェイトレス）になって，本物のメニューを眺めながら注文をする。客を演じる生徒が複数になれば，客同士の会話も練習することが可能である。
- ショー・アンド・テル（show and tell）：生徒に自宅から何か持って来させ，クラスの他の生徒にそのものを見せながら，なぜそれを選んだか，いつどのようにして手に入れたかなど，そのものにまつわることを話させる。もとは母語教育におけるコミュニケーション能力育成のための方法だったが，英語教育でも使われるようになった。

2.3 教具・教育機器を使いこなす

指導方法とともに決めなければならないのは授業で用いる教具・教育機器である。教具・教育機器は，教室に常設されている黒板からフラッシュカー

---

[6] ここで紹介した言語活動については，第5章「教授法」，第7章「リスニング指導」，第8章「スピーキング指導」でも言及されているので，参照されたい。

ドのように教科書に付属していることもある教具，CDプレーヤーなどの電子機器類やCALL教室のような施設設備まで幅広い。それらを適材適所で使いこなせれば，授業は能率的に効果的に展開することができる。一方，そうした機器に振り回されれば逆効果となってしまう。したがって，教具・教育機器の有効な活用方法についても研究し，熟達すべきである。

■ 黒板・ホワイトボード

日進月歩でICT化が進む今日でも教室での授業の基本的な教具は黒板とチョークであることに変わりはない。黒板に文法説明などを書くことを「板書」というが，板書は今日でも授業の基本中の基本である。「たかが板書，されど板書」である。

板書は授業前に十分に検討し，吟味すべきである。決して，思い付きだけで適当に板書するようなことがあってはならない。以下は板書の心得である。

- 板書は消さない：「予め板書計画を綿密にし，授業終了時点で学習内容が板書にまとめられているようにせよ」という意味である。板書をメモ代わりに書いては消し，書いては消しする教師が時にいるが，これは慎むべきである。とりわけ，中学校の低学年での指導においては，板書はひときわ重要である。

- 黒板に向かって話さない：授業の進度を焦るあまり，板書しながら同時に説明をするということがよくあるようだが，これも慎むべきである。黒板に向かって説明しても生徒の様子や理解度が確認できない。板書はきれいに素早く書き，その後，生徒の理解度を確かめながら話す余裕を持ちたいものである。

■ フラッシュカード・ピクチャーカード

中学校低学年の授業での語彙学習にはフラッシュカードやピクチャーカードは欠かせない教具である。短冊型に切った厚紙の表に英語，裏に日本語で意味が書かれたものがフラッシュカード，意味の代わりに絵が描かれているものがピクチャーカードと呼ばれる。教科書の備品として付属している場合もあるが，簡単に手作りできて，生徒に日本語の意味と英語を交互に見せることで確認させ，定着させるのに有効である。

フラッシュカードは，ゆっくりと確認させながら語彙の学習をしたり，瞬時に判断させて連続的に反応させたりすることもできる。スムーズに使いこなしたい。また，フラッシュカードを自作する際には，表と裏の書き方を上下さかさまにするなどの工夫をしよう。

■ リズムボックス

等間隔のリズムでビート音を流せる教具。ビートに乗り，聞こえてくるリズムに合わせて音読することで，英語のリズムを体得できる。ビートの間隔が変更可能なので，易から難へと練習レベルを変え，音読速度を徐々に高める練習ができる。日本語とは異なる強勢拍リズム（stress-timed rhythm）を持つ言語である英語[7]を学習する際には，英語のリズムに慣れることが重要である。リズムボックスは英語のリズムを無理なく身につけるのに有効である。

■ OHP（overhead projector）・OHC（overhead camera）

近年，教室に常置されていることも多いOHPは，透明のOHPシートに専用マーカーで文字や文を書いたり，イラストを描いたりして投影する装置である。予め作成したシートをスライド式に投影することもできるが，むしろ，授業中に生徒が書いたもの（例えば，英作文など）をその場で投影して授業展開する場合などに有効である。また，最近ではOHC（overhead camera，書画カメラ）も同様の機能を果たすものとして使われるようになっている。

■ 音声機器：ラジカセからCD/MDプレーヤー，そしてメディア・プレーヤーへ

かつてはラジカセが主流であった聴解練習用の音声機器は，CD/MDプレーヤーに変わり，今やメディア・プレーヤーの時代になった。機器の進歩とともに授業での使い勝手も良くなってきた。ラジカセの時代には難しかった頭出しがCD/MDプレーヤーになってトラッキング機能で可能になり，巻き戻しや早送りの時間が無くなった。PCを活用して音声編集用ソフト

---

[7] 日本語は各音節がほぼ等しい間隔で発音される音節拍リズム（syllable-timed rhythm）を持つ。

ウェア（SoundEngine や Audacity などのフリーソフトもある）を用いれば，英文にポーズを入れたり，繰り返し録音したり，よりきめ細かい音声教材を編集することも可能になってきた。

　メディア・プレーヤーは教室内での使用にとどまらない。メディア・プレーヤーの本領は個人使用において発揮される。メディア・プレーヤーに英文を収録し，自由な時間に聞き流すだけでも英語の聴解力向上につながる。ただし，中学校・高等学校では，校内でのメディア・プレーヤーの所持，使用は校則で認められていないことが多いので注意が必要である。

■　映像機器：ビデオから DVD，ブルーレイへ

　最近では，各教室にテレビモニターが常設されている学校が増えてきている。そのように環境が整っている場合，音声メディアとともに映像メディアの利用が可能になる。音声メディア同様に，映像メディアも格段の進歩を遂げた。かつて，ビデオの時代に苦労した頭出し，画像の劣化は DVD の時代になってほとんど気にする必要がなくなった。市販の洋画の DVD にはキャプション（日本語・英語の字幕）が入っている場合が多く，授業で有効活用できる。先述のように，最近ではネット上に世界のニュース映像が無料で配信されているが，これらを PC の映像編集ソフトなどを活用してメディアに収録して使えば，まさに本物の教材となる。ただし，こうしたメディアからの映像や画像，文書の使用に関しては著作権の問題があるため，十分な注意が必要である[8]。

■　プロジェクターとノート PC

　教室にプロジェクターが常置され，PC 端末がある場合には，先に解説したとおり，PC を使って音声メディア，映像メディアの両方が直接使用可能になる。さらにパワーポイント（PPT）のようなスライド機能を用いれば文法の解説などを非常に効果的にすることができる。そのためには，事前に音声や映像の編集，PPT の作成が不可欠であり，このような作業に長けていることも英語教師としては今や重要な資質の一つと言える。

---

[8]著作権の問題については『映画ビデオ等を教育に使用する時の著作権ハンドブック』（映画英語教育学会）を参照されたい。

■　LL教室，CALL教室とe-learning

　教育工学の進歩に伴って1980年代にはLL（Language Laboratory）教室が多くの学校に設置された。LL教室の導入により，生徒用ブース内で個々の生徒がヘッドセットを使って自分のペースで聴解活動ができたほか，教師がマスターコンソールから全体を制御したり，ペアやグループになって活動させたりと，バラエティーに富んだ学習活動が可能になった。LL教室の最大の利点は生徒が個々のペースでしっかりと学習できるという点であった。

　その後，PCが発達するにつれ，LL教室はCALL（Computer Assisted Language Learning）教室に移行する。それまでのブース型の枠は取り払われ，生徒個人用のPCが据えられた教室で専用ソフトを用いての学習も可能になった。現在では，このようなCALL教室が主流となっている。CALL教室では，学習ソフトを用いての個別学習も，全体での学習も，また，音声，映像教材も格段に利用しやすい。

　最近では，さらなるネット環境の充実とともにe-learningという考え方が広がりつつある。e-learningではCALL教室における授業にとどまらず，学習者が自宅，あるいは，ネット環境さえ整っていれば，どこにいても（ユビキタス（ubiquitous））学習可能である。

■　その他の電子機器類

　近年，iPadをはじめとするタブレット型PCが話題となっている。一方，Amazon Kindleのような電子書籍端末もある。タブレット型PCの利点の一つは，Wi-Fi機能を使って端末同士が情報を瞬時にやり取りできる点である。教師が作成した課題を生徒の端末に送り，生徒の解答をクラス全体で共有するなど，かつてはLL教室やCALL教室でしかできなかった双方向の授業がタブレット型PCを用いて普通の教室においても可能になってきた。

3　Material evaluation … 教材の評価

　教材研究は授業実践に先立つ大変重要な活動だが，授業を終えた後にも重要な活動が残っている。それが，教材の評価である。教材の評価とは，使った教材が生徒のレベルに合っていたか，指導方法が適切であったかなどを振

り返り，将来につなげるための活動である。

PDCA サイクルとアクション・リサーチャーとしての英語教師

　教材研究を含む一連の授業実践に関わる活動は Plan-Do-Check-Act (PDCA) サイクルに沿って改善することが可能である[9]。PDCA サイクル（図参照）は，一般には業務改善のためのマネジメント手法の一つだが，これは英語学習のみならず教師の授業改善，指導力向上にも活かせる。

PDCA サイクル

Plan：目標を設定して，それを実現するためのプロセスを設計（改訂）する。
Do：計画を実施し，そのパフォーマンスを測定する。
Check：測定結果を評価し，結果を目標と比較するなど分析を行う。
Act：プロセスの継続的改善・向上に必要な措置を実施する。

　教材研究は PDCA サイクルの Plan（計画）段階と考えることができる。授業実践を Do（計画の実施）と捉えれば，授業終了後は，以下のように，教材を含む授業全体について Check（評価）し，継続的に改善を図ってさらなる Act（実践）を行なう。

　Check（評価）のための項目には以下のようなものが挙げられる。

- 教材の評価項目：①難易度は適切だったか，②言語活動は活発にできたか，③時間にゆとりがあったか，④題材は理解できたか，⑤教具・機器は適切に使えたか，など。
- 授業全般の評価項目：①生徒をしっかりと観察できたか，②時間配分は適切だったか，③生徒の質問に適切に対応できたか，など。

　近年，アクション・リサーチ（action research）が話題になることが多くなってきた。アクション・リサーチとは「現職教師が教師としての成長を目指して，自ら行動を計画して実施し，その結果に基づいて改善を図ろうとする調査研究」のことである。調査研究というと大仰だが，前述のような

---

[9] PDCA サイクルについては，第 2 章「英語教師論」も参照されたい。

PDCA サイクルを念頭に置いて常に内省する姿勢を持つことから始まる。その意味において，英語教師は授業をする実践家（practitioner）であると同時にアクション・リサーチャー（action researcher）であり続けなければならない。

REVIEW EXERCISES

1. Matching

この章で学んだ重要な概念またはその概念に関するエピソードが英語で説明されています。それぞれを，下のキーワードと結び付け，かっこ内に書き込んで下さい。さらに，そのキーワードを簡単に日本語でも説明できるようにしましょう。

(a) authentic materials
(b) communicative competence
(c) supplementary materials
(d) language activities
(e) language materials
(f) practitioner
(g) pseudo-authentic materials

(　　　　　) 1. Teaching materials that were not created or edited expressly for language learners. They are designed for native speakers not for language students.

(　　　　　) 2. The ability to use the language effectively for communication. It includes both sociolinguistic and linguistic knowledge and skills, developing the ability to use the language fluently, accurately, appropriately and effectively.

(　　　　　) 3. Teaching materials that were developed to be used in addition to the core materials. They are often related to the development of the skills of reading, writing, listening or speaking rather than to the learning of language items.

(　　　　　) 4. Teaching materials which reflect reality. If a movie consists of a broad variety of actors participating in a broad variety of situations ranging from informal and familiar to more formal and less well-known ones, it can reflect real life situations.

(　　　　　) 5. The content that has to be covered in the course of teaching. They usually include work on grammar, vocabulary, pronunciation, functions and the skills of reading, writing, listening and speaking.

(　　　　　) 6. Any activity and task that are done in the class to familiarize learners with the language materials dealt with in the lesson.

(　　　　　) 7. A person who is actively engaged in an art, discipline, or profession.

2. Comprehension Check

本文を見ずにかっこ内に適語を入れなさい。選択肢がある問題では，正しい方を選びなさい。パートナーと答え合わせをして，難しかったところを話し合いましょう。

教材研究には，教材内容の研究と指導方法の研究が含まれるが，教材内容の研究は当該の授業だけを考えるのではなく，年間の（1　　　　）も考慮しなければならない。そして教材内容の研究においては（2　　　　）と（3　　　　）が重要である。（2　　　　）は文法や語彙などの学習すべき内容であり，一方，（3　　　　）は各レッスン（単元）で取り扱われているトピックや話題のことである。

一般に，中学校や高等学校での中心的な教材は（4　　　）になるが，（4　　　）には，長所とともに短所もある。そこで適宜，（5　補助教材／本物の素材）を用いて授業を活性化する工夫が必要になる。

　指導方法の研究においては，学習者に授業内でどのような（6　　　）をさせるのかを検討するが，その際には，単に（7　　　）に文法事項を解説するのではなく，学習者の（8　　　）を高めるような活動を工夫する必要がある。

　指導方法の研究においては，教具・教育機器の選定と準備も怠ってはならない。教具には当然のように教室に備え付けられている（9　　　）からCALL教室のような施設設備まで幅広く含まれるが，何よりも，教具・教育機器を十分に使いこなすよう心掛けるべきである。「(9　　　)に向かって話さない」というのは教師としての基本中の基本である。

3. Discussion

　少人数のグループに分かれ，次のトピックから1つ選んで10分間話し合ってください。次に，ディスカッションリーダーが各グループの話し合いをまとめてクラス全体に報告してください。

1. How would you make the most of the textbook?
2. How would you modify your teaching procedures to fit the teaching materials?
3. How would you develop your original teaching materials?

Topic number：(　　　)

Summary of the discussion

● Can-do Checklist ●

　この章で学んだ重要な項目について，簡単な説明ができると思ったらチェック（✓）を付けましょう。チェックが付けられなかった項目は，折を見て復習してください。

　I can briefly explain …

- [ ] 1. authentic materials
- [ ] 2. pseudo-authentic materials
- [ ] 3. communicative competence
- [ ] 4. language materials
- [ ] 5. language activities
- [ ] 6. action research

Final Reflections

1. これまで英語を学習してきた中で印象に残っている授業と教材（主教材，補助教材を含む）を思い出してみましょう。その教材はどのような点で印象に残ったのでしょうか。

....

....

....

2. 知っている英語の歌，あるいは映画の一場面を使い，教材を作成してみましょう。言語材料は何ですか。その教材は，英語の文化や社会に関する題材として，どのように活かせますか。

....

....

....

For Further Reading

Tomlison, B. & Masuhara, H.（ed.）(2010). *Research for materials development in language learning : Evidence for best practice*. London：Continuum International Publishing Group.

金谷憲.（2002）.『英語授業改善のための処方箋：マクロに考えミクロに対処する』. 大修館書店.

石渡一秀，グレッグ・ハイズマンズ（著），吉田研作，金子朝子（監）(2011).『現場で使える教室英語―重要表現から授業への展開まで―』. 三修社.

〔資料〕教材例—BLOWING IN THE WIND を用いて—

【基礎固め】

■ 疑問詞 How の用法

疑問詞といっても、how は形容詞や副詞を付けると数が増え、あるいは程度を尋ねる表現にもなります。非常に便利な表現ですので、ぜひ覚えておきましょう。日本語に訳すときには「何〜」とか「どのくらい」といった表現になります。

how many　（数を問う）　　how much　（量を問う・金額を問う）
how far　　（距離を問う）　how fast　（速さを問う）　how deep　（深さを問う）
how tall　　（何の高さを問う）how old　（古さを問う・年齢を問う）　etc.

（例）How many people are there in the hall?　ホールには人が何人いますか。
　　　How far is it from here to the station?　ここからその駅までどのくらいの距離ですか。
　　　How long will it take you to finish the work?
　　　　その仕事を終えるのにどのくらい時間がかかりますか。

【ステップアップ】

■ 接続詞 before と till (until)

時を表す接続詞 before は「…の前に」という意味で後ろに主文を使いながら基本的ですが、もともと物事の前後関係を表す表現ですから、「…してから〜する」という場合にもつながります。今回の例文でも日本語としては「…の前に」とするよりは「…してから」と訳したほうが自然な日本語になることも、野が付きますね。

一方、継続を表す接続詞 till (until)は「…まで」、とある行為が継続していることを表しますから、「…しはじめてから」のように表現できる場合があります。

（例）Tony finished his work before he went to bed.　トニーは仕事を終えてから寝た。
　　　How many roads must a man walk down before you call him a man?
　　　　男はどれほどの道を歩きつければ男と呼ばれるのだろう。

（例）How many deaths will it take till he knows that too many people have died?
　　　　どれほどの人が死んではじめて人は多くの人が死にすぎたことを知るのだろう。

【こぼれ話】

■ フォークソングの神様

ボブ・ディランは1941年に生まれました。彼は独学でギターを学びます。1960年代に反戦歌を書くため注目を浴びます。その後、彼は数々のアルバムを出しました。彼の曲はビートルズやローリング・ストーンズなどのグループを始め、多くの歌手たちに大きな影響を及ぼし、ディランはフォークソングの神様と呼ばれる存在となりました。

"Blowing in the Wind"はPPM(Peter, Paul & Mary)が歌いヒットしました。他にスティービー・ワンダーもカバーしています。その中のモチーフの一つは久々の戦争の批判にあります。冒頭の一節"How many roads must a man walk down before you call him a man?"とは以上の地を何度も歩かねば一人前の人間と認められないかと、また、"How many deaths will it take till he knows that too many people have died?"は、戦争によって、投獄される人類の愚かさを痛烈に批判しています。

BLOWING IN THE WIND
Written and performed by Bob Dylan

TASK: 曲を聴き、[　　]内に適語を入れましょう。(4)-(9)は rhyme に注意しましょう。

How many roads must a man walk down before you [1 call] him a man?
How many seas must the white dove sail before she [2 sleeps] in the sand?
Yes, n' how many times must the cannonballs [3 fly] before they are forever banned?
　The answer, my friend, is blowing in the wind.
　The answer is blowing in the wind.

Yes, n' how many years can a mountain exist before it is washed to the [4 sea] ?
Yes, n' how many years can some people exist before they're allowed to be [5 free] ?
Yes, n' how many times can a man turn his head and pretend that he just doesn't [6 see] ?
　The answer, my friend, is blowing in the wind.
　The answer is blowing in the wind.

Yes, n' how many times must a man look up before he can see the [7 sky] ?
Yes, n' how many ears must one man have before he can hear people [8 cry] ?
Yes, n' how many deaths will it take till he knows that too many people have [9 died] ?
　The answer, my friend, is blowing in the wind.
　The answer is blowing in the wind.

© Copyright 1982 by Special Rider Music
The rights for Japan licensed to Sony Music Publishing (Japan) Inc.
JASRAC 出 1414581-401

[Words & phrases]
dove: 鳩　　　　　　　　Yes, n': Yes, and　　　　　cannonballs: 大砲の弾
ban: 禁止する　　　　　 exist: 存在する　　　　　 pretend: ふりをする

1	2	3
4	5	6
7	8	9

229

第13章

指導案
Lesson Plans

教材研究がしっかりとできても，それをどのように1時間の授業にまとめ，適切な流れをつくるのかを検討しなければ授業を上手く展開することはできません。そこで重要なのが指導案です。指導案は教材研究に基づいて授業をうまく展開するためのシナリオのようなものです。

●Warm-up●

英語授業にはおおよそ次のような要素が含まれます。それぞれのねらいを考え，適切な順序に並べ替え，授業を構成してみましょう。クラスメートと比べて話し合いましょう。順番には多少のバリエーションがあります。

[指導過程]　Consolidation　　Introduction of new materials　　New words
　　　　　　Practice　　Text understanding　　Review　　Warm-up

指導過程	主な内容

> **KEYWORDS**：consolidation, review, teaching procedure, criterion-referenced assessment, in-service training, allotment of time

1 Two kinds of lesson plans … 2種類の指導案

　指導案は2種類に大別できる。一つは，授業の大まかな流れのみを書き込んだ簡略化した指導案（略案）であり，もう一つは生徒の実態から教師の教材観，授業展開の細部に至るまで詳細に記入した指導案（細案）である。教師として教壇に立ったなら，その2つを適宜使い分けることが肝要である。

1.1　略案（simplified plan）を活かす

　略案は，授業の展開，流れを大まかに記入した指導案である。内容をどの程度まで記入するかは個人による差異はある。細かなところまで指導案を作成する時間的余裕がない日常の授業や，同じ内容の授業を複数のクラスで指導する場合など，授業の中核になる部分を確認する上で役に立つ。

　略案はノートに記入しておくことで，1年間，また3年間という期間で授業の実践記録として保存することもできる。いわゆる授業ノートと呼べるものである。この授業ノートは授業後には，反省点や改善点を記入することによって，例えば，1年生を指導するたびに，授業ノートを読み返すなどして授業の改善を図ることができる。

　教壇に立ったら，全学年を一通り担当するまでは略案を書き続け，授業ノートを作ってほしい。全学年を一通り経験すれば，後は当該学年を指導するたびに，略案に加筆訂正や新たな試みを加えていくことで内省と改善ができ，授業展開にPDCAサイクルを導入できる（第2, 11章参照）。

1.2　指導案（細案：detailed lesson plan）作成の基本的な流れ

　略案が授業の大まかな流れを書くものであるのに対し，授業の展開ばかりでなく，生徒の実態や題材観，単元全体の流れなど，事細かに記載するもの

を細案と呼ぶことがある。教育現場において，毎日の授業のすべてに細案を作成して授業に臨んでいる教師はそれほど多くはないだろう。たいていは，教師の研修会（in-service training）や研究授業（demonstration lesson）などを行う時に作成されることが多い。言うまでもなく，学生が教育実習に臨んだ時に求められる指導案は細案である。一般に，指導案の作成と言う場合には，この細案の作成を指す。したがって，これ以降は，特別な場合を除き，指導案とは細案を指すものとする。

指導案は，以下のような流れで作成していくとよい。

[指導案作成の基本的な流れ]
① 指導目標の確認：年間指導計画の中での当該単元の位置づけ，指導目標を明確に把握する。
② 指導方法の検討：題材・言語材料をどのように指導するかをしっかり考える。
③ 教材・資料の確認と整理：どの場面で何を使うのかを明確にする。生徒に活動させる場合には，その流れも確認する。
④ 指導案への書き込み：授業中の教師の発言，classroom English，使用する例文などを詳細にチェックし，書き込む。板書内容も確認し，板書計画を書き込む。生徒の移動，机の配置などについても，できれば書き込む。
⑤ 全体確認：最後に，指導内容や活動のバランスが本時の目標に照らして妥当であるかを再確認する。流れがスムーズか，難易度が適当かなどを確認し，それぞれのパートの時間配分などに目を向ける。

上記①から③は教材研究の内容と言える。つまり，指導案の作成は教材研究から一連の作業として成り立っている。

2　What should be included in a lesson plan?　指導案に書くべきこと

指導案は，大きく3つのパートでできていると考えるとよい。生徒の実態，単元の指導目標や指導内容，指導の流れなどを記入する「単元の学習指導」，

当該授業の目標や指導過程などを記入する「本時の学習指導」，そして当該授業においてどのような点を重要と考え，生徒の授業での取り組みをどのように評価するのかを記入する「評価の観点」である。最近は，評価規準を設けて観点別に生徒の学習状況を評価する観点別評価（criterion-referenced assessment）が一般的となりつつあり，指導案作成の際には評価の観点を明らかにすることが求められるようになってきている。指導案の書式に全国統一のものはないが，章末の指導案例をはじめ，すぐれた実践者の指導案を参考に，記載すべき項目やその順序などを研究するとよい。

2.1　単元の学習指導

指導案の冒頭のセクションは単元全体に関わる事柄である。その主な内容は，(1) 単元名，(2) 単元設定の理由：題材観，指導観，言語材料，(3) 単元の目標，(4) 単元の指導計画，(5) その他，からなる。

(1)　単元名：使用教科書，単元名などの情報の記述。

(2)　単元設定の理由（general aims of the lesson）：①当該の単元で扱われている題材をどのように捉え（題材観），何を中心に授業を展開したいのかを具体的に記述する。題材のみならず，単元で取り扱われる活動についても記述する。②さらに，題材の指導に際して注意しておきたい点（指導観）を記述する。③言語材料と主題，目標とする点（関心・意欲・態度，表現の能力，理解の能力，知識・理解などの視点から）を述べる。

(3)　単元の目標（goals of the lesson）：当該の単元で学習者に学び取らせたいこと，身につけさせたい技能などを箇条書きで記述する。評価の観点を踏まえて，「〜できる」という表現で記述することが多い。(2)の「単元設定の理由」の中で述べられることもある。

(4)　単元の指導計画（allotment of time）：当該の単元を何時間の設定で指導するのか，また，それぞれの授業で何を指導するのかを記述する。多くの場合，一覧表形式で箇条書きにし，当該の授業が単元の授業計画のどこに位置するか（何時間目であるか）を明記する。

(5)　その他：研究授業などにおける指導案では，「生徒観」あるいは「生

徒の実態」を記述するのが一般的である。これは，研究授業参観者にクラスの実態を把握してもらうことで，授業内容や展開の方法などがより理解しやすくなるからである。また，授業中に使う教材・教具を列記することもある。

以上が単元の学習指導に関わる主な記述内容であるが，記述方法としては，文章化して記述する場合と箇条書きによる列挙のどちらも考えられる。単元設定の理由，とりわけ題材観や指導観，生徒の実態などは文章による記述，単元の授業計画，目標とする点などは箇条書きされる場合が多い。

2.2 本時の学習指導

本時の学習指導，すなわち当該授業の学習指導，のセクションは2つのパートからなる。一つは「本時の目標」の記述であり，今一つは「本時の授業展開」の記述である。「指導案の作成」と言うと，基本的にはこの本時の学習指導，とりわけ「本時の授業展開」の部分を意味することも多く，教師が指導案作成で最も注意すべきところでもある。

(1) 本時の目標（lesson objectives/the aims of this period）：当該の授業において，言語材料，題材の両方を考慮し，生徒に身に付けさせたい態度，技能，知識などを箇条書きにまとめる。「…することができる」という表現で列挙する場合が多い。

(2) 本時の授業展開（teaching procedure）：「本時の学習過程／指導過程」などと表現することもある。当該授業の最初から最後までの授業の流れ，指導内容，教師の働きかけ，生徒の活動・動き，板書計画，使用例文，使用教具，その他，事細かに記述する。授業展開の記述の形式は様々なものがある。中には，指導の流れをフローチャート形式で書き，改めて活動の詳細や指導過程を記入するようなものもある。教育実習などで指導案を作成する際には，実習をお願いする学校で使われている書式を使えばよい。一般的なものは，時間，学習（指導）過程，教師の働きかけ，生徒の反応・活動，留意事項を表形式で記述する書式（次表参照）である。

本時の授業展開の記述書式

時間	指導過程	教師の働きかけ	生徒の反応・活動	留意点
3分	Warm-up	大きな声で挨拶をする。生徒と軽い会話をする。 Hello, everyone. How are you? I'm fine. Sit down, please. 生徒の様子を見てwhatを用いて簡単な質問をする。	教師と挨拶をかわす。 Good, thank you. And you? 教師の質問に答える。	今から「英語」が始まる，という気持ちの切り換えができるよう，生徒・教師ともに大きな声で挨拶する。

2.3 評価の観点（Assessment criteria）

最近では，指導案作成に当たって，観点別評価（criterion-referenced assessment）が重要視されてきており，個々の観点，具体的には「コミュニケーションへの関心・意欲・態度」，「外国語表現の能力」，「外国語理解の能力」，「言語や文化についての知識・理解」のそれぞれに評価規準を設定し，記載することが多い。次のように観点別評価項目と評価規準，評価の方法などを記載する。

観点別評価項目の記載例

	ア：関心・意欲・態度	イ：表現の能力	ウ：理解の能力	エ：知識・理解
本時の評価規準	間違いを恐れずにしっかりと発表している。	クラス全員が聞き取れる大きさの声で将来の夢について発表できる。	初歩的な英語を場面や状況に応じて適切に聞き取ることができる。 短いスピーチを聞いて概要を理解することができる。	to不定詞を用いた文の構造を理解している。

さらに詳細な観点別評価を目指す場合には，4技能ごとに観点別評価規準を設けたり，「本時の授業展開」の欄内の指導過程の場面ごとに4つの観点の評価の重要度（例：次表の欄内に◎や○で示す）を記入したりする。

観点別評価項目欄のある本時の展開例

時間	指導過程	教師の働きかけ	生徒の反応・活動	ア	イ	ウ	エ	留意点
3分	Warm-up	・大きな声で挨拶をする。生徒と軽い会話をする。Hello, everyone. How are you? I'm fine. Sit down, please. 生徒の様子を見てwhatを用いて簡単な質問をする。	教師と挨拶をかわす。Good. And you? 教師の質問に答える。	◎	◎			

3 What should be kept in mind when writing a lesson plan?
指導案作成で心がけるべきこと

　指導案の中核とも言うべき「本時の授業展開」の記述に際しては、以下のような点を心得ておかなければならない。

(1) シナリオを書くつもりで

　「本時の授業展開」はシナリオを書くつもりで記述することが何より重要である。授業中に生徒に発する指示や説明の言葉、授業で使う英文など、声に出すものは大まかでも記述しておく。シナリオにト書きがあるように、各場面、とりわけ指導過程が変わる部分でどのような指示を出すのかも適宜記載しておく。授業中、四六時中シナリオを見ているわけにはいかないから、各セクション（指導過程）の切り替わりをしっかりと確認するための方法としても、場面転換での指示を明示することは有効である。

　全体として50分（短縮では45分）の授業も、それぞれの言語活動を10分以内にまとめることを意識しながら授業展開を考えるとよい。それぞれの指導過程は多少の長短はあろうが、10分ひとまとまりを意識することで、それぞれの指導過程をバランスよく組み立てることができる。

(2) 生徒の反応や活動を予測すること

　「本時の授業展開」にある「生徒の反応・活動」とは教師からの働きかけに生徒がどう反応するのか、どのような活動を行うのかということを記述する欄である。ここには生徒の予測される反応も記述する。教師の働きかけが

すべて生徒に正しく伝わり，期待した反応が得られるようであれば，これほど楽なことはない。しかし実際の授業では，指示がうまく伝わらないことや時として生徒が思いもよらぬ反応をすることも起こり得る。そのような状況にできるだけ的確に対応できるように，生徒の反応はしっかり予測をしておくことである。想定外の反応があった時などは，授業後にしっかりと書き留めて分析し，後の指導に活かす。指示がうまく伝わらないのは，生徒の理解力が乏しいのではなく，教師の説明が下手なのだと心得ておく。

(3) 板書計画，生徒の動きと教具・教育機器の準備

「本時の授業展開」には，板書計画，授業内での生徒の動き，さらに使用する教具・教育機器についても記述しておくとよい。紙面が限られる中では，すべてを記述しきれない場合もあろうが，板書については，どのような内容をどこに書くのかを考え，書き込んでおくとよい。第12章「教材研究」でも述べたが，行き当たりばったりに思いついたことを板書するのは厳禁である。

授業中，グループでの活動を取り入れた時，生徒がどのように位置するのかの図を書き込んでおくことも有効である。中学校・高等学校の普通教室では机は可動式であるから，机を移動してグループになることもよくある。その際の机の配置，指示のタイミングなどを書き込んでおく。それにより，授業中の生徒への指示が的確になり，効率の良い授業展開が可能になる。

教具・教育機器は授業を展開する上でなくてはならないものであり，事前に準備をし，使い方にも習熟しておかなければならない。どの教具をどの場面で使うか，という点について指導案に書き留めることは，準備をし忘れないための一つの手立てでもある。

(4) シナリオは大まかな流れを頭に入れること

苦労して作り上げた「本時の授業展開」もしっかりと頭に入れておかなければ意味がない。前述のように，授業中に指導案を何度も見返す時間はない。指導案そのものを持っていくことができない場合もある。シナリオをしっかり頭に叩き込んでおくことが役者にとって当たり前であるように，指導案，とりわけ「本時の授業展開」を頭に叩き込んでおくことも教師にとっては当然の義務と心得るべきである。ただし，覚えると言っても，指導案を

丸暗記してすべてを間違わずに再生できるようにする，と言うことではない。すべてを覚え込もうとすると，かえって精神的なゆとりがなくなり，どこかでつまずいた時に立ち直れなくなる。特に研究授業などでは，そもそも緊張状態にあるのだから，言葉が出てこなくなるとパニックになり，せっかくの授業を台無しにしてしまうことにもなりかねない。あくまで要点を押さえておおまかに流れを頭に入れるということである。

REVIEW EXERCISES

1. Matching

この章で学んだ重要な概念またはその概念に関するエピソードが英語で説明されています。それぞれを，下のキーワードと結び付け，かっこ内に書き込んで下さい。さらに，そのキーワードを簡単に日本語でも説明できるようにしましょう。

> (a) consolidation　　(b) criterion-referenced assessment　(c) review
> (d) in-service training　(e) allotment of time　(f) teaching procedure

(　　　　　) 1. The act or process of reinforcing, or uniting the information learned in class.

(　　　　　) 2. To quickly reflect on what was learned in the previous class so that you are sure to have learned it.

(　　　　　) 3. A type of assessment that is based on prescribed learning outcomes.

(　　　　　) 4. Training that is given to employees during the course of employment.

(　　　　　) 5. Each of the steps that teachers take in class in the process of teaching subjects so that students have as little difficulty as possible.

(　　　　　) 6. The number of minutes that each activity is assigned for a class period.

2. Comprehension Check

本文を見ずにかっこ内に適語を入れなさい。選択肢がある問題では，正しい方を選びなさい。パートナーと答え合わせをして，難しかったところを話し合いましょう。

指導案には授業の展開と大まかな流れを書き出した（1　　　　）とその授業の授業展開を詳細に記すだけでなく，単元の目標や評価規準なども記載した（2　　　）があるが，一般に教育実習や研究授業において求められるのは（2　　　）である。

指導案には単元全体にわたる内容として，（3 単元設定の理由／授業展開）や題材観，指導観，さらに単元の目標，（4　　　　）を記すとともに，該当する授業時間に関する内容として（5　　　）を書く。さらに，本時の展開には，指導過程や生徒の動き，板書計画，必要な教材，教具など，一時間の授業の細密な計画を記入する。

書きあがった指導案は演劇の（6　　　　）のようなものであり，授業の前にはしっかりと頭に入れて授業に臨む。ただし，授業は生き物であり，生徒が指導者の思い通りに反応するとは限らない以上，常に臨機応変な対応ができるよう，ゆとりをもって指導することが大切である。

3. Discussion

少人数のグループに分かれ，次のトピックから1つ選んで10分間話し合ってください。次に，ディスカッションリーダーが各グループの話し合いをまとめてクラス全体に報告してください。

1. What do you think is the most important thing to be kept in mind when writing a lesson plan?
2. What are the purposes of writing a lesson plan before teaching a class?
3. How could a teacher best utilize a lesson plan to be successful in teaching?

Topic number : (　　　)

Summary of the discussion

Can-do Checklist

この章で学んだ重要な項目について，簡単な説明ができると思ったらチェック（✓）を付けましょう。チェックが付けられなかった項目は，折を見て復習してください。

I can briefly explain …
- ☐ 1. criterion-referenced assessment
- ☐ 2. in-service training
- ☐ 3. demonstration lesson
- ☐ 4. consolidation

Final Reflections

1. インターネット上にはさまざまな英語の指導案が公開されています。検索して，自分が最も取り組みやすいと感じる指導案を選んでみましょう。なぜその指導案が良いと感じるのかについても考えましょう。

　　...

　　...

　　...

2. 中学校か高等学校で使った教科書があれば，その中から単元を一つ選び，指導案（細案）を書いてみましょう。

　　...

　　...

　　...

For Further Reading

諏訪部真, 望月昭彦, 白畑智彦（編著）. (1997). 『英語の授業実践 – 小学校から大学まで』. 大修館書店.
米山朝二, 多田茂, 杉山敏. (2013). 『新版 英語科教育実習ハンドブック』. 大修館書店.
えいごネット 英語教員のためのポータルサイト（財 英語教育協議会）
　　http://www.eigo-net.jp/info/case/kotogakko/

参考資料①　中学校外国語（英語）科学習指導案

1　日時・学級・場所
　　平成○年○月○日（○）第○校時　1年○組（○人）1年○組教室

2　単元名
　　NEW HORIZON English Course 1 Unit 11　一年の思い出（本時 Part 2）

3　単元設定の理由
(1)　単元観
　　本単元では文法事項については一般動詞の過去形（規則変化，不規則変化）が初出であり，平叙文，疑問文，否定文が本文中に示されている。これまで学んできた現在形と過去形を対比させて，概念の違い，形の違いに着目させることが重要である。（be動詞の過去形は第2学年で学習。）
　　また，本文中では手紙や雑誌の記事，対話など多様な形式で訪問先等での体験などが語られている。そして，年間指導計画では，本Unit及びListening Plus 5，Speaking Plus 5，Writing Plus 3 を経て「絵はがきからこんにちは」と名付けた言語活動（生徒が一人ずつ前に出て，書いた絵はがきを黒板のスクリーンに映し出しながら，作成した英文を1分程度で口頭発表する活動）が予定されている。そこで，本題材では，外国語表現の能力についてwritingとともにspeakingやreading（音読）にも着目し，授業中の学習活動を充実させることが必要である。

(2)　生徒観
　　中学校第1学年の3学期に入り，本学級では，学習に困難を感じている生徒が出てきはじめている。また，多くの生徒は自由英作文の際には，英文を書くことに時間がかかる。それは，英文をつくることとともに，英文の題材を決めることに多くの時間が必要であるためである。
　　また，人前で英語を話すときには声の大きさはほぼ適切であるが，アイコンタクトが苦手で，また，顔の表情にも緊張が現れている生徒が多い。

(3) 指導観

　単元観，生徒観で述べたことを踏まえ，本単元後の授業で実施する言語活動「絵はがきからこんにちは」に生かすことができるように，次の点に留意して本単元の各学習活動を設計し，実施する。

・それぞれの学習活動が「絵はがきからこんにちは」に結び付くものであることを生徒に示すとともに，新出事項の導入や本文の口頭導入においても「絵はがきからこんにちは」に倣って，チャートを示しながら英文を口頭で導入する。
・本文の音読練習においては read and look up などを多く取り入れる。また，復習に「笑顔で本文3文暗唱」活動を取り入れ，希望者が挑戦することにより，アイコンタクトや顔の表情などについても意識させる。
・各パートの最後には，絵はがきの内容についてアイデアを出す機会を設ける。
・生徒の学習状況が多様化してきているため，机間指導を丁寧に行い，必要に応じて生徒に適切な声かけを進める。

(4) 単元の目標
・アイコンタクトや顔の表情，声の大きさに気をつけて，英文を読んだり話したりする。
・一般動詞の過去形を含んだ英文を用いて，与えられた内容を表現することができる。
・一般動詞の過去形を含んだ英文に接して，その概要を理解する。

(5) 評価規準

コミュニケーションへの関心・意欲・態度	外国語表現の能力	外国語理解の能力	言語や文化についての知識・理解
①アイコンタクトや顔の表情に留意しながら，英文を読んだり話したりしようとしている。 ②進んで「笑顔で本文3文暗唱」活動に取り組んでいる。	③一般動詞の過去形を用いて，与えられた内容について英文を書いたり，話したりすることができる。	④一般動詞の過去形を含む英文を聞いたり，読んだりして，その大まかな内容を理解することができる。	⑤一般動詞の過去形を含んだ平叙文，疑問文，否定文のしくみを理解している。

※①③④⑤に関する評価結果について，本単元の授業においては形成的評価の資料として活用し，生徒にフィードバックする。また，①については後日実施する「絵はがきからこんにちは」活動の発表時に評価し，③④⑤については後日筆記テストを実施して評価し，それぞれの結果を学期末評価・評定の資料とする。

②については，形成的評価の資料として活用するとともに，生徒の全体発表の回数を記録し，評価・評定の資料とする。（△：全員の前で1回も発表しない　○：全員の前で1回発表する　◎：2回以上発表する　※内容の優劣は問わない）

(6) 単元の指導計画　※「主な評価の機会」の①〜⑤は「5　評価の観点」の各項目を指す。

	主な内容	主な学習活動	主な評価の機会
第1次 (0.5時間)	言語活動のオリエンテーション	○「絵はがきからこんにちは」までの学習の流れについて知る。	
第2次 (4.5時間)	Unit 11 Part 1 Part 2 (本時) Part 3	○一般動詞の過去形の理解と練習 ○新出単語，本文の理解 ○本文音読練習と「笑顔で本文3文暗唱」練習 ○絵はがきアイデア準備	①生徒観察 ②希望回数記録 ③生徒観察 ④生徒観察 ⑤生徒観察

| 第3次
(1時間) | まとめと練習 | ○学習のふりかえりと練習問題 | ③生徒観察
④生徒観察
⑤生徒観察 |

4　本時の授業

(1)　本時の目標

・アイコンタクトや顔の表情，声の大きさに気をつけて，「笑顔で本文3文暗唱」活動に取り組む。
・一般動詞（不規則変化）の過去形を含んだ英文を用いて，与えられた内容を表現することができる。
・一般動詞（不規則変化）の過去形を含んだ英文に接して，その概要を理解する。

(2)　使用する教材・教具

・ピクチャーカード（口頭導入用，練習用，本文導入用），単語カード

(3)　本時の指導過程

　　※「評価の観点など」の①〜⑤は「5　評価の観点」の各項目を指す

過程	指導内容	生徒の活動	評価の観点など
導入 (12分)	・あいさつをする。 ・日付，曜日，天気等を尋ねる。 What is the date today? How is the weather now? ・Part 1 の本文を音読させる。 ・「笑顔で本文3文暗唱」活動を実施し，希望者全員に発表させる。 　発表者には一言コメントを与える。 Good./ You did it!/ Nice try./ Wonderful.	・あいさつをする。 ・簡単な英語の質問に答える。 It is February 20th. It is cloudy now. ・本文を音読する。 ・希望者は全員の前で発表する。	①生徒観察 ②参加者記録

展開 (30分)	・「絵はがきからこんにちは」と同様に，ピクチャーカードを掲げながら本時の重要文法事項を含む英文を話したのち，概要についてのQAを行う。	・教師の口頭導入を聞き，概要についての質問に答える。	④生徒観察

> (○○球場の絵を見せながら)
>
> What is this? Yes, it is a baseball park. It is ○○ Stadium. My brother and I sometimes go to the stadium and watch baseball games. Well, I don't really like baseball very much. I like soccer.
>
> Last Sunday I went to ○○ Stadium and watched a baseball game. I enjoyed it very much. Why? Because I went to the baseball park with my girlfriend. She likes baseball very much. We went to the baseball park and she enjoyed the game, and I enjoyed it, too.
>
> Now let's try a T/F quiz.
> 1　I sometimes go to ○○ Stadium with my brother.
> 2　I went to ○○ Stadium with my brother last Sunday.
> 3　I enjoyed the baseball game last Sunday.

	・重要文を板書し，説明する。 ・ピクチャーカードを用いて，口頭練習を行う。	・重要文を音読し，練習用チャートに示された絵について英文を作り，口頭練習をする。	③生徒観察 ④生徒観察 ⑤生徒観察
	・ピクチャーカードを示しながら，Part2の本文の口頭導入を行い，概要についてのQAを実施する。 ・新出語句カードを用いて新出語句を導入する。	・本文Part2についての教師の口頭導入を聞き，概要についての質問に答える ・新出語句の口頭練習をする。	④生徒観察 ⑤生徒観察

| まとめ
(8分) | ・「絵はがきからこんにちは」に使うイラストについて考えさせる。
・一般動詞の過去形について簡潔に再確認する。
・次時に本文の音読練習を行い,「笑顔で本文3文暗唱」も実施することを予告する。 | ・絵はがきのアイデアを考え,ワークシートに記入する。
・教師の指示を聞き,今日の授業についてふりかえり,次時の準備をする。 | |

(髙澤　崇)

参考資料②　高等学校「コミュニケーション英語Ⅰ」学習指導案

1　日　時

　平成25年11月13日（水）第3限（10:55～11:45）

2　学　級

　生活文化科　第1学年6組（20名）（習熟度別少人数編成クラス）

3　学級観

　家庭科を専攻している生徒1クラス40名のうち，習熟度別少人数編成による20名である。何事にも前向きな姿勢で取り組むことができる。4月から始まった学習指導要領に基づいた授業に対して積極的に取り組み，ペア・ワークやグループ・ワークにおいて協力して共に学ぶ姿勢が身に付きつつあり，今後さらに言語活動が充実していくものと期待される。

4　教　材

　教科書　LANDMARK English Communication Ⅰ（KEIRINKAN）
　Lesson 4　Gorillas and Humans

5　単元の目標

　本単元はゴリラ研究第一人者である山極教授へのインタビューを扱っている。インタビュー形式の文体の特徴を捉え，事実と意見などを区別して読んだり，繰り返し用いられる語句に着目して読んだりすることによって，情報や考えを的確に理解することができるようになる。また，読み取った内容に対する自分自身の考えを，学習した語句や表現を積極的に活用しながら相手に伝えることができるようになる。

6 指導計画

指導内容	配当時間
教科書中の写真や地図，教師のオーラル・イントロダクション等を利用して，単元の内容について背景知識を高めるとともに，自分の興味のある動物について，知っている事実を添えて伝え合うことにより，事実と意見の違いを理解する。	1時間
インタビューの基本的な進め方を理解するとともに，ゴリラのコミュニケーション手段を読み取る。また，ゴリラの数が減少していることが，生徒に身近な携帯電話の普及と深く関連していることを読み取ることによって，世の中の事象を従来とは異なる視点で考察することにつなげる。	8時間 (本時2時間目)
グループごとにゴリラ以外の絶滅危惧種についての英文を（1グループにつき1つの動物についての英文）読む。その後，他のグループが読み取った内容についてインタビューし，他の動物についても情報を集める。読み取った内容とインタビューして聞き取った内容を基に，それらの動物を守る必要性や環境問題への提言などについて自分たちの考えをまとめ，グループごとに発表する。	2時間

7 本時の目標及び評価規準
(1) 目標
　ア．ペア・ワークやグループ・ワークに積極的に参加し，相手の考えなどを聞いたり自分の考えなどを主体的に話したりする。
　イ．聞いたり読んだりした内容について，その概要や自分の考えを相手に伝える。
　ウ．事実と意見などを区別しながら読み，特に重要な事実等を捉えることを通じて，本文の要旨を理解する。
　エ．聞いたり読んだりした内容について，賛否や簡単な感想を述べるための表現を理解する。

(2) 評価規準

①コミュニケーションへの関心・意欲・態度	②外国語表現の能力	③外国語理解の能力	④言語や文化についての知識・理解
ペア・ワークやグループ・ワークに積極的に参加し，相手の考えなどを聞いたり自分の考えなどを主体的に話したりしている。	聞いたり読んだりした内容について，その概要や自分の考えを相手に伝えることができている。	事実と意見などを区別しながら読み，特に重要な事実等を捉えることを通じて，本文の要旨を理解することができている。	聞いたり読んだりした内容について，賛否や簡単な感想を述べるための表現を理解している。

8 本時の展開

時間	指導過程	生徒の学習活動	教師の活動及び指導上の留意点	主な評価の観点	評価方法
5分	1. Small Talk—興味のある動物について（ペア・ワーク）	・教室内に貼ってある動物の写真の中から興味のある写真を選び，その理由をペアで伝え合う。（興味を持っている動物が同じペア） ・ペアを替えてもう一度伝え合う。（興味を持っている動物が違うペア） ・代表生徒がクラス全体に発表する。	・Conversation Strategiesを使ってできるだけ対話が続くよう促し，必要に応じて支援する。 ・数名の生徒を指名し，クラス全体で共有する。	聞いたことについて簡単な言葉で反応したり，間違うことを恐れず話したりしているか。（①）	活動の観察
5分	2. Review—重要語句のチェック(Comprehension Check Questions)—音読(Cloze Reading)	・重要語句について教師が出すCCQに答える。 ・意味内容が聞き手に伝わるように音読する。	・重要語句を確認するのに効果的な質問をし，必要に応じて支援する。 ・英語の音声的な特徴に注意させる。	教師の質問に答えているか。（③）英語の音声的な特徴を捉えて音読しているか。（②）	活動の観察

				・意味内容が相手に伝わるよう，強調すべき語（句）や話す速度・声の大きさなどに注意するよう指導する。	意味内容が聞き手に伝わるよう音読しているか。（②）	
5分	3. Reading—本文の内容についての質問に答えることにより，より深く要点を把握（グループ・ワーク）	・与えられた封筒から本文に関する質問を取り出し，本文をもう一度読みながら答えることによって，より深く本文の内容を理解する。 ・本文の内容理解に関する教師の発問に答える。	・より深い本文の内容理解を促すような発問をするとともに，それらの質問が本文の要約の手助けとなるよう工夫する。 ・各生徒のつまずきに応じて支援する。	グループで協力し合って活動しているか。（①） 教師の質問に適切に答えているか。（③）	活動の観察
15分	4. Speaking I—Key wordsを用いた本文の口頭要約（グループ・ワーク→ペア・ワーク）	・与えられたKey wordsを用いて本文を口頭要約する。 ・グループ・ワークで口頭要約に取り組み，その後ペア・ワークで取り組む。どちらの活動においても，互いに協力し合って活動する。	・Keyとなる語句を黒板に貼りながら，要約するための支援をする。 ・各生徒のつまずきに応じて支援する。	既習の語句などを積極的に活用して，本文の内容を口頭で要約しているか。（②） 意味内容が聞き手に伝わるよう話しているか。（②）	活動の観察 インタビューテスト（後日）
15分	5. Speaking II—読んだことについて自分が発見したことや感想などの意見交換。（ペア・ワーク）	・読んだ内容について自分が発見したことや感じたことについてペアで意見を交換する。また，ペアを変えて，複数回行う。	・本文の内容に即して自分の考えが伝えられるよう指導する。 ・できるだけ多くのクラスメートを意見交換できるよう，ペアの組み方を工夫する。	自分の考えを積極的に相手に伝えているか。（①） 相手の発話に対して適切に応答しているか。（②，④）	活動の観察

		・自分の考えを話す際は，本単元で学習している「事実と意見」の違いに注意し，また感想を述べるのに役立つ以下の表現などを積極的に活用する。 ○ I'm surprised / happy / to find that S＋V〜.	・Conversation Strategies を積極的に使って，話し合いが活発になるよう指導する。 ・相手に自分の考えが伝わるよう，話す速度や声の大きさ，強調などに注意して話すよう指導する。 ・本単元で学習した文法事項や表現などを積極的に活用しながら話すよう，適宜例示しながら指導する。 ・各グループを回り，必要に応じて支援する。	学習した文法事項や表現などについての知識を適切に活用して話しているか。(②)	
3分	6. Report ―意見交換で出した考えをクラス全体で共有	・意見交換で出した自分の考えをクラス全体に伝える。	・数人の生徒に発表させるとともに，出された考えについてクラス全体にフィードバックする。	自分の考えを積極的に話しているか。(①, ②, ④)	活動の観察
2分	7. Wrap-up ―課題の指示と生徒へのフィードバック		・なるべく肯定的なコメントをすることで，motivational feedback を与えるようにする。 ・本時に行った口頭要約と自分の意見を今度は書くことにより，うまく話せなかったことなどを確認し，より適切な表現を身に付けるよう支援する。		

(亀谷　みゆき)

第14章

ティーム・ティーチング
Team Teaching

コミュニケーション能力育成を目指した授業実践をするにあたり，英語母語話者（ネイティブ・スピーカー）とのティーム・ティーチング（Team Teaching, TT）には多くの効果が期待できます。一方，文化的背景や教育に対する考え方の異なる二人の教師が共同で授業をすることには難しさも伴います。TTのよさを最大限に生かすにはどうしたらよいのか，考えてみましょう。

●Warm-up●

小・中・高等学校で受けた英語（外国語活動）の授業を思い出しながら，また，自分自身が将来TTを行うことを想像しながら，「よいTeam Teaching」，「よくないTeam Teaching」の具体例について考えてみましょう。結果をグループで話し合い，下の表に書き込んでみましょう。

よいTeam Teachingの例	よくないTeam Teachingの例

KEYWORDS：JET Program(me), role model, rapport, small talk, collaborative teaching, professional development

1 What should we know about Team Teaching?
Team Teaching の基礎知識ときまり

TTで最も大切なことは，お互いがその趣旨や目的，基本的なきまりを理解し共有することである。ここでは，TTの広がりに大きく貢献したJETプログラム，学習指導要領におけるTTの位置づけ，各学校におけるTT実施上の留意点について整理する。

1.1 JETプログラム

日本の学校英語教育におけるTeam Teachingは，1977（昭和52）年から10年間続いた「英語指導主事助手」（Mombusho English Fellow：MEF）制度にその萌芽が見られ，さらに，1987（昭和62）年8月に当時の文部省（現文部科学省）が外務省，自治省（現総務省）との3省共同プロジェクトとして公立中学校・高等学校に導入した「語学指導等を行なう外国青年招致事業」（The Japan Exchange and Teaching Programme：JETプログラム）を契機に広がった。日本と世界との草の根の国際交流を目指して始まったこの事業は，コミュニケーション重視の英語教育への切り札として期待され，TTに関する指導書も出版された（和田, 1988；松畑, 1988など）。

開始当初（1987年）はアメリカ，イギリス，オーストラリア，ニュージーランドの4カ国から848名が招かれたが，2014（平成26）年7月現在では42カ国から4,476名がこのプログラムに参加している。英語圏参加者の出身国も当初の4カ国に加え，カナダ，シンガポール，南アフリカ，トリニダードトバコなど広がりを見せている。英語以外の外国語指導助手も招致されるにあたり，英語指導助手（Assistant English Teacher：AET）に加え，外国語指導助手（Assistant Language Teacher：ALT）という呼称が広く使われることとなった。

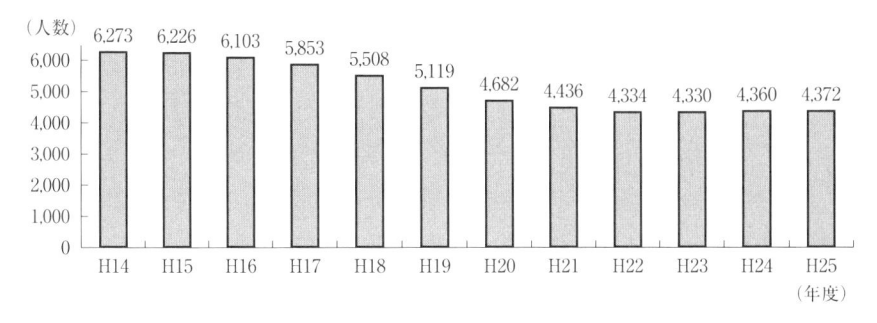

(人数) 6,273　6,226　6,103　5,853　5,508　5,119　4,682　4,436　4,334　4,330　4,360　4,372
H14　H15　H16　H17　H18　H19　H20　H21　H22　H23　H24　H25 (年度)

JETプログラム招致者の推移（2002～2013年）総務省ホームページより

　ALTは国際交流の担い手としての役割と，語学教師としての役割の両面を持つが，学校現場では時として後者の側面が強調され，ALTに対し指導力や英語教育に関する知識や能力を過度に求める声が上がる。しかし，外国語指導においてALTが指導助手という立場であることを考えれば，日本人語学教師（Japanese Teacher of Language：JTL）自身が自らの専門性を生かしながら，ALTと協力して授業を行う工夫が大切である。生徒が異文化に触れ，実際に外国語を使う機会を与えることが重要だ。

　近年では，小学校への外国語活動の導入によるALTに対するニーズの急増や，人件費の負担削減への動きなどにより，JETプログラム以外のALTを雇用する地方自治体が増えてきた。文部科学省（2010）の調査では，2010（平成22）年4月1日時点で，JETプログラムによるALTを雇用している都道府県がJETプログラム以外のALT[1]（いわゆるnon-JET ALT）を雇用している都道府県の2倍程度あったが，小・中学校を管轄する市町村単位では，non-JET ALTを雇用する市町村数がJETプログラムによるALTを雇用する市町村数を上回った。ALTといってもこのように雇用形態や学校での位置づけが異なる場合があることも認識しておく必要があろう。

---

[1] JETプログラム以外のALTには，教育委員会との直接雇用契約によるもの，派遣契約によるもの，業務委託契約によるものなどがある。

1.2　学習指導要領におけるTTの位置づけ

　2011（平成23）年度から，小学校5，6年の教育課程に外国語活動が正式に導入された。外国語活動では英語を取り扱うことが原則とされていることから，日本の小・中・高等学校それぞれの段階で英語が教えられることになった。学習指導要領では，TTを指導計画の作成にあたっての重要事項と位置づけており，ALTをはじめとした幅広い人材の活用を奨励している（下線は筆者）。

小学校学習指導要領	指導計画の作成や授業の実施については，学級担任の教師又は外国語活動を担当する教師が行うこととし，授業の実施に当たっては，<u>ネイティブ・スピーカーの活用に努めるとともに，地域の実態に応じて，外国語に堪能な地域の人々の協力を得るなど，指導体制を充実すること</u>。（第4章 第3「指導計画の作成と内容の取扱い」）
中学校学習指導要領	生徒の実態や教材の内容などに応じて，コンピュータや情報通信ネットワーク，教育機器などを有効活用したり，<u>ネイティブ・スピーカーなどの協力を得たり</u>などすること。また，ペアワーク，グループワークなどの学習形態を適宜工夫すること。 （第2章 第9節 第2の3「指導計画の作成と内容の取扱い」）
高等学校学習指導要領	各科目の指導に当たっては，指導方法や指導体制を工夫し，ペア・ワーク，グループ・ワークなどを適宜取り入れたり，視聴覚教材やコンピュータ，情報通信ネットワークなどを適宜指導に生かしたりすること。また，<u>ネイティブ・スピーカーなどの協力を得て行うティーム・ティーチングなどの授業を積極的に取り入れ，生徒のコミュニケーション能力を育成するとともに，国際理解を深めるようにすること</u>。 （第2章 第8節 第4款「各科目にわたる指導計画の作成と内容の取扱い」）

1.3　各学校におけるTT実施上の留意点

　TTは，日本人英語教師（JTL）または学級担任（Home Room Teacher：HRT）が外国語指導助手（ALT）と行う場合が多いが，実際にTTを行う以前に確認しておくべき点がいくつかある。学校や学年により，TTの扱いについての考え方が違うかもしれないからである。こうした環境要因についての理解があって初めて，TTにおける役割分担や人間関係づくりが可能となる。

(1) 教育課程上のTTの位置づけ…TTが行われる科目，学年，学校行事

など
(2) 生徒のニーズ…生徒が TT に何を期待しているかについての情報
(3) ALT の経歴…ALT の出身国，教育制度，大学での専攻，日本での滞在年数など
(4) ALT の勤務形態…週の訪問回数，年間の訪問スケジュール，勤務時間などに関する情報（委託契約による場合など，雇用形態によっては打ち合わせの時間が取れない場合がある）

2 What are the roles of the JTL and the ALT? JTL と ALT の役割

　TT を成功させるには，日本人語学教師（JTL）と外国語指導助手（ALT）がそれぞれの個性や強みを尊重し合い，それを授業に生かすよう役割分担をすることが重要である。次の表は，過去に筆者が行った研修会で，JTL と ALT それぞれの強みとは何かについて参加者（JTL および ALT）がお互いに意見交換をした際の結果である。

JTL と ALT それぞれの強み

JTL	ALT
・experienced in teaching ・familiar with the Japanese educational system ・can translate English into Japanese ・has knowledge of students and their level of learning ・understands students' nonverbal messages	・introduces different cultures ・demonstrates activities ・can motivate students ・gives effusive praise ・speaks English fluently ・can use gestures and body language effectively

　ALT の強みとしてあげられている「活動の例示をする」，「生徒に動機付けを与える」，「褒めるのがうまい」などは，JTL も強みとしてぜひ身に付けておきたい項目だ。また，JTL の強みとしてあげられている「言葉には表れない生徒のメッセージを理解する」，つまり生徒の理解度や気持ちを肌で感じることは授業運営にとって非常に重要で，ALT とも十分情報を共有

する必要があろう。

　TT は基本的に JTL が中心となって授業計画を立てることになっているが，活動の内容や授業の目的に応じて，① JTL 中心型 ② ALT 中心型 ③ JTL-ALT 協働型 のような形で行われることが多い。③の形が理想的ではあるが，どの形をとるにせよ，JTL と ALT が相互に補い合って授業運営をし，生徒と一体感が生まれるような授業をしたい。

■　JTL の役割
(1) 授業の流れや生徒の指名の仕方などについて ALT と確認しながら TT を円滑に運営する。
(2) ALT や生徒と英語でコミュニケーションをし，生徒の見本（role model）となる。
(3) 外国語として英語を学んだ経験を生かし，英語の学習法や使い方のコツを生徒に教える。
(4) 日本語と英語の違いに気づかせたり，日本語を使って補足説明をしたりする。（日本語の使用は最小限に抑え，生徒が ALT の英語を自分で理解できたという達成感を味わわせる。）

■　ALT の役割
(1) 英語母語話者として英語の音声や表現，語法などのモデルを提示する。
(2) 母国の言語や文化について英語でわかりやすく説明する。
(3) JTL や生徒と英語で話したり，コミュニケーション活動をしたりする。（わずかな時間でも，ALT と一対一の会話をすることは生徒にとり貴重な体験である。）

3　What should we do to maintain good relationships? ALT との人間関係

　JTL が ALT と信頼感に根ざした良好な人間関係（relationships），つまりラポール（rapport）を築くことは，指導技術以上に重要な要素だと言ってよい。ここでは，授業前，授業中，授業後のそれぞれの場面において JTL と ALT が関係を崩すことにつながる問題事例を考える。

■ 授業前

　時間割変更や短縮授業，学校行事などについてALTが知らされなかったり，JTLは当然のように知っている情報がALTには伝わっていなかったりということがよくある。ALTにとっては"I'm always the last to know!"という気持ちになるのだという。普段から挨拶やsmall talkをするなどしてコミュニケーションを図ることが必要だ。

■ 授業中

　生徒指導上の問題行動にJTLが十分対処せず，ALTがJTLに不信感を持つ場合がある。授業態度の悪い生徒に厳しい対応をとる文化を持つ国から来ているALTの場合には特にこの問題が起こる。授業中JTLがALTにどう接するかも重要だ。ALTに音読を依頼する際，"Read Part One, please."などと命令口調で言うのではなく，"OK. Now let's practice reading the text aloud. Andrew, could you read Part One?"などと丁寧に依頼するのが適切である。「CD代わりに使われている」というALTからの苦情もこうした人間関係が一因であろう。

■ 授業後

　ALTが自分自身の授業についてフィードバックを得られないために，達成感を得られにくいという場合がある。ティームメイトとして授業が終わったら，"Thank you. You did a good job."などと感謝の気持ちを示し，次回に向けての反省点について話し合うようにしたい。

4　How should we team-teach? … TTの授業の実際

　TTではALTの存在により授業内容や活動の幅に広がりを持たせることができる。ここでは，授業活動を，Ice-breakers, Text-based activities, Self-expression activities, Content-based lessonsの4つに分け，ALTとの協働のポイントを考察する。

4.1　雰囲気づくりのための活動（Ice-breakers）

活動例	主なねらい
greetings/roll call/small talk	繰り返し英語を使うことで流暢さを高める
pronunciation practice/dictation	正確な音と文字を結びつける
TPR（Total Physical Response）	体を動かしながら英語の音声に触れる

■　ALT との協働のポイント

　始業のベルが鳴って最初の5分は授業の雰囲気づくりに重要な時間である。挨拶を日・英どちらで行うのか，「起立・礼」を行うのかなど，さまざまな判断をする必要がある。Small talk とは挨拶も含めた日常の何気ない会話だが，繰り返し行うことで流暢さや英語を話すことへの自信につなげたり，重要表現を定着させたりすることが期待できる。

　ALT がいれば，発音や音声と綴りの関係などについての練習が楽しくできるし，JTL と ALT が協力して生徒に日英の音声の特徴の違いに気づかせるような活動もできる。TPR（第5章「教授法」参照）は先生の指示に従って体を動かす活動だが，教室の固い雰囲気を和らげる効果が期待できる。

4.2　教科書本文に基づく活動（Text-based activities）

活動例	主なねらい
review Q & A	学んだ表現を使いながら内容を確認する
oral introduction	テキストの内容について予備知識を得る
making questions/summarization	英文を組み立てる基礎力を養う
reading with emotion/skit/role-play	意味と英語の音声を結びつける
information transfer task	内容を確認しながら既習事項の定着を図る
Jeopardy/Who am I?/Bingo	楽しみながら教科書の内容を英語で確認する

■　ALT との協働のポイント

　教科書を用いた TT を成功させるには，① JTL 単独の授業でもできる限り英語で授業を行い，Solo Teaching と TT のギャップを少なくする，② JTL と ALT が英語でやりとりをし，コミュニケーションのモデルをさりげ

なく示すことがポイントだ。例えば，ALT が音読のモデルを示した後も，JTL：Thank you, John. ALT：No problem. などと会話を交わすことで語彙や表現の復習にもなる。何よりも文脈のなかで言葉が使われる様子を示す絶好の機会といえる。

前回の授業内容について英語で質問をして答えさせる Review Q & A を ALT が行うのであれば，JTL は普段より余裕を持って生徒の理解度を把握したり，理解が不十分と感じられる部分には手助けをしたりすることができる。本文の内容や文法を英語で導入する Oral Introduction（第5章「教授法」参照）は，JTL と ALT が掛け合いで行いながら生徒を引き込むのも面白い。

音読やスキット，ロールプレイは，気持ちを込めて行いたい。上手な ALT の音読モデルを聞くと，例えば，引用符（" "）の中はトーンを変えて読むなど，重要な点に気づいたりする。Information transfer task とは，聞きとった情報をもとに図表やフローチャートを作成するなど，情報の変換を含んだタスクで，4技能を統合させて活用する力を身に付けさせるのに役立つ。英語でヒントを与えて答えを考えさせる Jeopardy（テレビのクイズ番組名），Who (What) am I? などのゲームは，レッスン終了後の内容確認や語彙の復習等に活用できるだろう。

4.3 自己表現活動（Self-expression activities）

活動例	主なねらい
show and tell/speech/presentation	話す力，プレゼンテーション能力を養う
diary /essay writing	書く力を養う
brainstorming/mapping	英語を使いながら思考を整理する力を養う
discussion/debate	論理的に話し合う力を養う

■ ALT との協働のポイント

ALT のネイティブ・スピーカーとしての強みは自己表現活動で特に発揮される。「こう言いたいとき英語で何と言うの？」という生徒の素朴な疑問や，JTL にも判断が難しい「どちらの表現がより自然に聞こえるか」といっ

た疑問に貴重な情報を与えてくれる。

　教室内でのALTの活躍場面として，① 生徒との会話や話し合いに加わる，② 生徒が使えそうな表現を例示する，③ 生徒の発表に対してコメントをする，④ 生徒の発話の表現，発音をさりげなく修正して正しい言い方を示す，などがあるだろう。教室外では，ワークシートなどの教材作成への協力，生徒のスピーチ原稿や英作文の添削補助を依頼することも考えられる。母語話者であるALTの強みは，「意味が通じるかどうか」という視点で生徒の英文を迅速に読むことができることである。添削を依頼する際はこうした点に絞って読んでもらったり，生徒の書いた作文の内容に対してコメントをしてもらったりするのもよいだろう。生徒の書いた英作文をJTLやALTのコメント付きでプリントにして全員に配布することも今後の励みになるだろう。

4.4　内容中心の授業（Content-based lessons）

扱うテーマの例	主なねらい
ALT's home country	ALTの出身国の文化を理解する
ALT's intercultural experience	ALTの異文化体験を理解する
Japanese culture	ALTに自国の文化を紹介する
issues in intercultural communication	異文化コミュニケーションへの理解を深める
topics covered in other subjects	他教科で学ぶ内容を英語で理解する

■　ALTとの協働のポイント

　教科書と関連するテーマや，さらに幅広いテーマについて英語で授業を受けることは，生徒にとって貴重な体験となる。特に，ALTの出身国やALTの異文化体験についての話を聞くなど，異文化コミュニケーションに関わる話題について授業を受けることで，生徒は「疑似留学体験」をすることができる。学校で学ぶ他教科（地理，歴史，数学，理科，芸術など）について英語で学ぶのも面白い。テーマによっては，ディスカッションやディベートに発展させたりするなど，批判的思考力を養う場としても活用できるだろう。JTLは，一方的な授業にならないよう，あらかじめ生徒にどのような活動

をさせるのかを考えておく必要があろう。こうした授業を体験することで生徒は「全て英語でなんとかなった」という達成感を味わうことができるのではないだろうか。

5 The 3Rs of team teaching and professional development
TTの3Rs（Rules, Roles, and Relationships）と教師の成長

The three Rs とは本来，"Reading, wRiting, aRithmetic"「読み・書き・そろばん（算術）」の意味だが，この章では TT の目的や設立の経緯を含む基礎知識としての Rules（きまり），JTL と ALT の果たすべき Roles（役割），そしてティーム・ティーチングにおいて最も大切とも言えるお互いの Relationships（人間関係）の3Rs について整理した。

Handbook for Team Teaching (MEXT, 2002) では，TT の重要な要素として，Planning（計画），Classroom activities（授業活動の実践），Evaluation（評価）をあげているが，それぞれの段階で JTL と ALT が協力し合うことで，協働による授業（collaborative teaching）が可能となる。これらの過程を通し，JTL は英語での異文化コミュニケーションに習熟し，使うための英文法に関する知識を修正したり再構築したりすることができる。一方，ALT は日本の文化や学校教育について理解を深め，英語教師としての能力を身に付けていく。

TT はこのように，プロの教師としての成長（professional development）にも大きく貢献する。JTL と ALT がお互いに教師としての成長を続け，常に自らの実践を振り返りながらその実践の質を高める「省察的実践者」（reflective practitioner）（Schön, 1983）となることができれば素晴らしいことだ。

TTに役立つ表現：
　Um... Do you have a minute?
　May I talk to you about our next lesson?
　Can I ask a favor of you?

Thank you. I really appreciate it.
What did you think of today's class?
I think it was a great success! We really did a good job.

REVIEW EXERCISES

1. Matching

この章で学んだ重要な概念またはその概念に関するエピソードが英語で説明されています。それぞれを，下のキーワードと結び付け，かっこ内に書き込んで下さい。さらに，そのキーワードを簡単に日本語でも説明できるようにしましょう。

(a) collaborative teaching　　(b) small talk　　(c) rapport
(d) role model　　(e) professional development

(　　　　　) 1. Mr. Tanaka (JTL) and Mr. Johnson (ALT) have developed a good relationship through mutual respect and understanding.

(　　　　　) 2. Ms. Suzuki speaks good English and enjoys talking with the ALT. Her students respect her and would like to speak English like her.

(　　　　　) 3. At the beginning of each class, Mr. Kato usually gets his students in pairs and has them talk about the weather and other daily topics.

(　　　　　) 4. Even though Ms. Ito is busy every day, she tries to find time to study English and to discuss teaching with other English teachers.

(　　　　　) 5. Mr. Kato（JTL）and Ms. Anderson（ALT）plan and teach their lessons together so that they can make the most of each other's strengths.

2. Comprehension Check

　本文を見ずにかっこ内に適語を入れなさい。選択肢がある問題では，正しい方を選びなさい。パートナーと答え合わせをして，難しかったところを話し合いましょう。

　英語母語話者とのティーム・ティーチングが日本の公立学校に広がりを見せたのは，1987（昭和62）年に導入された（1.　　　　　）プログラムがその契機である。当初は中学校・高等学校における外国語の授業が中心であったが，2011（平成23）年度から小学校（2.　　・　　　）年の教育課程に（3.　　　　　）が導入され，現在では，小・中・高等学校でティーム・ティーチングが行われるようになった。

　外国語指導助手は英語では ALT —（4.　　　　　）の略—と呼ばれ，日本人英語教師（JTL）を補佐する役割と位置づけられている。本来は両者が打合せを綿密に行い，授業を共同で行うのだが，近年ではいわゆる（5.　　　　　）の場合などのように，雇用形態により打合せの時間が取れないなどの課題も出てきている。

　しかし，より質の高いティーム・ティーチングを行うには，ALT と JTL がお互いの（6.　　　　　）を理解しながら上手く役割分担をする必要がある。例えば ALT は英語母語話者としてコミュニケーション活動の補助役を担うほか，外国で生まれ育った経験を生かし児童・生徒の（7.　　　　　）理解を助けることも大きな役割であろう。JTL は英語が使える日本語母語話者として生徒のよきお手本，つまり（8.　　　　　）model となることが期待される。ALT との（9.　　　　　）を保ちながら，よりよい授業実践を重ねることで生徒の（10.　　　　　）能力育成に貢献することが大切である。

3. Discussion

少人数のグループに分かれ，次のトピックから1つ選んで10分間話し合ってください。次に，ディスカッションリーダーが各グループの話し合いをまとめてクラス全体に報告してください。

1. When you were in high school, what did you like (or dislike) about TT classes?
2. What does the JTL need to do to establish rapport with the ALT?
3. What do you need to do to gain confidence in team-teaching?

Topic number：(　　　)

Summary of the discussion

Can-do Checklist

この章で学んだ重要な項目について，簡単な説明ができると思ったらチェック（✓）を付けましょう。チェックが付けられなかった項目は，折を見て復習してください。

I can briefly explain …
- ☐ 1. the JET programme
- ☐ 2. role model
- ☐ 3. small talk
- ☐ 4. collaborative teaching

☐ 5. professional development

●・● Final Reflections ●・●

1. あなたは中学校の英語教師です。これから TT をすることになる ALT と初めて会います。あなたならどのような会話をしますか？またその際どのような点に気をつけますか？

　　………………………………………………………………………………………………

　　………………………………………………………………………………………………

　　………………………………………………………………………………………………

2. 教科書を使って TT をする場合，ALT の自国の文化紹介など特別な活動を中心に TT をする場合，それぞれの授業の大まかな流れを考えてみましょう。

　　………………………………………………………………………………………………

　　………………………………………………………………………………………………

　　………………………………………………………………………………………………

For Further Reading

Ministry of Education, Culture, Sports, Science and Technology. (2002). *Handbook for team-teaching* (Revised edition).

巽俊二. (2001).『ティーム・ティーチングの進め方―授業改善の視点に立って』. 教育

出版.
松本茂. (1999).『生徒を変えるコミュニケーション活動』. 教育出版.
財団法人自治体国際化協会　JET プログラム
　　http://www.jetprogramme.org/j/index.html

第15章

評価とテスト
Assessment and Testing

教師は学習者に英語を教えることだけが仕事ではありません。自分が「教えた」と思っていても，学習者はかならずしも「わかった，習得した」という状況に達しているとは限りません。そこで，学習者の理解度や定着度を確認するために「テスト」を実施するのが一般的です。しかし，「テスト」だけが「評価」の唯一の方法ではありません。教師の「指導」と生徒の「学び」に生かすための「評価」をどうしたらよいかについて考えてみましょう。

●Warm-up●

みなさんはこれまでいろいろなテスト・試験を受けてきたことでしょう。これまでに受けたテストを思い出して，その特徴を考えてみましょう。結果をグループで話し合い，下の表に書き込んでみましょう。

テスト	特徴1	特徴2	特徴3

> **KEYWORDS** : achievement test,
> validity, reliability,
> norm-referenced test/criterion-referenced test,
> holistic scoring/analytic scoring,
> portfolio, washback

1 What do assessment, testing, and evaluation mean?
評価に関する用語の定義

　英語学習の様々な場面で，教師は生徒の英語力の伸長を評価するのが一般的である。学校英語教育においては，学期末や学年末に成績として出される評価は生徒にとってこの上なく重要な意味を持つことがある。場合によっては，成績評価が生徒の将来にまで影響を及ぼすことさえ起こり得る。教師はそのことを肝に銘じて，生徒の学力を常に公平，公正に評価し，成績を付けることを求められる。そこで，本節においては，生徒の学力，ここでは英語力，を測るということがどういうことを意味するのか，成績と評価，そしてテストについて考えてみる。

1.1　評価とテスト（Assessment and testing）

　成績，評価のような評価関連の言葉は頻繁に使われるのだが，それらがどのような意味を持つのかについて正しく認識しておくことは重要である。ここでは，Brown & Abeywickrama（2010）が用いた用語を中心にして定義づける。

- 評価（assessment）：指導過程の随所で教師は，あるときには意識的に，またある時には無意識のうちに学習者の英語力（具体的な学習活動の出来具合などを含む）を評価しているものである。このような評価には，指導の流れのなかで教師が偶発的に行うフィードバックやコメント（例えば，発音の仕方についての助言や"Good job !"のように学習途中に学習者に対して行う励ましの言葉など）などふだんの何気ない評価（informal assessment）がある一方で，特定の領域，技

能を査定するために作られた形式に則って行う評価（formal assessment）がある。したがって，評価は単に指導過程の特定の時にされるテスト（testing）だけを言うのではない。ときに評価はテストと同義語であるかのような誤解をされることがあるが，テストは「評価の下位に来る集合体」（a subset of assessment）とみなすことができる。

■ テスト（testing）：Testing とはテスト（tests）を用いて評価することを言う。指導と評価，テストの関係を Brown & Abeywickrama (2010) を参考に図式で示すと次のようになるが，テストは特定の領域，技能を評価するために意図的に作成された査定方法であるという点で，形式的な評価（formal assessment）であると言える。ただし，すべての形式的な評価がテストということではない。具体的には，学習者が書いたジャーナルや作成したポートフォリオなどを形式的な評価に用いる場合などが考えられる。このように，伝統的なテスト以外の方法による評価を代替評価法（alternative assessment）と呼ぶことがある。

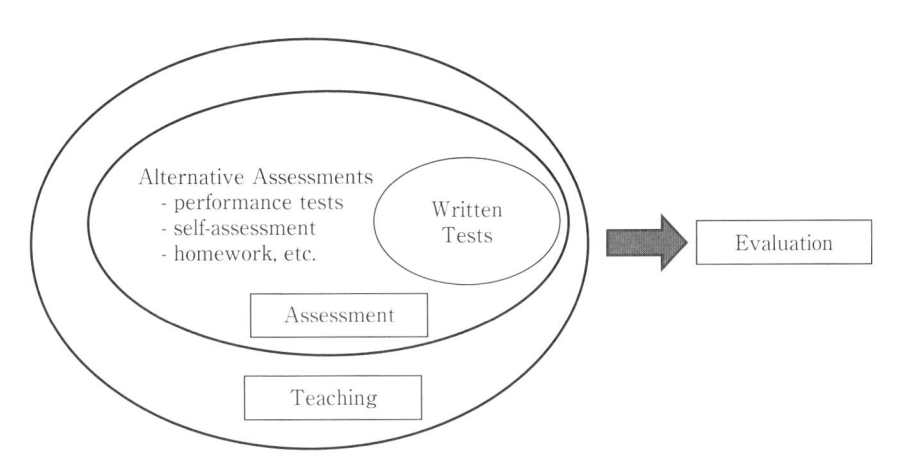

テスト，評価，指導の関係図：Brown & Abeywickrama (2010) を参考に作成

1.2 成績と評価（Grading and evaluation）

評価やテスト（assessment and testing）が指導過程のあらゆる場面にお

いて形式的，非形式的になされるのに対し，一連の学習活動を修了した後など，特定の時点で出されるものが成績と評価 (grading and evaluation) である。成績と評価は，一般的には「成績」あるいは「成績評価」と呼ばれることが多いが，いずれにしても grading は予め設定された基準値に基づいて数値化された評価形式のことで，実際に付けられた成績は grades である。また，文章表記を含め，学習者の能力について最終的な価値判断を下すことが evaluation である。前述の assessment と evaluation は互換的に用いられることもあり混乱があるが，前頁の図が示すように，前者は指導の一環として学習者の学びに寄り添いながら行う評価，後者は指導結果の最終的な価値 (value) 判断を下す評価，という意味合いが強い。「言語教育プログラムの評価」を意味する program evaluation などの用語にもこのことが反映している。そこで，本章では，指導の一環としての評価を尊重する立場から，評価と述べる場合には assessment を用いることとする。

2 What kinds of assessments and tests are there? さまざまな評価とテスト

定期的に実施するテストの持つ意味合いは大きい。学期途中に行う中間テスト，学期末に実施する期末テスト，さらに授業ごとに行う小テストなど，日本の学校では様々な場面でテストによる評価が実施されている。それらのテストが持つ重要性については先述の通りだが，それゆえに教師は，それぞれのテストが何を測定し，どう評価しようとするものなのかを把握しておく必要がある。テストの持つ意味，テストによって測れるもの，測れないものなど，テストについては，十分な知識を得ておくべきである。そこで，本節では，評価およびテストの種類，採点方法についてまとめる。

2.1 診断的評価・形成的評価・総括的評価
(Diagnostic assessment/formative assessment/summative assessment)

◆ 診断的評価：学習者の知識・技能のレベルや問題点を把握し，指導計

画に生かすために行う評価。入学時や，学年，学期の初めに行うことが多い。
- 形成的評価：指導の過程で，学習者の理解度や達成度，学習上の問題点を把握するために行う評価。小テストやワークシートのチェック，生徒の活動状況の観察などが含まれ，得られた情報をもとに日々の授業の軌道修正や生徒へのフィードバックを行う。
- 総括的評価：一定期間の指導の後に，学習者の学習の達成度を把握するための評価。中間テストや期末テストがこれに当たる。学習者は自分の学習の結果を知り，教師は次の授業への資料を得る。総括的評価も，より長いスパンで見れば，形成的評価の役割を果たしている。

2.2 熟達度テスト・到達度テスト・適性テスト (Proficiency tests/achievement tests/aptitude tests)

- 熟達度テスト：一般的な英語運用能力を測定するテストで，テスト範囲は決まっていない。英検，TOEIC®などのテストがこれに当たる。
- 到達度テスト：学習した知識・技能をどの程度身につけたかを測定するテストであり，テスト範囲を決めて行う。学校の定期テストなどがこれにあたる。
- 適性テスト：一般的な言語適性を測定するテストである。MLAT（Modern Language Aptitude Test）などがこれにあたる。（第3章「学習者論」を参照。）

2.3 集団基準準拠テストと目標基準準拠テスト (Norm-referenced tests [NRT] and criterion-referenced tests [CRT])

- 集団基準準拠テスト：ある学習者の集団全体の中での相対的な位置関係を調べることが目的。いわゆる「相対評価」に基づく

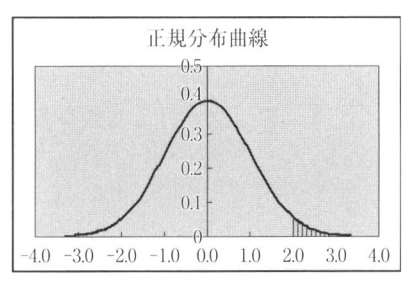

テストであり，入試や学力テスト，習熟度別クラス編成等に用いられるレベル分けテストがこれにあたる。模擬テストなどでよく聞かれる偏差値とは，受験者全体の得点がここに示すような正規分布曲線を描いているときに，ある特定の受験者が，その集団の中でどの位置にあるのかを示す数値である。(章末のコラム(8)を参照。)

◆ 目標基準準拠テスト：ある学習者が，設定した到達目標に照らしてどの程度の位置にいるかを調べることが目的であり，学習者を他人と比べることが目的ではない。到達基準を前もって設定し，その到達基準に達したか否かを測定するいわゆる「絶対評価」に基づくテストである。生徒全員が落ちることもあるし，また全員が100％達成のこともある。現在小・中・高等学校で導入されている「観点別評価」のためには，目標基準準拠テストを行う必要がある。

2.4 客観テストと主観テスト（Objective tests and subjective tests）

◆ 客観テスト：採点者が誰であっても同じ点数が出るテスト。多肢選択式のテストや正誤法（T-F式）テストは代表的な客観テストである。一般的に採用されるその他の客観テストとしては，空所補充，クローズ・テスト（cloze test: テキスト中の単語を数語おきに機械的に消して作るテスト），並べ替えや誤文訂正などがある。

◆ 主観テスト：採点者の主観で点数が与えられるテスト。例としては，作文のタスク（自由作文や制限作文），要約（口頭と筆記），英問英答（自由形式の質疑応答タスク）などがある。論述式の場合，このような採点方法が行われると，採点者によって点数に差が出てくる可能性がある。そこで，入学試験などの重大な利害にかかわるテストでは，2人以上の採点者を配置し，採点者全員の平均点を最終結果とするなどして，信頼性を高める方策が必要となる。

2.5 総合的採点法と分析的採点法
(Holistic scoring and analytic scoring)

◆ 総合的採点法：学習者の言語表現（英作文など）に対し総合的な判断に基づき単一のスコア（A，B，C…あるいは10点，8点，5点…など）を与える評価方法。採点者の主観が入りやすい反面，採点が早いという利点がある。

（例）10点：内容，構成，文法，語彙選択などがほぼ完璧である
　　　 8点：内容，構成，文法，語彙選択などに少し誤りがある
　　　 6点：内容，構成，文法，語彙選択などに多くの誤りがある

◆ 分析的採点法：学習者の言語表現をさまざまな評価観点から評価し，それぞれの観点ごとにスコアを与える評価方法。たとえば英作文の評価の場合，下記に示したようなルーブリック[1]を使用することが多い。採点が複雑で時間がかかる反面，学習者にきめ細かなフィードバックと励ましを与えられるという利点がある。そのためにも，評価観点の種類や観点ごとの重み付けについては，学習目標や学習者のレベル，採点の実行可能性を考慮して調整する必要がある。

英作文評価ルーブリックの例

	5点（Excellent）	3点（Satisfactory）	1点（Needs Work）
内容（Content）	課題に十分答えている	課題に答えている	課題に十分に答えていない
構成（Organization）	論理的で構成が明確である	中心的主張は明確である	論理構成が欠如している
文法（Grammar）	ほぼ完璧である	誤りはあるが理解に支障はない	誤りが多く理解に支障がある
語彙（Vocabulary）	多様な語彙を使っている	必要な語彙を使っている	語彙に不足が見られる

---

[1] ルーブリック（rubric）とは評価観点，段階分け，各段階の特徴記述文からなるマトリクス形式の評価指標のことである。

3 What kinds of conditions must be considered when making a test? テスト作成の条件

　教師になれば，必ずテストや小テストを作成することになる。テストの作成に当たっては，以下の3つの条件に気をつけなければならない。

3.1　信頼性（Reliability）
　テストは，測定すべきものをいつも安定して測定するものでなければならない。同じ能力を測定しようとしているのに，今日実施したテストの結果と，数日後に実施した同じテストの結果が，著しく異なっていれば，それは信頼性が低いということを意味する。信頼性を最低0.0 から最高 1.0 までの数値で算出したものが信頼性係数であり，数値が1.0に近いほど信頼性が高いとされている。

3.2　妥当性（Validity）
　妥当性とは，テストが測定すべきことを正しく測定しているかの度合いを意味する。妥当性にはいくつかの種類があるが，主たるものとして以下が挙げられる。
　a．表面的妥当性（face validity）：テストが測定しようとしているものが，受験者にとって外見上，的確なものと見えるかどうかを意味する。
　b．内容的妥当性（content validity）：テスト内容が測定すべき内容の範囲にあるか，定期テストであれば，出題内容が授業で扱われた（教えられた）内容の範囲内にあるかを意味する。
　c．構成概念妥当性（construct validity）：「構成概念」（construct）とは，「語彙力」，「文法力」，「スピーキング能力」など，理論上存在すると仮定されている人間の特性や能力を示す概念のことである。構成概念妥当性のあるテストとは，理論的な見地から，測定すべき構成概念を測定しているテスト，例えば「スピーキングテスト」であればスピーキング能力の中身を理論に基づき的確に測定しているテストである。

3.3　実用性（Practicality）

　テストは，その作成，実施，結果の分析にあたり，実用的かつ実施可能でなければならない。例えば，スピーキングテストをクラスの生徒全員に実施する場合，一人5分のスピーチを担当者一人で行うのは困難かもしれない。テスト実施主体の人的，物的，時間的リソースの範囲内で円滑に実施することが可能であれば，それは実用性の高いテストと言えよう。

4　Assessing the four skills … 4技能の評価

　本節では，学習者が読解とリスニングの受容スキル，およびライティングとスピーキングの産出スキルにおいて，どのくらいのレベルまで到達したかを評価する方法を，授業中に行う小テストやパフォーマンス評価を中心に見ていく。さらに，文法と語彙に焦点を絞った小テストについても吟味する。種々の制約の下で働く教師には，容易に実施，採点できること（つまり実用的なこと）とテストの信頼性・妥当性の間で，バランスを取らなければならない事態に直面するときがあるだろう。

4.1　受容スキル（リーディング・リスニング）の評価

　テキストを理解することは受容スキルを教える上で究極の目標とみなされている。したがって，受容スキルのテストは，学習者がテキストの意味を理解したかどうかという最終的な結果，つまり読解とリスニングのスキルの過程ではなく，テキスト全体の理解の度合いを見ようとすることが多い。しかし，もし授業でスキルの構築に焦点を当てているのなら，それを反映させた小テストなどを行うべきである。例えば，スキャニングを教えているとすれば，スキャニングに焦点を当てた小テスト，文強勢を学ぶためのリスニング演習をしているならば，文中のどの語に強勢が置かれるのかを聞き取るためのテストを作成すべきである。

4.1.1　リーディング

　教科書には，学習者の理解度を確かめるための読解問題がついており，一種の診断ツールとして活用できる。学習者の到達度を測る小テストの作成に

おいては，まず何をテストするのかを決めなければならない。スキミング，スキャニングのスキルを教えているのなら，主な考えや談話トピックを即座に拾い（スキミング），特定の語，フレーズ，項目，数字などを素早く見つける（スキャニング）能力を測る小テストを作らなければならない[2]。精読の指導において，代名詞的表現や，談話標識（discourse markers），誰に向かって話しているのかなどを特定する方法，意見と事実を区別する方法，もしくは一般論と具体例を区別する方法，文脈から知らない単語を予想する方法などを教えるのなら，小テストもそれを反映させるべきである。以下に挙げるのは授業で使う読解の小テストの例である。

① 短いパッセージ（授業で使われたテキストからの抜粋もしくは要約）を読む。読後，パッセージの内容に合うものを選択肢から選ぶ。学習者がそのパッセージを理解したことを示す能力を評価するのが目的なので，選択肢は日本語でもよいし，絵でもよい。

② 指示代名詞の内容を問う問題（「12ページの5行目のitは何を表していますか？」）やスキャニング（「表2の中でどの国が日本からのODA資金を最も多く受け取っていますか？」），事実と意見の判別問題（「以下の文を読んで，テキストに基づいて，文の横にFACTあるいはOPINIONとマークして下さい。」）など。

③ テキストから得た情報に基づき空白部分に穴埋めする。
"According to Figure _____, only _____ percent of _____ realize the necessity of finding new ways to protect World Heritage Sites." （スキャニングの例）

④ リーディング教材から得た情報を，表，地図，絵などに表す（情報転移タスク）。

---

[2]スキミング，スキャニングについては，第9章「リーディング指導」参照。

4.1.2 リスニング

　リスニングの小テストを作るいくつかの方法を見る前に，読解とリスニングの類似点と相違点を見ておく。この2つのスキルは類似しているところがある。読解もリスニングも文字や音（つまり単語）を，意味を持ったフレーズや文法構造に落とし込んで理解する能力が必要とされる。理解するには，アイディアを抽出し，そのアイディアを以前に起こったことと関連づけ，言外に含まれる話し手の意図や，背景知識と結びつける能力が必要となる。こういう類似点があるにもかかわらず，この2つのスキルは全く違ったものでもある。重要な違いの一つは，読解では読み手はテキストの中の単語を見ることができるが，リスニングでは，聞き手は音の流れを聞いてどの音がどの単語に相当するのかを決定しなければならない。読解は再現的，つまり読み手は前に戻ってテキストをチェックできるが，リスニングでは聞き手はそれができない。そのため聞き手の作業記憶（ワーキングメモリ）にはより大きな負荷がかかることになる。耳だけを頼りに理解しなければならないことは，学習者の不安の主な原因となる。

　ではリスニングではどのような種類の質問をすればよいだろうか。学習者に母音と子音の音素の違いを判別させるのだろうか？それともイントネーションの型を解釈させるのだろうか？あるいは，学習者の包括的なリスニングの能力，例えば，テキストの概要，論理の流れ，話し手の態度を認識する能力を測るものなのだろうか？また，情報的（事実に関する情報や連続した出来事を伝えたりする）言語や会話的（特定の状況における話し手の意図を伝える）言語を学習者が理解しているかどうかを測るものなのだろうか？

　リスニングには多肢選択形式，短答形式，穴埋め形式，情報転移（information transfer）（例，電話番号やメールアドレスを言っている人の話を聞いて，図表を埋める，ある場所への行き方を話しているのを聞いて，道順を地図に描く）などのテストを作ることができる。加えて，ディクテーション（完全な文でも良いし，学習者がテキストの単語あるいはフレーズの一部を書くようにする部分ディクテーションでも良い）は一般的に用いられている小テスト形式である。

4.2 産出スキル（ライティング・スピーキング）の評価

　ライティング及びスピーキングの産出スキルをテストする最も良い方法は，直接テストをすることである。つまり，学習者に実際に書いたり話したりしてもらうことである。もちろん，教師には時間的制約があるので，口で言うほど簡単ではない。授業の中で産出スキルのテストを行うには難しい点もあるが，以下に挙げる注意点を参考にされたい。

4.2.1　ライティング

　ライティングの小テストを作成する際は，指示とタスクを全員が理解していることを確認しておかなければならない。よい方法の一つは，絵，グラフあるいはその他の視覚的なヒントとなるものを使用することである。例えば，学習者に3人の人気歌手の写真が載った用紙を与え，3人を比較する短いエッセイを書いてもらう（もちろんクラスの中で全員がその歌手を知っていなければならない）。あるいは，一連の4枚の絵を見せて，"I had a very strange day yesterday."で始まる文を書いてもらい，4枚の絵を一つのストーリーにする，などということもできる。

　上記のような小テストの採点にあたって，妥当性・信頼性のある採点をするには，注意深く以下のことをすべきである。

① できるだけ多くのタスクを取り入れる。（タスクが多いほど，テストは信頼性を増す。）
② 学習者すべてにすべてのタスクをしてもらう。（学習者の比較ができる。）
③ ライティングのサンプルはすべて十分に長いかどうか確認する。単なる1文では学習者のライティング能力を判断することはできない。
④ 採点に適切な基準を取り入れる。総合的採点法（いわゆる「印象的採点法」で，全体の印象に基づいて点数を出す）でも良いし，分析的採点法（1つのタスクの複数の面に対して別個に点をつけ，それらの点の合計が最終的な点になる）でも良い[3]。

---

[3]総合的採点法（holistic scoring）と分析的採点法（analytic scoring）については，本章2.5を振り返って頂きたい。

4.2.2 スピーキング

学習者のスピーキング能力をテストする方法としては，以下の3つの方法がよく知られている。

① 教師（評価者）に向かって話してもらう。あるいは，もう一人の教師に向かって話してもらう。（例　インタビュー形式やロールプレイ）
② 学習者同士で話してもらう。（例　対話形式）
③ オーディオ・メディアにあらかじめ録音してある質問に，口頭で答えてもらう。

学習者が実際に話さなければならないという意味で，これらの方法は直接テスト（direct test）と言える。学習者を評価するのは，総合的にも，分析的にも可能である。しかし，話したものをテストするのは，非常に時間がかかり，難しくもある。特に信頼性と妥当性を考慮する場合はそうである。

4.3　文法力・語彙力の評価

通常の授業の時間内では，4技能のすべてに関するテストを行うのは難しいかもしれない。しかし，文法と語彙に絞った小テストなら，比較的容易に行うことができる。文法と語彙をテストするのに使われるテクニックを以下に簡単に挙げる。認識や理解に焦点を当てるものもあれば，産出することに焦点を当てるものもある。

4.3.1　文法に焦点を当てる

多肢選択形式（multiple choice）は，学習者の文法能力，つまり文法を理解しているかどうかをテストするのに使われる一般的なテクニックである。下の項目を見てみよう。

> Yoko has been playing soccer _____ ten years now.

上の部分は stem と呼ばれ，以下は 選択肢 である。

> (a) since　　(b) for　　(c) while　　(d) during

正解は(b)で，(a), (c), (d)の選択肢は distracters/distractors[4] と呼ばれる。選択肢（options）が4つあることに注意しよう。もし選択肢が2つしかなければ，学習者が正解を得るチャンスは50％となる。True/False や Yes/No 問題は50-50の正解率になるので定期テスト等では避けた方がよいが，5分間テストのような小テストの場合には解答時間がかからず便利なので取り入れてもよい。多肢選択テストは採点が簡単であるが，良い選択肢を作るのが難しいという意味で，問題作成にも時間がかかる。

文法能力を測定するために，学習者に産出を要求するテストを以下に挙げる。それらは，① 穴埋め　② 書き込み　③ 翻訳　である。

① 穴埋め問題の例：冠詞の使い方

指示：a, an, the を空所に入れなさい。
One day _____ young girl met _____ famous tennis player who had graduated from _____ same elementary school that she had attended. _____ girl was so excited to get _____ athlete's autograph.

---

② 書き込み問題の例：過去形の使い方

指示：ユミが言ったことを書いて会話を完成させなさい。
Yumi：Hi, Naomi. Is anything wrong? You look sad.
Naomi：Hi, Yumi. That's right. I feel terrible. I got a mail from my cousin in Canada.
Yumi：Oh, she _____ last month, didn't she?
Naomi：Yes, but now she says she didn't really enjoy her summer vacation in Japan.

---

[4] "distract" は「注意をそらす」という意味であるが，これらの選択肢は学習者の注意を正しい反応から逸らす役割をしている。distracters/distractors はアルファベット順のこともあるし，選択肢の長さで並べているものもある。1つの選択肢が他より突出して長いものは避けるようにする。

> Yumi：What? But she ＿＿＿＿＿＿＿＿＿＿＿＿ with you for two months!

このテストでは，学習者が過去形を使用する手がかりとして，文中の"last month"というフレーズを利用することを期待している。

③和文英訳問題の例：関係代名詞の使い方

> 指示：以下の文を英語に直しなさい。
> 赤い帽子をかぶっている女性は祖母です。＿＿＿＿＿＿＿＿＿＿＿．

この問題は，学習者が"The woman who is wearing a red hat is my grandmother."と書くことを期待している。ここでスペリングの間違いは減点の対象となるだろうか？関係代名詞の用法をテストするのであれば，そしてそれのみが目的なら，それに関連するもの以外の間違いは減点すべきではない。

4.3.2 語彙に焦点を当てる

語彙をテストする際には，教師は，そのテストが認識のテストなのか，産出のテストなのかを決めなければならない。語彙の認識をテストする一般的なテクニックとしては，① 定義の認識，② 同義語の認識，③ 文脈上適切な単語の認識，がある。この3つのテクニックを表している例を見てみよう。

① 定義の認識

> 指示：左に示す語の定義となる語を選びなさい。
> *cognition*　　(a) brain　　(b) surroundings　　(c) perception　　(d) logic
> *superficial*　(a) great　　(b) shallow　　(c) deep　　(d) careful

選択肢は日本語でも英語でもよい。場合によっては，各単語に個別に選択肢を設けるかわりに，一括して選択肢となる語群を与え，その中から選ばせ

ることもできる。その際は，問題となる単語の数よりも選択肢の語数を1～2語多くして，消去法で最後の単語の正解がわかってしまうことを避ける必要があろう。

② 同義語の認識

> 指示：左に示す語の意味に最も近い語を選びなさい。
> *production* (a) homework (b) entertainment (c) removal (d) creation

意味が最も近い同義語を選ぶ問題である。上級の学習者にとり，同義語の知識を増やすことは重要である。

③ 文脈上適切な単語の認識

> 指示：単語を1つ選んで文を完成させなさい。
> It comes as no surprise that there must be a ＿＿＿＿＿＿ between environmental protection and economic opportunities for local residents.
> (a) right (b) balance (c) contract (d) agreement

これは，文脈上の状況を与えて，学習者に適切な語を選んでもらうものである。stem の中で，空欄の直前に来ているのは a であることに注目しよう。テスト慣れしている学習者は即座に選択肢(d)の可能性を否定するだろう。agreement の場合は a ではなくて，an が前に来るからである。もし agreement を distractor として使いたいのなら，stem から不定冠詞は除き，すべての選択肢を "a right" "an agreement" のようにして，不定冠詞を選択肢に含ませるべきである。

学習者の語彙産出能力をテストするには困難を伴う。教師が心に描く単語を，学習者がたとえ知っていたとしても，それを答えるという保証はない。この問題を回避する一つの方法は，絵や定義を使って特定の単語を引き出す

ことである。しかしもし絵を使用するとすれば，語彙が具体的な名詞に制限されてしまうという欠点があり，学習者の知っている語の中ですべての単語を定義づけはできない[5]。

4.4 4技能の評価における重要点

本節では，普段の授業でも活用することのできる評価方法と小テストの例を見てきた。小テストは授業の内容を反映しているものであるべきということをもう一度強調しておく。加えて，小テストの採点方法は，テストの目的に合っているべきである。つまり，もし産出能力をテストするのであれば，授業で強調して指導した項目を評価できるよう，流暢さと正確さのいずれかひとつに焦点を当ててもよいし，両方を求めて厳正に評価してもよい。一方，テキストの理解力をテストするのなら，学習者がテキストを理解していることが明確であれば，その判断材料である学習者の解答の中にスペリングや文法的な間違いがあっても減点すべきではない。このように，指導過程（さらには学期，学年末における総括評価）で実施する4技能の評価やテストにおいては，指導の目的に沿った内容と採点基準を備えた目標基準準拠テスト（criterion-referenced tests [CRT]）の要件を備えている必要がある。

5　Assessment by means other than "written tests"　筆記テスト以外の評価

テストは学習者が教えられたことを習得したかどうかを評価する方法のひとつに過ぎない。またテストが測定できるのは学習者の能力のごく一部である。したがって，テストのみに頼って学習者を評価することには，極めて慎重でなければならない。さらに，評価にあたっては総括的評価だけではなく，習得に至るプロセスを評価して生徒にフィードバックを与える形成的評

---

[5]このほか，空欄を埋める形式（例：I did not ＿＿＿＿＿＿ my assignment on time so I did not get credit for my work. または We have to r＿＿＿＿＿ by next Friday. I think they want to know how many people can attend.）や，和文英訳をさせる形式も産出に関するテクニックである。

価も重要である。例えば、授業中のペアワークの様子を観察して生徒に適切なアドバイスをしながら生徒の上達具合を記録し、指導方法の改善に利用することができる。また、英語で積極的に話したり書いたり、課題を提出したりする学習者の「努力」にプラスの評価を与えたいと思う教師もいるだろう。

　こうした伝統的な言語テスト（特に多肢選択形式の筆記テスト）以外の評価を代替評価（alternative assessment）と呼ぶ。その中でもプレゼンテーションなどのパフォーマンス評価、ポートフォリオによる作品開示など、現実生活でも試されるような形で学習者の本当の実力を評価しようとする試みは特に真正評価（authentic assessment）とも呼ばれる。学習者を評価する他の方法も含めることによって、学習のプロセスや学習到達度をより正確に評価し、指導に生かすことができる。テストの得点のみで重要な決断（学習者にとっては将来を左右するかもしれない英語の成績）をしないという姿勢が必要であろう。

5.1　パフォーマンス評価

　パフォーマンス評価は、学習者のコミュニケーション能力をできるだけ直接的に、実際の場面に沿った形で評価しようとするもので、スピーキング、ライティングなどの実技テストが代表的なものである。例えば、スピーキングでは、英語で道を尋ねたり、道を教えたりするといったタスクを用いることもできるし、ロール・プレイ、面接、一枚の絵の描写、一連の絵の状況説明などのタスクも使われる。ライティングでは、与えられたトピックでの自由英作文などがある。学習者に協同でプロジェクトを行わせ、それを評価することもありうるだろう。こうした評価では前述のルーブリック（rubric）が使われることが多い。

5.2　授業内学習状況の評価と観察評価

　教師は、学習者の授業内での学習を、最終成績を決定する要素として使用することが多い。授業内学習には、練習問題、家での課題、プロジェクト・ワークなどを含むこともある。最終的な成績評価に授業内学習を含ませる利

点は，学習者の学習プロセスを継続的に長期的な視野に立って評価ができることである。一方，記録にとどめたり成績をつけたりするのではなく，授業中の生徒のコミュニケーション活動を観察し適切なフィードバックを与えることを目的とした観察評価もある。活動中に教室を巡回し，個別に生徒に指導する場合などがそれである。評価とは，生徒の学習状況についての判断を下すことであり，記録をしたり成績をつけたりすることと同じではないことを理解する必要がある。

5.3 ポートフォリオ[6]評価

ポートフォリオ（portfolio）とは，学習の過程において作成したレポートや作品をある程度の長期にわたって収集してファイルなどにまとめたものである。ポートフォリオは授業内の課題の評価と似ているが重要な違いがある。それは，ポートフォリオは評価を受けるために，学習者が教師に見せるために選んだ学習成果の集大成である，ということである。ポートフォリオを使用することで，学習者は自律的に学習したり，他の学習者と協力したり，批判的思考力を身につけたりするなど，正の（プラスの）波及効果（positive washback）につながる可能性を秘めている。[7]

しかしポートフォリオ評価実施には難しい点もある。一つはポートフォリオに含まれる項目が多様であるために，教師の公正な評価が難しいということである。もう一つは長期にわたり（例えば1学期）学習成果を積み上げていくことは学習者にとっては容易ではないということである。教師は，学習者がポートフォリオをうまく組み立てていくことができるよう，手助けをすることが必要である。

---

[6] ポートフォリオについては第10章「ライティング指導」でも言及しているので、参照されたい。
[7] 波及効果（washback/backwash）とは，テストが学習や授業に与える影響や効果のことで，テストがあるからがんばろうと思う，といった，良い意味での影響を positive washback，悪い意味での影響を negative washback と呼ぶ。第17章を参照されたい。

5.4 観点別評価[8]

　観点別評価とは，学習指導要領に示された各教科等の目標が達成されたかどうか，つまり児童・生徒が学習指導要領の目指している学力を身に付けたかどうかを3～5つの観点（国語のみ5観点）で評価する方法である。テストの点数のみで成績をつけるのではなく，各科目の目標や内容に照らして分析的に学習状況を把握し，きめ細かな指導をしようという趣旨である。

　小学校外国語活動，中学校・高等学校外国語では，それぞれ次の観点で評価をすることとなっており，小学校外国語活動では記述評価が，中学校・高等学校外国語では数値による評定とともに観点ごとにA, B, Cの評価が学期ごとに出される。

小学校外国語活動	中学校・高等学校外国語
コミュニケーションへの関心・意欲・態度	コミュニケーションへの関心・意欲・態度
外国語への慣れ親しみ	外国語表現の能力（話す・書く）
	外国語理解の能力（聞く・読む）
言語や文化に関する気付き	言語や文化についての知識・理解

　中学校・高等学校におけるペーパーテストの発音・語彙・文法・英文解釈などの問題は，これらのうち「言語や文化についての知識・理解」の観点に関するものがほとんどであり，「表現の能力」や「理解の能力」が真に身に付いたかを適切に評価することは困難である。しかし，今後ますます求められる英語によるコミュニケーション能力，とりわけ発信力の育成のためには，多様な評価・テスティングの手法を工夫しながら，その結果に基づく指導の改善が重要な課題となるだろう。

---

[8] 詳しくは，国立教育政策研究所の作成した『評価規準の作成，評価方法等の工夫改善のための参考資料』（小・中・高等学校版をそれぞれダンウロード可能）を参照のこと。

● REVIEW EXERCISES ●

1. Matching

この章で学んだ重要な概念またはその概念に関するエピソードが英語で説明されています。それぞれを，下のキーワードと結び付け，かっこ内に書き込んで下さい。さらに，そのキーワードを簡単に日本語でも説明できるようにしましょう。

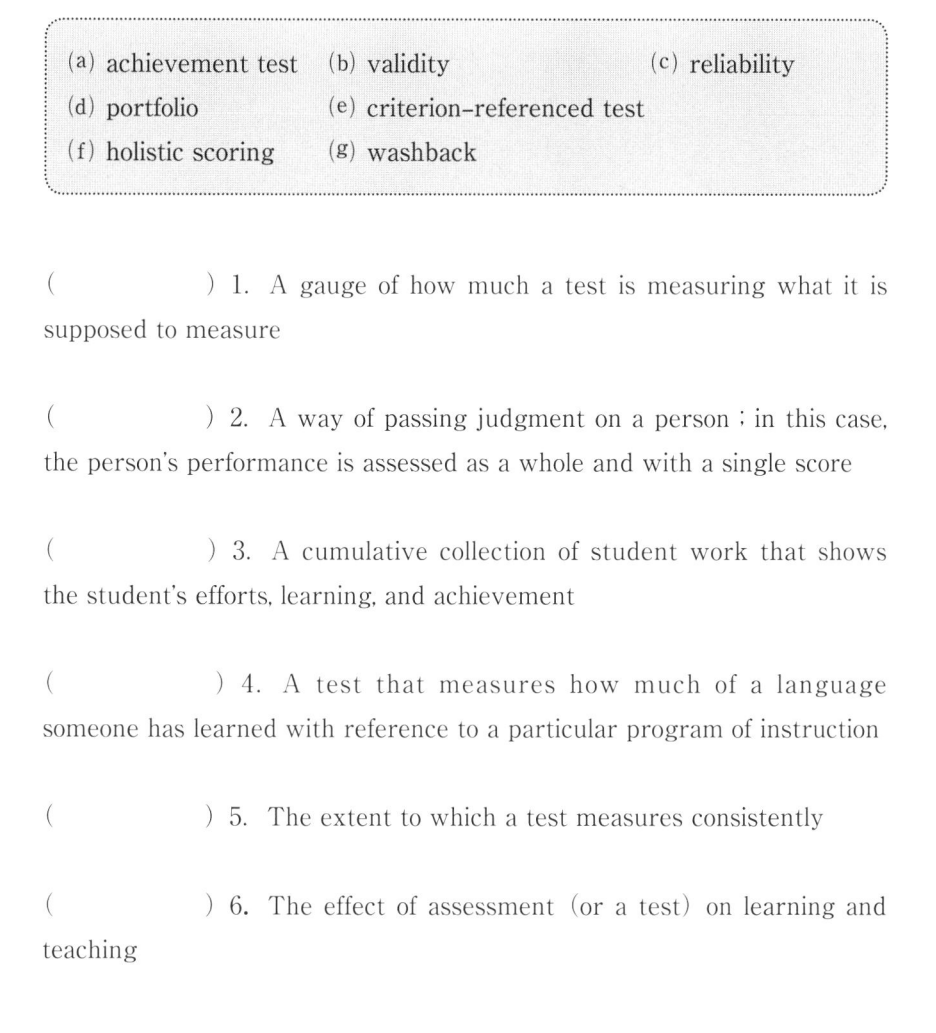

> (a) achievement test　(b) validity　　　　　　(c) reliability
> (d) portfolio　　　　 (e) criterion-referenced test
> (f) holistic scoring　(g) washback

(　　　　　) 1. A gauge of how much a test is measuring what it is supposed to measure

(　　　　　) 2. A way of passing judgment on a person ; in this case, the person's performance is assessed as a whole and with a single score

(　　　　　) 3. A cumulative collection of student work that shows the student's efforts, learning, and achievement

(　　　　　) 4. A test that measures how much of a language someone has learned with reference to a particular program of instruction

(　　　　　) 5. The extent to which a test measures consistently

(　　　　　) 6. The effect of assessment (or a test) on learning and teaching

(　　　　　) 7. A test in which scores are based on the test-takers' performance measured against a set of standards

2. Comprehension Check

本文を見ずにかっこ内に適語を入れなさい。選択肢がある問題では，正しい方を選びなさい。パートナーと答え合わせをして，難しかったところを話し合いましょう。

中学生や高校生のときに何気なく受けていたテストにも，その目的によりいろいろな種類があることを知っておくべきである。自分が集団の中のどの位置にあるかを知るために受けるテストは（1　　　　）と呼ばれているが，このテストの前提は，得点の散らばり方が釣鐘型のカーブを描いていることである。このカーブを（2　　　　）と言う。

また特にテスト範囲を決めずに，一般的な知識を測定するテストを（3　　　　），範囲を決めて，学習した知識がどのくらい身に付いているかを測定するテストを（4　　　　）と呼ぶ。

テストを作成するときに注意しなければならない3つの点は，いつテストしても同様の測定ができることを確認する（5　　　　），測定すべき学力を正しく測定しているかどうか確認する（6　　　　），テストが実施しやすいかどうかを確認する（7　　　　）である。

3. Discussion

少人数のグループに分かれ，次のトピックから1つ選んで10分間話し合ってください。次に，ディスカッションリーダーが各グループの話し合いをまとめてクラス全体に報告してください。

1. What are the merits and demerits of making objective tests rather than subjective tests?
2. You want to know if students understand and can use a grammar

point (for example, the present perfect). What is the best way to test the grammar point?

3. How are you going to test your students on their knowledge of the new vocabulary introduced in a lesson?

Topic number：(　　　)

```
Summary of the discussion
```

Can-do Checklist

この章で学んだ重要な項目について，簡単な説明ができると思ったらチェック（✓）を付けましょう．チェックが付けられなかった項目は，折を見て復習してください．

I can briefly explain …

- ☐ 1. criterion-referenced tests
- ☐ 2. washback
- ☐ 3. direct tests
- ☐ 4. achievement tests
- ☐ 5. reliability
- ☐ 6. validity
- ☐ 7. portfolio
- ☐ 8. multiple choice tests

●●● Final Reflections ●●●

1. 英語は決してマスターできないと思っていて、テストのために敢えて勉強はしないという学習者がいたとします。積極的な波及効果（positive washback）の可能性を生み出すには、どのようなテストを作成することができるでしょうか？

....

....

....

2. あなたの究極の目標は学習者全員が一定の英語のレベルに到達することで、自分の作成するテストのすべてが目的基準準拠であるとします。しかしながら、学習者は、自分がクラスの中で他人に対してどの位置にいるか知りたいと思っています。彼らの要求にどう対処したらよいでしょうか？

....

....

....

For Further Reading

Alderson, J. C., Clapham, C. & Wall, D. (1995). *Language test construction and evaluation.* Cambridge: Cambridge University Press.

Bachman, L. F. & Palmer, A. S. (1996). *Language testing in practice: Designing and developing useful language tests.* Oxford: Oxford University Press.

Brown, J. D. & Hudson T. (2002). *Criterion-referenced language teaching*. Cambridge：Cambridge University Press.

Heaton, J. B. (1990). *Writing English language tests*（New Edition）. Hong Kong：Longman UK Limited.

Hughes, A. (2003). *Testing for language teachers*（2nd ed.）. Cambridge：Cambridge University Press.

石川祥一・西田正・斉田智里（編）(2011).『テスティングと評価―4技能の測定から大学入試まで』. 大修館書店.

英語4技能資格・検定試験懇談会「英語4技能試験情報サイト」http://4skills.eiken.or.jp/

コラム⑧　正規分布曲線（normal distribution curve）と偏差値（Z-score / T-score）

　正規分布とは，値の分布が平均値を中心に左右対称の釣鐘形となる分布で，それを示す曲線が正規分布曲線（bell-shaped curve とも呼ばれます）です。テスト結果の場合，受験者数が多いほど得点のばらつきはこの分布に近づくことが知られています。偏差値とは，平均点や得点のばらつきを計算に入れた上で個人の得点を相対評価する値で，Z＝50＋10×(得点−平均点)/標準偏差で求められます。標準偏差（SD：Standard Deviation）は，平均値を0として，得点がそこからどの程度（＋あるいは−方向に）離れているかを示す基準値のようなものと考えてください。

　難しいことはさておき，得点分布が図のような正規分布の場合には，例えば次のことがわかります。① 偏差値50は平均点に等しい ② 素点の価値は平均点が低いか高いかにより異なるが，偏差値は平均点に左右されない相対評価の指標になる　③ 偏差値40～60（SD±1の範囲）の中に集団の68.2％の人が含まれる，④ 偏差値30～70（SD±2の範囲）に95.4％の人が含まれる。⑤ 偏差値70を取るのは，100人中2～3人である。

　正規分布曲線や標準偏差（SD）は，さまざまな統計処理の基礎となる考え方ですので，理解を深めておきましょう。

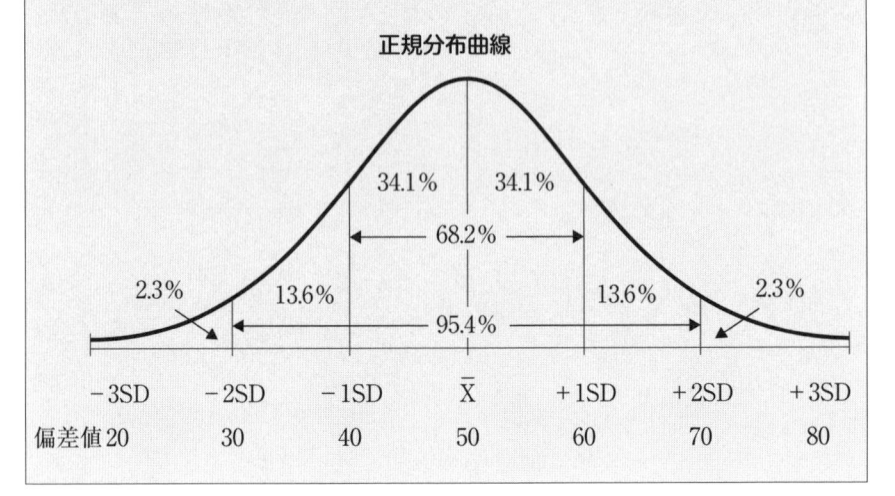

正規分布曲線

	−3SD	−2SD	−1SD	X̄	＋1SD	＋2SD	＋3SD
偏差値	20	30	40	50	60	70	80

2.3%　13.6%　34.1%　34.1%　13.6%　2.3%
68.2%
95.4%

第16章

教育実習
Teaching Practicum

教師は担当教科を指導しさえすればよいのではありません。生徒指導，学級経営，課外活動や各種行事，校務分掌など，教育現場での役割は多岐にわたります。それらを体感するのが教育実習です。教育実習は，自らを児童・生徒の中に置き，彼らと触れ合いながら，教師の責務を知り，自らの資質を高める場なのです。

●Warm-up●

大学の授業や講義で学び取ったことは，基本的に座学です。それに命を吹き込むものが教育実習です。教育実習は，生徒を前にして，生徒や自分自身と正面から向き合いながら，学んできたことを定着させ，さらに高める場です。教育実習でしなければならないことにはどのようなことがあるでしょうか。思いつくものをできるだけ多く挙げてみましょう。

KEYWORDS: classroom management, student teacher, extra-curricular activities, student guidance, code of ethics

1 Aims and purposes … 教育実習の意義と目的

1.1 教育実習の時期と期間（Time and duration）

　教育実習（teaching practicum）は通常，4年生の春または秋に行う。「教育職員免許法施行規則」により，教育実習での修得単位数や実習期間が決められており，中学校免許を取得する場合は3週間以上，高等学校免許を取得する場合は2週間以上，中学校・高等学校両方の免許を取得する場合は3週間以上の実習が必要となっている[1]。教育実習をする学校については，教員養成系の大学の附属校は，教員養成上の一つの役割として教育実習を受け入れているが，多くの場合，実習生（student teachers）の出身校や近隣の学校にお願いをすることになる。

1.2 教育実習の意義と目的（Aims and purposes）

　教育実習は，大学で学んだ理論や専門的知識を生かし，教育の現場に身を置いて，教師としての資質・能力を高めることがねらいである。

　学校教育は，教科指導を通して児童・生徒の知的な向上を図るとともに，道徳教育（moral education）や特別活動（special activities）を通して社会性を培い，課外活動（extra-curricular activities）や学校行事（school events）を通して調和のとれた心身の発達を促すことを目的としている。そのような全人格的な成長を支援する教師の仕事は座学だけではなく，実践を通して体得する必要がある。それが教育実習である。教育実習の意義として，① 現場を体感する，② 適性を知る，③ 知識と技能の融合，の3点が挙げられる。

1.2.1 現場を体感する（Get first-hand experience）

　教育現場を体感することが最も重要な内容であることは間違いない。教育現場には児童・生徒と彼らを導く教師がいて，日々，教育活動が行われてい

---

[1] 2002（平成10）年施行の「小学校及び中学校の教諭の普通免許状授与に係る教育職員免許法の特例等に関する法律」により，小・中学校教諭免許状を取得するには，介護等の体験が義務付けられた。

る。教師がしなければならない仕事は，単に教科指導にとどまらない。生徒指導（student guidance），学級活動（classroom activities）などに重点が置かれることも多く，学校が児童・生徒の全人格的な成長を支援する場であることを考慮すれば，それは当然とも言える。教育実習によって，それまでの座学を超え，教育現場を体感し，教育現場の実態を知ることには大きな意義がある。

1.2.2　適性を知る（Know your aptitude for teaching）

　第二に，教育現場を体感する中で，実習生自身が自らの適性を判断できるということにも大きな意義がある。英語教師は英語を教えていればよいのではない。教育現場では，教師は「英語担当の先生」と呼ばれるよりも，例えば「3年2組の先生」と呼ばれることの方が多い。つまり，生徒にとっても保護者にとっても自分のクラス，自分の子どもの担任の先生として，また，学年の先生としての認識が優先するのである。このように，教師に求められるものには，教科・科目指導以外のものが多く，英語教師は英語が好き，英語が得意，だけでは成り立ちえない。さらに，教育現場に足を踏み入れれば，毎日生徒たちと顔を合わせ，指導することが求められる。そのような中で，教師として自分に足りない資質にも気づくことになろう。教師としての適性（aptitude）を知り，自分に足りない資質を開発するための格好の機会としても教育実習は重要である。

1.2.3　知識と技能の融合（Bring knowledge and skills together）

　第三の意義は，知識と技能の融合である。教科教育法などの授業で学ぶことは，理論的なことが大半であり，教育現場の実態からは乖離していることもある。そこで，教育現場において，教育実習の指導を担当してくれるプロの教師の援助を仰ぎながら，大学での授業や講義で学んだことを実学として教育実践に生かす方策や技能を習得することに大きな意義がある。

2　What you should do … 教育実習ですべきこと

　「現場を体感する」という教育実習の第一の意義・目的を達成するためにも，与えられた実習期間は最大限に生かさなければならない。その際に重要

な活動として，観察，参加・実践，そして実習・研究授業の三つが挙げられる。

2.1 観察（Observation）

教育実習は，まず観察から始まる。学校に到着してから帰宅するまで，観察すべき事柄は非常に多い。主なものだけでも，以下のようなものが挙げられよう。

- 児童・生徒の行動：教育実習では，何よりもまず，児童・生徒の動きを観察することが大切である。子どもたちは，彼ら同士の人間関係や家族関係など，様々な要因によって思いもよらない動きをすることがある。それらは全て，後に挙げる学級経営（classroom management）や生徒指導（student guidance）に影響する。したがって，児童・生徒の動きをしっかりと見極めることは教師にとってこの上なく重要なことである。
- 学校全体の教育活動・行事：職員室に入れば行事予定表（school calendar）が必ず掲示されている。学校では，体育祭，遠足など数多くの年間行事が行われる。一方，定期的に全校集会（school assembly）や学年集会（grade assembly）などの学校行事も開催される。また，生徒総会（general meeting of the student council）など，生徒会（student council）が中心となる行事も行われる[2]。それらはすべて学校全体の教育活動である。それらの行事がどのように計画，運営されているのかをしっかりと観察する。各行事は，学級経営に大きく影響し，生徒の動きにも多大な影響を及ぼす。
- 学級経営の方法：実習に行けば必ずどこかの学級に配属される。日本の学校教育は学級単位でなされることが通常であり，それだけに学校教育で学級担任（homeroom teacher）の果たす役割は大きい。配属された学級の担任の指導の仕方をつぶさに観察して，生徒集団の特

---

[2] 生徒会活動や児童会の活動は課外活動に位置づけられているが，教員が深く関わり，学校全体が動くという点では，学校行事と同様である。

質，学級経営の方法について知ることは，実習において最も重要と言える。
- 生徒指導：学級担任による生徒指導のみならず，課外活動を通しての生徒指導の在り方など，教科指導以外での生徒とのコミュニケーションの取り方，その重要性について知る。
- 教科指導について：指導担当教師をはじめとする教師の教科指導（subject teaching）の方法を観察し，授業の導入から展開，まとめへとつながる流れ，教材の作り方や扱い方，生徒とのコミュニケーションの取り方などについて知る。

2.2 参加・実践（Participation and practice）

観察が客観的な目で眺めることに力点があるのに対して，実習生自身が直接的に取り組むことが参加・実践である。先に挙げた学校全体の教育活動，学級経営，生徒指導，教科指導のどの場面においても実習生が参加・実践しなければならない場面が考えられる。主なものは以下のとおりである。

- 学級関連：ショート・ホームルーム，清掃活動（cleaning-up），給食（school lunch）など
- 学年・学校行事関連：全校集会，学年集会，体育祭，文化祭など
- 授業関連：授業準備，実習授業など
- 課外活動関連：部活指導，委員会指導，生徒総会，など
- 校務分掌関連：職員打合せなど

学級を単位として行われている清掃活動やショート・ホームルームは最初から実習生に任されることも多い。実習生は生徒と一緒に清掃活動をし，ショート・ホームルームを行う。この時間は子どもたちとのコミュニケーションの貴重な機会でもある。

授業に関しては，次節で詳細に説明するが，自分の実習授業でなくても準備の手伝いや裏方としての役割はある。

課外活動の中心は部活動であろう。現在も公立学校での部活動は非常に重要な教育，とりわけ生徒指導の場と捉えられており，部活動の顧問は必ず練習に顔を出し，生徒を指導しなければならない。もちろん，部活動において

事故が発生しないよう安全に目配りすることも教師の重要な役割である。実習生も放課後になれば自分が担当する部活動に出て，生徒と共に部活動に取り組むことになる。部活動は授業とは別の環境の中で生徒と直に触れ合う機会であり，生徒の本来の姿が見えやすい機会でもある。実習生の方から積極的に生徒の中に飛び込んで行く姿勢が求められる。

実習期間中に体育祭などの行事が重なった場合，クラスの一員として自分が配属されているクラスの活動に参加したり，裏方として働いたりするのは当然である。児童・生徒も実習生の積極的な参加を期待している。

2.3 実習授業・研究授業
2.3.1 実習授業（Student teaching/teaching practicum）

実習授業は教育実習の中心となるものであり，大学の授業や講義で学んだ知識を実学として定着させる場である。

実習授業は基本的に，準備，授業実践，評価の三段階でできていると考えればよい。

- 準備：授業の準備には，教材研究，指導案の作成，教材・教具の準備が含まれる。それぞれ関連の各章（第12・13章）で学んだ必要事項をしっかり把握し，遺漏の無いよう心掛ける。何よりも指導する単元，教材を十分に吟味・研究し，指導担当教師の指示を仰ぎながら，できるだけ詳細にわたっての準備を怠らないようにしたい。指導案は，言うまでもなく細案を書く。

- 授業実践：毎回の実習授業は，緊張の連続になる。その中で落ち着いて，生徒の理解度を確かめながら，円滑に進めるように心がける。実習授業は教科書をはじめ，準備段階で用意した教材・教具などを持っていくところから始まる。授業途中に必要な教材がなかったり，メディア・プレーヤーなどの教具に不具合が起こったりしないようにしっかり確認しておくことが大切である。

　できれば，自分の授業をビデオに記録し，授業後の評価・反省の材料にすることが望ましい。他の実習生の協力が得られれば良いが，そうでない場合でも担当教師にお願いするなどして，ぜひ記録するとよ

い。
　実習授業が思う通りに進まない場合も多い。そのような場合に、生徒の反応、理解度を無視して指導案の通りに授業を展開するのは論外である。授業は生徒の理解度を十分に把握しつつ行うものである。臨機応変の対応を学び取ることが重要である。
■ 評価・反省：実習授業が終われば他の実習生と合同での評価会（合評会）がある。他の実習生や教師からのアドバイスを得て、英語教師としての力量を高める場である。授業評価にあたっては、以下の評価項目に注意を払いたい。
- 授業の流れ、活動の時間配分、テンポ、声の大きさ
- 発問・指示の適切さ、生徒の発話への対応
- 授業展開の適切さ、準備の適切さ、指導案の適切さ

上記のような評価項目に関して、他の実習生や授業を見てもらった教師からアドバイスを得ることである。そのアドバイスを次の授業に生かせるように毎回の授業に新しい気持ちで臨むことが大切である。

2.3.2　研究授業（Final student-teaching demonstration lesson）

　研究授業は教育実習の教科指導面での総まとめとなるものである。実習を通して学びとったものを活かしきって授業に臨む。基本的な流れは実習授業と全く同じであるが、校内の英語担当の教師の多くが授業参観してくれることを想定して、学習指導案、および教材・資料を印刷する必要がある。

　研究授業の後には、日ごろの評価会よりもより大きな規模での評価会・講評会が行われるのが通例である。大学からゼミや教科教育の担当教官が参観に来てくれることもある。すべての参加者から講評をもらい、厳しい評価にも真摯に耳を傾けるようにしたい。

3　What you should keep in mind … 教育実習の心構え

　教育実習は、学生にとっては自分の知識や技能を高めるための場であり、一方では、教職課程の必修単位を取得するための重要な科目である。しかし、実習生を迎える側、すなわち学校や児童・生徒にとっては、貴重な授業

時間を提供するという期間でもある。したがって，常に迎える側の立場を考え，「実習をさせてもらっている」という謙虚な姿勢で臨むべきである。

3.1 教師としての自覚とバランス感覚

実習生は，学生ではあるものの，生徒にとっては一人の教師でもある。その自覚の下に実習に臨むべきである。実習生は学生でもあるから，生徒にとっては近づきやすい存在である。しかし，決して友達ではない。生徒との人間関係は，友達のような関係を作り上げることではない。その点を勘違いしてはいけない。学生としての自分と教師の卵としての自分とのバランス感覚が重要である。言うまでもなく，教師の一人として服務規程（code of ethics）には従わなければならない。

児童・生徒への体罰などは絶対に許されることではないが，禁止事項とは言わなくても，以下の点には十分な注意を払ってもらいたい。

- 適切な言葉づかい：実習生の中には，ともすると児童・生徒との人間関係を良好にしようとして，まるで彼らの友達であるかのような接し方，とりわけ言葉づかいをする者がいるが，これは誤りである。実習生とは言っても，生徒との対話においては，友達同士のような言葉遣いにならないようにする必要がある。
- 適切な身なり：実習には，清潔感のある服装で臨みたい。カジュアルに過ぎる服装や露出の多いものは避けるべきであるし，不必要に多い装飾品も避けるべきである。基本的には男女ともスーツで臨むべきである。

3.2 積極的かつ謙虚な姿勢

実習生を迎える受け入れ校は，実習生が十分な研鑽をつんでくれることを望み，なおかつ児童・生徒にとって少しでも有益になることを願っている。そのことを自覚して，常に貪欲に学び取る姿勢を保つようにしたい。いつも実習生のために設けられた控室にいて教材研究をしているのが実習ではない。できる限り生徒と接し，指導担当教師をはじめとするすべての教師のアドバイスを仰ぎ，自分から積極的に活動し，参加すべきである。

その一方で実習生は,「受け入れ校や児童・生徒に迷惑をかけて勉強させてもらっている」という自覚の下に謙虚な姿勢で誠心誠意努めるべきでもある。言うまでもなく,教育実習は将来教師を目指す学生を対象としているということを十分にわきまえておくべきである。実習期間の後,実習生が指導した範囲を指導し直している先生方も多いということを知っておきたい。

REVIEW EXERCISES

1. Matching

　この章で学んだ重要な概念またはその概念に関するエピソードが英語で説明されています。それぞれを,下のキーワードと結び付け,かっこ内に書き込んで下さい。さらに,そのキーワードを簡単に日本語でも説明できるようにしましょう。

> (a) student guidance　(b) aptitude　(c) extra-curricular activities
> (d) classroom management　(e) code of ethics

(　　　　) 1. A whole list of conducts that help teachers tell 'right' from 'wrong' and apply that understanding to their decisions.

(　　　　) 2. One's inherent ability to do something. If you would like to be a teacher, you are supposed to have this for teaching and taking care of students.

(　　　　) 3. How teachers make sure that classroom lessons run smoothly despite disruptive behavior by students. This includes the prevention of actions that hinder other students from studying.

(　　　　) 4. Activities that fall outside of the normal curriculum of school education, including sports activities, student council activities, and so on.

(   ) 5. General and academic support that teachers provide to students. This support can be from supervision of student obedience to regulations to career guidance, and even includes one-to-one conferences to give advice to students with special needs.

2. Comprehension Check

　本文を見ずにかっこ内に適語を入れなさい。選択肢がある問題では，正しい方を選びなさい。パートナーと答え合わせをして，難しかったところを話し合いましょう。

　教育実習の目的は，教育の（1　　　）を体感することであり，また，自分の教師としての（2　　　）を知ることにある。さらには，それまで大学で座学として学んできた理論を実践することで知識と技能の（3　　　）を図ることである。

　教育実習に際しては，（4　　　），参加・実践，（5　　　）・（6　　　）の三つが活動の柱となるが，どの場面においても常に貪欲に積極的に臨むべきである。一方では，実習校の先生方のご厚意により実習させてもらっているという（7 謙虚/消極的）な姿勢が大切である。

　教育実習の教科指導における総まとめとして（6　　　）があるが，授業後の合評会では，実習生の仲間や先生方からのコメントには真摯に耳を傾けなければならない。

3. Discussion

少人数のグループに分かれ，次のトピックから1つ選んで10分間話し合ってください。次に，ディスカッションリーダーが各グループの話し合いをまとめてクラス全体に報告してください。

1. How could you, as a student teacher, deepen your relationships with students?
2. How can you make the most of your position as a student teacher?
3. What do you think you will have to be careful of when you go to teaching practicum?

Topic number：(　　　)

Summary of the discussion

Can-do Checklist

この章で学んだ重要な項目について，簡単な説明ができると思ったらチェック（✓）を付けましょう。チェックが付けられなかった項目は，折を見て復習してください。

I can briefly explain …

- ☐ 1. the primary purposes of the teaching practicum
- ☐ 2. three phases that we have in the teaching practicum
- ☐ 3. what should be kept in mind in doing the teaching practicum

Final Reflections

1. 教育実習に臨むにあたり，大切な心構えにはどのようなものが含まれるでしょうか。

　　..

　　..

　　..

2. 教育実習に行った学校で，任されそうな活動内容をできる限り挙げてみましょう。

　　..

　　..

　　..

For Further Reading

伊藤豊美. (2012).『英語教師を目指す学生のための実践・英語科指導法演習：教育実習から採用まで』. 大阪教育図書.

教育実習を考える会（編）. (2005).『教育実習生のための学習指導案作成教本 英語科』. 蒼丘書林.

米山朝二, 多田茂, 杉山敏. (2013).『新版 英語科教育実習ハンドブック』. 大修館書店.

第17章

今後への展望
Outlook on English Education in Japan

本書を閉じるにあたり，英語教育の今後を展望しておきましょう。英語教師を目指す皆さんにとって，英語教育の将来は人生と切っても切り離せないものになるはずのものですし，実は，皆さん自身が英語教育の展望を切り拓くと言えます。その意識の上に立ち，英語教育の行く末をしっかり見据え，教育に携わってほしいものです。

●Warm-up●

皆さんは，今後英語教育はどうなっていくと思いますか。英語教師になって教壇に立つことを想定して，皆さんの考えることを忌憚なく書いてみてください。その後，ペアまたはグループで話し合ってください。

KEYWORDS：zest for living, cooperative learning, backwash effect, knowledge-based society, critical thinking skills

1 Outlook on English education in Japan
英語教育の今後への展望

　日本における学校英語教育が今後どのようになるのか，どのような内容で，何を求めて実施されるのかを正確に予測することなど，できるものではない。しかしながら，現在に至るまで文部科学省が中央教育審議会などにおいて検討してきたこと，施策として実施してきたことを通観することで，その方向性は探ることができる。

1.1 「生きる力」をはぐくむ英語教育の在り方

　2006（平成18）年に改正された教育基本法には，新たに「教育の目標」が規定されたが，同法第2条第1号には，「幅広い知識と教養を身に付け，真理を求める態度を養い，豊かな情操と道徳心を培うとともに，健やかな体を養うこと」とある。これを基本としつつ，第2条第2号には「創造性と自立の精神」，第3号には「公共の精神と社会形成への参画」，そして第5号には「日本の伝統や文化を基盤として国際社会の平和と発展への寄与」が謳われている。これらの条文により明記された教育の基本理念は，1996（平成8）年の中央教育審議会答申で提唱された「生きる力」（zest for living）を育むことに他ならない[1]。

　1996（平成8）年の中央教育審議会答申では，「生きる力」を以下のように定義している。

> ［生きる力］は，全人的な力であり，幅広く様々な観点から敷衍することができる。
> 　まず，［生きる力］は，これからの変化の激しい社会において，いかなる場面でも他人と協調しつつ自律的に社会生活を送っていくために必

---

[1] 1996（平成8）年の中央教育審議会答申で，「生きる力」と「ゆとり」が並列された。その後「ゆとり」教育からの転換が図られた後も「生きる力」自体は，教育基本法の改正，新学習指導要領の施行を経ても提唱されている。

> 要となる，人間としての実践的な力である。それは，紙の上だけの知識でなく，生きていくための「知恵」とも言うべきものであり，我々の文化や社会についての知識を基礎にしつつ，社会生活において実際に生かされるものでなければならない。
> 　[生きる力]は，単に過去の知識を記憶しているということではなく，初めて遭遇するような場面でも，自分で課題を見つけ，自ら考え，自ら問題を解決していく資質や能力である。これからの情報化の進展に伴ってますます必要になる，あふれる情報の中から，自分に本当に必要な情報を選択し，主体的に自らの考えを築き上げていく力などは，この[生きる力]の重要な要素である。
> 　また，[生きる力]は，理性的な判断力や合理的な精神だけでなく，美しいものや自然に感動する心といった柔らかな感性を含むものである。さらに，よい行いに感銘し，間違った行いを憎むといった正義感や公正さを重んじる心，生命を大切にし，人権を尊重する心などの基本的な倫理観や，他人を思いやる心や優しさ，相手の立場になって考えたり，共感することのできる温かい心，ボランティアなど社会貢献の精神も，[生きる力]を形作る大切な柱である。
> 　そして，健康や体力は，こうした資質や能力などを支える基盤として不可欠である。
>
> 　　　　　　　　「21世紀を展望した我が国の教育の在り方について」
> 　　　　　　　　　　　　　　（中央教育審議会　第一次答申，1996）より

この「生きる力」を育むという姿勢が，今後の英語教育にも求められる。「生きる力」の定義にある「人間としての実践的な力」とは改正教育基本法の「教育の目標」第1号にある「幅広い知識と教養」に通じ，外国語教育について言えば，新学習指導要領にある「外国語を通じて，言語や文化に対する理解を深め，積極的にコミュニケーションを図ろうとする態度の育成を図り，聞くこと，話すこと，読むこと，書くことなどのコミュニケーション能力の基礎を養う」(『中学校学習指導要領』第2章，第9節，第1　目標)

に明記されているとおりである。

「他人を思いやる心や優しさ，相手の立場になって考えたり，共感することのできる温かい心，ボランティアなど社会貢献の精神」は第3号の「公共の精神と社会形成への参画」に通じ，そこには好ましい人間関係の構築が重要であり，他人と協調しつつ自律的に社会生活を送っていく力は不可欠である。日々の英語授業で行われるペアワークやグループワークなどをはじめ「協働学習」(cooperative learning) の理念やそれに基づく指導法の導入がますます重要性を増すことが考えられる。

「自分で課題を見つけ，自ら考え，自ら問題を解決していく資質や能力」は自立心，自己抑制力，自己責任や自助の精神の重要性を言うものであり，さらに，「生命を大切にし，人権を尊重する心などの基本的な倫理観」は，他者との共生，異質なものへの寛容，社会との調和につながる。そして，その両者とも第5号の「国際社会の平和と発展への寄与」に通じる。そのためにも外国語を理解し，表現する基礎・基本の定着が一層期待されるところである。

1.2　更なるコミュニケーション能力重視

上記の方向性を眺めて言えることは，今後ますますコミュニケーション能力の重視が求められるだろう，ということである。

第1章で見たように，「コミュニケーション」という表現はすでに1989（平成元）年改訂の学習指導要領に用いられ，それ以降，常にコミュニケーション能力の向上は求められてきた。しかし，1989（平成元）年当時の教育現場での取り扱いについては，些か消極的な面が見られた。なぜなら，当時は授業以外での英語によるコミュニケーション，とりわけ口頭英語（spoken English）の使用場面はごく限られていた。さらに，英語という科目は良くも悪くも入学試験における重要科目，いわゆる受験英語（English for entrance examinations），と捉えられ，1989（平成元）年の改訂では「オーラルコミュニケーションA〜C」が高等学校に導入されたものの，副読本による文法解説授業が実施される学校も見られ，「オーラルコミュニケーションG（Grammar）」などと揶揄されることもあった。英語教育における英語はコミュニケーションの道具というよりも受験に勝ち残るための道

具になっていた[2]。

　ようやく2000 (平成12) 年以降，第1章で見たように，さらなるグローバル化を受けて英語教育の改革が推進されてきた。2005 (平成17) 年に出された「我が国の高等教育の将来像（中央教育審議会答申）」では21世紀を「知識基盤社会」(knowledge-based society) の時代であると捉え，「精神的文化的側面と物質的経済的側面の調和のとれた社会を追求していくことが，国際社会を構築していく上でも基調となる」としている。知識基盤社会の特質としては，①知識には国境がなく，グローバル化が一層進む，②知識は日進月歩であり，競争と技術革新が絶え間なく生まれる，③知識の進展は旧来のパラダイムの転換を伴うことが多く，幅広い知識と柔軟な思考力に基づく判断が一層重要になる，④性別や年齢を問わず参画することが促進される，などの点を挙げている（「幼稚園，小学校，中学校，高等学校及び特別支援学校の学習指導要領等の改善について」中央教育審議会答申，2008）。

　このようなグローバル化と知識基盤社会化は，国際競争を激化させるばかりでなく，異なる文化・文明との共存や国際協力の必要性を増大させる。そこで重要となるのは確固としたコミュニケーション能力であり，その重要性については，もはや後戻りができる状況にはないと考えられる。折しも就学人口の減少[3]と入試制度の多様化[4]により英語の受験科目としての意味合いは徐々にではあるが小さくなりつつある。すでに多くの大学でAO入試や特別推薦入試などにより，英語を受験することなく入学する学生が増加しつつある。こうした流れからすれば，英語を言語として本格的に指導する土壌がで

---

[2] 本来，英語力の伸長度，到達度を測るという目的で実施されるべきテストが，高校入試や大学入試のようにそれ自体が目的化してしまい，英語の授業内容が入試内容にコントロールされてしまう，いわば「負の波及効果」(negative washback effect/negative backwash effect) が起こっていた。「波及効果」については第15章を参照されたい。
[3] 文部科学省「学校基本調査報告書 年次統計 (2013)」によれば，中学校・高等学校の在籍者数は2002 (平成14) 年の約386万人および約392万人から2012 (平成24) 年には約355万人および約335万人にそれぞれ減少した。
[4] 中央教育審議会，高大接続特別部会 第4回 配布資料1「AO入試等の実施状況について」によれば，2012 (平成24) 年度にAO入試や推薦入試を経由した入学者が2000 (平成12) 年度に比べ大幅に増加した。

きてきた，ということも言えよう。

2 What is indispensable in teaching English?
英語教師に求められる資質能力とは何か？

それでは，先述のような英語教育の将来像に鑑みて，英語教師はどう対処すべきなのだろうか。英語教師として心得ておくべきことは様々あるだろうが，何よりもまず，以下の3点に集中して取り組むべきである。

- 英語力の向上
- アクション・リサーチの実践
- クリティカル・シンキング能力の開発

これからの英語教師に求められるものは，まず，しっかりとした英語力，英語教師として常に向上するためのアクション・リサーチに関する知識と実践，そしてそのアクション・リサーチに欠くことのできないクリティカル・シンキング能力の開発である。以降の項目では，それぞれについて簡略に述べていくことにする。

2.1 英語力の向上

英語教師たる者，何よりもまず自分自身が英語力を伸ばす努力を惜しんではならない。一昔前と異なり，現在では英語学習の教材に事欠くことはない。実際のところ，終日英語漬けの日々を送ることが国内でも可能なほどである。児童・生徒に英語の魅力を話し，英語学習を促す前に，自分が一定の英語力を持つ必要がある。

では，どの程度の英語力が必要なのか。2003（平成15）年に出された「『英語が使える日本人』の育成のための行動計画」においては，英語教師に求められる英語力として英検準1級，TOEFL® (PBT)[5] 550点，TOEIC®

---

[5]現在では，PBTペーパーベースのTOEFLはインターネットでの試験（iBT）が実施不可能な地域のみで実施されている。PBT550点は，iBTに換算するとおおよそ79-80点（120点満点）と見なされる。

730点程度以上が目標に掲げられた。もちろん，このような検定試験のスコアなどの数値がすべてではないし，この資格・スコアを取得すれば十分ということにはならないが，一方において，現役英語教師でこの資格・スコアを取得している者が公立高等学校で50％に満たず，公立中学校では3割に満たないというのも事実である[6]。児童・生徒が英語学習に意欲的になるきっかけの一つとして，鮮やかに英語を使う教師を目の当たりにして，自分もこうなりたい，と感じることが挙げられる。そのことを肝に銘じて，彼らが憧れるような英語力の高い英語教師になるよう，自分の英語力については「このあたりで良い」と安心することなく，限りなく力を高めていくことを心がけるべきである。

英語教師に重要な資質は英語力だけではない。しかしながら，英語教師自身が児童・生徒への模範（role model）となるには，常に研鑽を積む姿勢を見せ，実際に研鑽することが重要である。英語教師が英語力を高めようと研鑽する姿が児童・生徒への模範となる。

2.2 アクション・リサーチ（Action research）の実践

英語教師としての有効な実践研究の方法にアクション・リサーチ（action research）がある。佐野（2000）はアクション・リサーチを「教師が授業を進めながら，生徒や同僚の力も借りて，自分の授業への省察とそれに基づく実践を繰り返すことによって，次第に授業を改善してゆく授業研究」と定義し，さらに，基本的に次の3つの立場に分類している。

1) 反省に基づく実践を繰り返すことによって，自分の授業を改善していくことを第一にする授業研究の立場。
2) 学校や地域の教師集団で協力してある問題を実践で追及することによって，カリキュラムや評価ばかりでなく，学校運営などの教育改革にも反映しようとする立場。
3) 応用言語学や言語習得理論に基づく仮説を，授業実践を通じて検証

---

[6] 文部科学省.(2011).「国際共通語としての英語力向上のための5つの提言と具体的施策」参照。

> し，関連学問に貢献しようとする立場。　　　　　（佐野，2000）

　上記の立場は，それぞれが峻別できるわけではなく，多分に重なり合っているのだが，英語教師が自分の授業改善を図る場合，その方法としては，おおよそ以下のようなサイクルになるだろう。

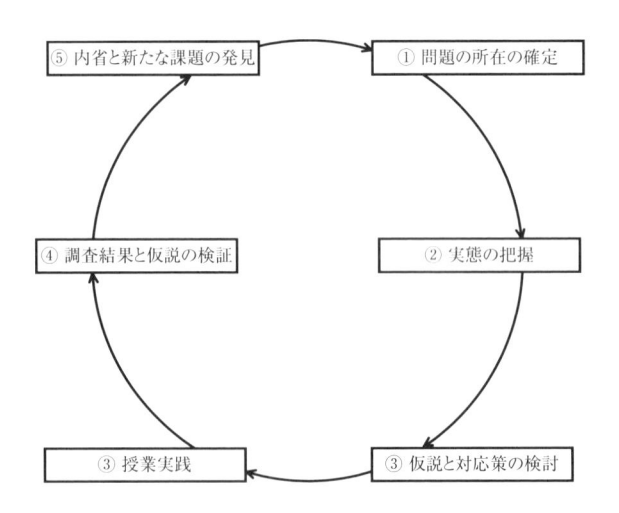

```
    ⑤内省と新たな課題の発見  →  ①問題の所在の確定
              ↑                        ↓
    ④調査結果と仮説の検証           ②実態の把握
              ↑                        ↓
         ③授業実践     ←      ③仮説と対応策の検討
```

　上記①から④までが一つのリサーチ・サイクルを構成しており，そこから⑤内省により新たな課題を確認した上で，さらなる改善に向かってリサーチを継続する。すなわち，サイクルを重ねながらスパイラルに授業改善が進行することになる。
　アクション・リサーチは英語教師が自分（たち）の授業改善を追究する取り組みであり，決して理論としての一般化を目的としてはいない。その意味では，ある学校や学年の事情に特化した取り組みになることもあり得る。したがって，リサーチの結果が一般化できるかどうかは問題にはならない。しかし，だからこそ複雑な要因を考慮した課題解決につながるとも言える。

2.3　クリティカル・シンキング能力（Critical thinking skills）の開発
　アクション・リサーチの実践を含め，英語教師が実践し，内省し，改善す

るためにどうしても必要となる資質，それがクリティカル・シンキング能力（critical thinking skills: CT）である。日本語で「批判的思考力」と訳されることもあるが，CT はグローバル化，知識基盤社会の発展とともに急激にその必要性が叫ばれだした。2012（平成24）年開催の中央教育審議会高等学校教育部会において楠見（2012）は CT の構成要素を以下のようにまとめ，その重要性を説いている。

- 証拠に基づく論理的で偏りのない思考
- 内省的思考（リフレクション）
- 問題解決や判断を支えるジェネリック（汎用的）スキル

一方，CT の発展に寄与した代表的な研究者である Ennis（1996）は CT に含まれる基本的な構成要素を提示し，FRISCO approach を提案した。

- 焦点（Focus）：主張（問題とすること）を明確化すること。
- 理由づけ（Reasons）：情報（事実）を集め，主張の理由を明らかにすること。
- 推論（Inference）：情報（事実）から主張への推論の妥当性を検証すること。
- 状況（Situation）：状況を把握すること。
- 明瞭化（Clarity）：言葉の意味を明確にすること。
- 概観（Overview）：全体のプロセスを繰り返し，遺漏のないようにすること。

FRISCO とは上記のように，焦点（Focus），理由づけ（Reasons），推論（Inference），状況（Situation），明瞭化（Clarity），概観（Overview）の頭文字を取ったものであるが，approach という表現が表わすように，これは批判的に思考するためのアプローチの仕方（過程）を示している。さらには，このアプローチは先述のアクション・リサーチのサイクルにも通じるものがある。

CTはグローバル人材に欠くことのできない資質として重要視されているものであり，日々の教育活動において研鑽を積み，改善・改革を推し進めようとする英語教師にとって不可欠な資質である。

2.4　今後，すべての教師に求められる資質能力

第1章において，現在のグローバル化した社会に求められる人材の育成を図るための「グローバル人材育成戦略」（グローバル人材育成推進会議，2012）に言及したが，そのグローバル化した社会に対応できる人材育成の中核となるべきものは学校教育に他ならない。文部科学省は1997（平成9）年の時点ですでに「新たな時代に向けた教員養成の改善方策について」（教育職員養成審議会・第1次答申）の中で「教員に求められる資質能力」を以下のように2種類に分類して提示している。

⑴　いつの時代も教員に求められる資質能力：
　昭和62年12月18日付けの本審議会答申「教員の資質能力の向上方策等について」（以下「昭和62年答申」という。）の記述（注）等をもとに考えてみると，教員資質能力とは，一般に，「専門的職業である『教職』に対する愛着，誇り，一体感に支えられた知識，技能等の総体」といった意味内容を有するもので，「素質」とは区別され後天的に形成可能なものと解される。
　昭和62年答申に掲げられた資質能力は教員である以上いつの時代にあっても一般的に求められるものであると考えるが，このような一般的資質能力を前提としつつ，今日の社会の状況や学校・教員を巡る諸問題を踏まえたとき，今後特に教員に求められる資質能力は，具体的にどのようなものであろうか。

⑵　今後特に教員に求められる具体的資質能力：
　これからの教員には，変化の激しい時代にあって，子どもたちに［生きる力］を育む教育を授けることが期待される。そのような観点から，今後特に教員に求められる資質能力の具体例を，上記⑴に掲げた一般的資質能力との重複や事項間の若干の重複をいとわず図式的に整理してみ

ると，概ね以下の［参考図］のようになると考える。

　すなわち，未来に生きる子どもたちを育てる教員には，まず，地球や人類の在り方を自ら考えるとともに，培った幅広い視野を教育活動に積極的に生かすことが求められる。さらに，教育という職業自体が社会的に特に高い人格・識見を求められる性質のものであることから，教員は変化の時代を生きる社会人に必要な資質能力をも十分に兼ね備えていなければならず，これらを前提に，当然のこととして，教職に直接関わる多様な資質能力を有することが必要と考える。

［参考図］今後特に教員に求められる具体的資質能力の例

```
地球的視野に立って行動するための資質能力
　├─ 地球，国家，人間等に関する適切な理解
　│　　例：地球観，国家観，人間観，個人と地球や国家の関係についての適切な理解，社会・集団における規範意識
　├─ 豊かな人間性
　│　　例：人間尊重・人権尊重の精神，男女平等の精神，思いやりの心，ボランティア精神
　└─ 国際社会で必要とされる基本的資質能力
　　　　例：考え方や立場の相違を受容し多様な価値観を尊重する態度，国際社会に貢献する態度，自国や地域の歴史・文化を理解し尊重する態度

変化の時代を生きる社会人に求められる資質能力
　├─ 課題解決能力等に関わるもの
　│　　例：個性，感性，創造力，応用力，論理的思考力，課題解決能力，継続的な自己教育力
　├─ 人間関係に関わるもの
```

```
    ├ 例：社会性，対人関係能力，コミュニケーション能力，ネッ
    │   トワーキング能力
  ├ 社会の変化に適応するための知識及び技能
    └ 例：自己表現能力（外国語のコミュニケーション能力を含
        む。），メディア・リテラシー，基礎的なコンピュータ活
        用能力


  教員の職務から必然的に求められる資質能力

  ├ 幼児・児童・生徒や教育の在り方に関する適切な理解
    └ 例：幼児・児童・生徒観，教育観（国家における教育の役割
        についての理解を含む。）
  ├ 教職に対する愛着，誇り，一体感
    └ 例：教職に対する情熱・使命感，子どもに対する責任感や興
        味・関心
  └ 教科指導，生徒指導等のための知識，技能及び態度
    └ 例：教職の意義や教員の役割に関する正確な知識，子どもの
        個性や課題解決能力を生かす能力，子どもを思いやり感
        情移入できること，カウンセリング・マインド，困難な
        事態をうまく処理できる能力，地域・家庭との円滑な関
        係を構築できる能力
```

「新たな時代に向けた教員養成の改善方策について」（文部科学省，1997）

　「今後特に教員に求められる資質能力」に示された資質能力こそ，これからの教師に求められている資質能力ということである。ここに言う資質能力は，英語教師のみならずすべての教師に求められるものだが，英語教師として教壇に立つ者も十分にわきまえておくべき点である。

2.5 「知英」派を輩出する姿勢

　最後になるが，この章を閉じるにあたり，英語教師としてのバランスの取れた英語教育観に触れておきたい。

　「好きこそものの上手」の言葉通り，何事も上達するには，そのことを好きになるのが一番である。本書を手に英語科教育法を学ぶ読者もおそらくはその一人であり，英語が好きで，上達した一人ではないだろうか。あるいは，最初は苦手であったがそれを克服して自信を得，英語教師になろうと志す人もいるかもしれない。英語教師として教壇に立ったならば，児童・生徒が自分と同じように英語好きになってくれるように，そして英語力に自信を持てるように導いてほしいものである。ただし，そこには忘れてはならないバランスがあることにも目を向けてほしい。すなわち，「好き」であるということは「盲目的に英語や英語文化に憧れる」ということではなく，あくまで「知的好奇心を高め，理解する」ということだということを覚えておいてほしい。

　大谷（2007）によれば，日本は異文化（ここでは英語や英語文化）に対して「親英」の時代と「反英」の時代を約40年の周期で繰り返してきた（第1章「英語教育の目的」参照）。そのことに警鐘を鳴らして大谷（2007）は，以下のように提唱している。

> 　われわれは，幕末以来今日まで140余年の間，異文化に対して卑屈ともいえる自信喪失の「親英」の時期と，一転して尊大ともいえる自信過剰の「反英」の時期の，いわば2極間の往復運動を，ほぼ40年周期で三たび繰り返してきた。そして，またもや飽きることもなく「親英」「反英」の第4回目のサイクルに足を踏み入れようとするいま，われわれは，われわれ自身のこのような対異文化姿勢のありようを，あらためて厳しく点検する必要があるのではないか。
> 　…中略…おそらく，そのような反省なしには，われわれは今後も，いたずらに政治や経済の目先の動向に振り回されたいわば移ろいやすい心情的「親英」「反英」のサイクルを重ねて，言語や文化についての深い理解に根ざした覚めた目の「知英」の域に達することは困難と思われる。

> …(中略)…異言語を通しての異文化理解とは，異言語の単なる技能や知識の教育にとどまらず，それを通して何よりも絶対的な自己中心の発想から，多様で相対的な世界の認識への脱皮を促すものでなければならないはずである。(p.141)

英語を指導する英語教師自身が大谷（2007）の言う「知英」の域に達してこそ，児童・生徒たちを導くことができる。そのためにも研鑽を怠らず，奢らず，英語と真摯に向き合いながら，子供たちを導く英語教師を目指してもらいたい。

本書を閉じるにあたり，一言書き添えておきたい。それは，英語教育の今後への展望は，決して座して眺めるものなどではなく，私たち英語教師自身が，日々の教育活動の中で練り上げていくものだということである。

For Further Reading

山田雄一郎. (2005). 『日本の英語教育』. 岩波新書.
伊村元道. (2003). 『日本の英語教育200年』. 大修館書店.
佐野正之. (2000). 『アクション・リサーチのすすめ：新しい英語授業研究』. 大修館書店.
鈴木孝夫. (1999). 『日本人はなぜ英語ができないか』. 岩波新書.
大谷泰照. (2007). 『日本人にとって英語とは何か――異文化理解のあり方を問う』. 大修館書店.

コラム⑼　バランスのとれた英語教師に

これまで長年にわたり日本の英語教育界に大きな影響を与えてこられた國弘正雄先生は次のように述べています。

> 私は東アジア人の仏教徒として，また多神論者として，ものごとをデジタル的に，ということは0か1かという二律背反的に捉える論理にはなじまないのです。相互排除的（mutually exclusive）な either or の考え方よりは，相互浸透的（mutually permeable）な both and のアナログ的な考え方により近しみや親しみを覚えるのです。真理か妄説か，神か悪魔か，といういわばアリストテレス流の割り切り方には違和感をしか覚えません。
> 　　　　　　　　　　　　　　　　　　　　　（大津（編）2004, p.292）

英語力に長け，長年にわたり海外との交渉にも携わってこられた國弘先生にしても日本人としてのアイデンティティーを強くお持ちであったことが窺える言葉です。英語を指導する教師だからこそ，常に自分のアイデンティティーはしっかりと持ち続けたいものです。

REVIEW EXERCISES 解答

【第1章】
1．Matching
1．(d)　2．(b)　3．(a)　4．(c)　5．(e)
2．Comprehension Check
1．リンガ・フランカ（lingua franca）
2．native language/native tongue/mother language/L1
3．English as a second language（ESL）
4．English as a foreign language（EFL）
5．EIL　6．実学的　7．教養的

【第2章】
1．Matching
1．(c)　2．(a)　3．(d)　4．(b)　5．(e)
2．Comprehension Check
1．「教職」として求められる資質能力　2．英語運用能力
3．英語教授力（1.～3. 順不同）　4．準1　5．信頼
6．情熱（teacher enthusiasm）　7．交渉　8．振り返　9．自己研修
10．熟達

【第3章】
1．Matching
1．(e)　2．(f)　3．(a)　4．(b)　5．(d)　6．(c)
2．Comprehension Check
1．年少の方が　2．臨界期仮説（Critical Period Hypothesis）　3．発音
4．文法　5．できない　6．演繹的（deductive）　7．帰納的（inductive）
8．場依存　9．分析的　10．場独立

【第4章】
1．Matching
1．(c)　2．(e)　3．(a)　4．(f)　5．(d)　6．(b)
2．Comprehension Check
1．行動　2．構造　3．習慣形成　4．言語の生得性　5．インプット仮説
6．アウトプット仮説　7．中間言語（interlanguage）　8．自然言語

【第5章】
1. Matching
1. (e)　2. (b)　3. (f)　4. (g)　5. (d)　6. (c)　7. (a)
2. Comprehension Check
1. 文法訳読法　2. 文法規則・語彙・知識
3. オーディオ・リンガル・メソッド　4. dialogues　5. drills　6. 完全な
7. 文法　8. Focus on form（FonF）

【第6章】
1. Matching
1. (e)　2. (a)　3. (d)　4. (b)　5. (c)
2. Comprehension Check
1. 教育課程（curriculum）　2. 外国語活動　3. ゆとり　4. 生きる
5. 中学校英語　6. 聞くこと，話すこと，読むこと，書くこと　7. 統合
8. 適切　9. 文法　10. 評価

【第7章】
1. Matching
1. (f)　2. (a)　3. (b)　4. (d)　5. (c)　6. (e)
2. Comprehension Check
1. 受容的　2. 能動的　3. 音声面　4. 情報
5. グループ分け（clustering/chunking）　6. スキーマ（schema/schemata）

【第8章】
1. Matching
1. (e)　2. (f)　3. (d)　4. (c)　5. (a)　6. (b)
2. Comprehension Check
1. コミュニケーション　2. 英語（classroom English）
3. 模倣的（imitative）　4. 応答的（responsive）　5. 相互的（interactive）
6. インフォメーション・ギャップ（information gap）
7. ストラテジー・方略（strategies）

【第9章】
1. Matching
1. (a)　2. (f)　3. (e)　4. (b)　5. (d)　6. (c)
2. Comprehension Check
1. 文法　2. 背景知識　3. 語彙　4. スキーマ（schema/schemata）
5. ボトムアップ（bottom-up）　6. トップダウン（top-down）
7. 精読（intensive reading）　8. 多読（extensive reading）

【第10章】
1. Matching
1. (f)　2. (e)　3. (b)　4. (c)　5. (d)　6. (a)
2. Comprehension Check
1. 和文英訳　2. ライティング　3. アルファベット（the alphabet）
4. 発音　5. 句読法（punctuation）　6. パラグラフ
7. プロセス・ライティング（process writing）
8. ピア・フィードバック（peer feedback）

【第11章】
1. Matching
1. (f)　2. (d)　3. (a)　4. (c)　5. (b)　6. (e)
2. Comprehension Check
1. 定型表現　2. 一般知識（world knowledge）　3. 子音　4. つながって
5. 強勢（stress）　6. 理解　7. 辞書・語彙学習の方略　8. 4技能
9. 使い方（use）　10. インタラクション（interaction）
11. パタン・プラクティス　12. Focus on Form（FonF）

【第12章】
1. Matching
1. (a)　2. (b)　3. (c)　4. (g)　5. (e)　6. (d)　7. (f)
2. Comprehension Check
1. 指導計画　2. 言語材料　3. 題材　4. 検定教科書　5. 補助教材
6. 言語活動　7. 演繹的　8. モチベーション・学習意欲　9. 黒板

【第13章】
1. Matching
1. (a)　2. (c)　3. (b)　4. (d)　5. (f)　6. (e)
2. Comprehension Check
1. 略案　2. 細案　3. 単元設定の理由　4. 指導計画　5. 本時の目標
6. シナリオ

【第14章】
1. Matching
1. (c)　2. (d)　3. (b)　4. (e)　5. (a)
2. Comprehension Check
1. JET　2. 5·6　3. 外国語活動　4. Assistant Language Teacher
5. Non-JET ALT　6. 強み（長所）　7. 異文化　8. Role
9. より良い人間関係（rapport）　10. コミュニケーション

【第15章】
1. Matching
1. (b)　2. (f)　3. (d)　4. (a)　5. (c)　6. (g)　7. (e)
2. Comprehension Check
1. 集団基準準拠テスト（norm-referenced test）　2. 正規分布曲線
3. 熟達度テスト（proficiency test）　4. 到達度テスト（achievement test）
5. 信頼性（reliability）　6. 妥当性（validity）　7. 実用性（practicality）

【第16章】
1. Matching
1. (e)　2. (b)　3. (d)　4. (c)　5. (a)
2. Comprehension Check
1. 現場　2. 適性　3. 融合　4. 観察　5. 実習授業　6. 研究授業
7. 謙虚

参考文献・読書案内

◆本文中に掲げたもの以外にも，参考にして頂きたい書籍・論文を掲げました。欧文資料は，図書館などを利用して，ぜひ原典に触れてみてください。また，和文資料は，基本的な文献のほかに，教養として読んでみて頂きたい本も取り上げました。参考にして頂ければ幸いです。

Aitchison, J. (2003). *Teach yourself linguistics*. London: Hodder.
Alderson, J. C., Clapham, C., & Wall, D. (1995). *Language test construction and evaluation*. Cambridge: Cambridge University Press.
Asher, J. J. (1982). *Learning another language through actions: The complete teacher's guidebook* (2nd ed.). Los Gatos, CA: Sky Oaks Productions, Inc.
Avery, P., & Ehrlich, S. (1992). *Teaching American English pronunciation*. New York, NY: Oxford University Press.
Bachman, L. F. (1990). *Fundamental considerations in language testing*. Oxford: Oxford University Press.
Bachman, L. F., & Palmer, A. S. (1996). *Language testing in practice: Designing and developing useful language tests*. Oxford: Oxford University Press.
Bailey, K. M. (2005). *Practical English language teaching: Speaking*. New York, NY: McGraw-Hill ESL/EFL.
Baily. S. (2006). *Academic writing: A handbook for international students* (2nd ed.). Oxon: Routledge.
Blair, R. W. (Ed.). (1982). *Innovative approaches to language teaching*. Rowley, MA: Newbury House Publishers.
Boers, F., & Lindstromberg, S. (2009). *Optimizing a lexical approach to instructed second language acquisition*. New York, NY: Palgrave.
Brown, H. D. (2007). *Teaching by principles: An interactive approach to language pedagogy*. (3rd ed.). White Plains, NY: Pearson Education.
Brown, H. D., & Abeywickrama, P. (2010). *Language assessment: Principles and classroom practices* (2nd ed.). White Plains, NY: Pearson Education.
Brown, J. D., & Hudson T. (2002). *Criterion-referenced language teaching*. Cambridge: Cambridge University Press.
Brown, J. D. (2005). *Testing in language programs: A comprehensive guide to English language assessment* (New edition). New York: McGraw-Hill.

Brown, R. (1973). *A first language: The early stages.* Cambridge, Mass.: Harvard University Press.
Brown, S. (2011). *Listening myths: Applying second language research to classroom teaching.* Ann Arbor, MI: University of Michigan Press.
Canale, M. (1983). From communicative competence to communicative language pedagogy. In Richards, C. & Schmidt, R. W (Eds.). *Language and communication.* London: Longman.
Canale, M., & Swain, M. (1980). Theoretical bases of communicative approaches to second language teaching and testing. *Applied Linguistics 1.* 1-47.
Carrell, P. L. (1983). Three components of background knowledge in reading comprehension. *Language learning 33.* 183-207.
Carroll, J., & Sapon, S. (1959). *Modern language aptitude test.* New York: The Psychological Corporation.
Celce-Murcia, M. (2007). Rethinking the role of communicative competence in language teaching. In E. A. Soler & M. P. S. Jordà (Eds.). *Intercultural Language Use and Language Learning.* The Netherlands: Springer Netherlands.
Celce-Murcia, M., & Larsen-Freeman, D. (1999). *The grammar book: An ESL / EFL teacher's course* (2nd ed.). Boston, MA: Heinle & Heinle.
Celce-Murcia, M., & Olshtain, E. (2000). *Discourse and context in language teaching.* Cambridge: Cambridge University Press.
Chomsky, N. (1965). *Aspects of the theory of syntax.* Cambridge, MA: MIT Press.
Coyle, D., Hood, P., & Marsh, D. (2010). *CLIL. Content and language integrated learning.* Cambridge, UK: Cambridge University Press.
Cook, V. (2008). *Second language learning and language teaching.* (4th ed.). London: Hodder Education.
Council of Europe. (2001). *Common European Framework of Reference for Languages: Learning, teaching, assessment.* Cambridge: Cambridge University Press.
Csikszentmihalyi, M. (1997). Intrinsic motivation and effective teaching: A flow analysis. In Bess, J. L. (Ed.). *Teaching well and liking it: Motivating faculty to teach effectively.* Baltimore, MD: Johns Hopkins University Press.
Day, R., & Park, J. (2005). Developing reading comprehension questions. *Reading in a Foreign Language, 17,* 60-73.
Dewey, J. (1910). *How we think.* Boston, MA: D. C. Heath & Co. Publishers.
Dörnyei, Z. (2001). *Motivational strategies in the language classroom.* Cambridge,

UK: Cambridge University Press.

Dörnyei, Z. (2005). *The psychology of the language learner: Individual differences in second language acquisition.* Mahwah, NJ: Lawrence Erlbaum Associates.

Ellis, R. (2003). *Task-based language learning and teaching.* Oxford: Oxford University Press.

Ellis, R. (2008). *The study of second language acquisition* (2nd ed.). Oxford: Oxford University Press.

Ennis, R. H. (1996). *Critical thinking.* Upper Saddle River, NJ: Prentice Hall.

Field, J. (2005). Intelligibility and the listener: The role of lexical stress. *TESOL Quarterly, 39,* 399-423.

Field, J. (2008). *Listening in the language classroom.* Cambridge: Cambridge University Press.

Gardner, R., & Lambert, W. (1972). *Attitudes and motivation in second language learning.* Rowley, MA.: Newbury House.

Glasser, W. (1998). *The quality school.* New York, NY: Harper Perennial.

Gordon, L. (2008). Writing and good language learners. In C. Griffith (Ed.). *Lessons from good language learners. Cambridge*: Cambridge University Press.

Graham, C. (2003). *Small talk: More jazz chants* [audiobook]. Oxford: Oxford University Press.

Hadfield, J. (1990). *Intermediate communication games.* Essex, England: Pearson Education Limited.

Harmer, J. (2001). *The practice of English language teaching* (3rd ed.). Essex, England: Pearson Education Limited.

Harvey, M. (2003). *The nuts and bolts of college writing.* Hackett Publishing.

Heaton, J. B. (1990). *Writing English language tests* (New ed.). Hong Kong: Longman UK Limited.

Helgesen, M., & Brown, S. (2007). *Practical English language teaching: Listening.* New York, NY: McGraw-Hill ESL/EFL.

Hughes, A. (2003). *Testing for language teachers* (2nd ed.). Cambridge: Cambridge University Press.

Hughes, R. (2003). *Teaching and researching speaking.* London, UK: Longman.

Klippel, F. (1984). *Keeping talking: Communicative fluency activities for language teaching.* Cambridge: Cambridge University Press.

Krashen, S. (1985). *The input hypothesis: Issues and implications.* London:

Longman.

Krashen, S., & Terrell, T. (1983). *The natural approach: Language acquisition in the classroom.* Oxford: Pergamon Press.

Lado, R. (1957). *Linguistics across cultures: Applied linguistics for language teachers.* Ann Arbor, Michigan: University of Michigan.

Larsen-Freeman, D. (2000). *Techniques and principles in language teaching.* Oxford: Oxford University Press.

Lightbown, P. (2008). Transfer appropriate processing as a model for classroom language acquisition. In Z-H. Han (Ed.), *Understanding second language process.* Clevedon, England: Multilingual Matters.

Long, M. (1981). Input, interaction and second language acquisition. In Winitz, H. (ed.) *Native language and foreign language acquisition, Annals of the New York Academy of Sciences 379,* 259-89. New York: New York Academy of Sciences.

Long, M., Inagaki, S., & Ortega, L. (1998). The role of implicit negative feedback in SLA: Models and recasts in Japanese and Spanish. *Modern Language Journal, 82.* 357-71.

MacIntyre, P. D., Clément, R., Dörnyei, Z., & Noels, K. A. (1998). Conceptualizing willingness to communicate in a L2: A situated model of confidence and affiliation. *Modern Language Journal, 82.* 545-62.

Ministry of Education, Culture, Sports, Science and Technology. (2002). *Handbook for team-teaching, Revised edition.* Tokyo: MEXT.

Naiman, N., Frohlich, M., Stern, H. H., & Todesco, A. (1978). *The good language learner.* Toronto: Ontario Institute for Studies in Education.

Nation, I. S. P. (2001). *Learning vocabulary in another language.* New York, NY: Cambridge University Press.

Nation, I. S. P. (2008). *Teaching vocabulary: Strategies and techniques.* Boston, MA: Heinle.

Nation, I. S. P., & Newton, J. (2009). *Teaching ESL/EFL listening and speaking.* New York, NY: Routledge.

Nation, I. S. P. (2009). *Teaching ESL/EFL reading and writing.* New York, NY: Routledge.

Newby, D., Allan, R., Fenner, A., Jones, B., Komorowska, H., & Soghikyan, K. (2007). *European portfolio for student teachers of languages: A reflection tool for language teacher education.* ECML, Council of Europe.

O'Mally, J., & Chamot, A. U. (1990). *Learning strategies in second language acquisition.* Cambridge: Cambridge University Press.

Oshima, A., & Hogue, A. (2006). *Writing academic English* (4th ed.). New York: Pearson Education.

Prabhu, N. (1987). *Second language pedagogy.* Oxford: Oxford University Press.

Richards, J. C., & Lockhart, C. (1996). *Reflective teaching in second language classrooms.* NY: Cambridge University Press.

Richards, J. C., & Rodgers, T. S. (2001). *Approaches and methods in language teaching: A description and analysis.* London: Cambridge University Press.

Richards, J. C., & Renandya, W. A. (2002). *Methodology in language teaching: An anthology of current practice.* Cambridge: Cambridge University Press.

Rost, M. (1990). *Listening in language learning.* New York: Longman Publishing Company.

Rost, M. (2002). *Teaching and researching listening.* London, UK: Longman.

Saville-Troike, M. (2006). *Introducing second language acquisition.* Cambridge: Cambridge University Press.

Schön, D. (1983). *The reflective practitioner: How professionals think in action.* NY: Basic Books.

Schramm, K. (2006). Reading and good language learners. In C. Griffith (Ed.). *Lessons from good language learners.* Cambridge: Cambridge University Press.

Selinker, L. (1972). Interlanguage. *International review of applied linguistics, 10.* 209-231.

Stevick, E. W. (1982). *Teaching and learning languages.* Cambridge: Cambridge University Press.

Swain, M. (1985). Communicative competence: some roles of comprehensible input and comprehensible output in its development. In Gass, S, and Madden, C. (Eds.). *Input in second language acquisition.* Rowley, Mass.: Newbury House.

Swan, M. (2005). *Practical English usage* (3rd ed.). Oxford: Oxford University Press.

Tomlinson, B., & Masuhara, H. (Eds.) (2010). *Research for materials development in language learning: Evidence for best practice.* London: Continuum International Publishing Group.

Tomlinson, B. (1998). *Materials development in language teaching* (2nd ed.). New York, NY: Cambridge University Press.

Tsui, A. B. M. (2005). Expertise in teaching: Perspectives and issues. In K.

Johnson (Ed.), *Expertise in second language learning and teaching*. New York, NY: Palgrave Macmillan.

Ur, P. (1984). *Teaching listening comprehension*. Cambridge: Cambridge University Press.

Ur, P. (2009). *Grammar practice activities: A practical guide for teachers* (2nd ed.). Cambridge: Cambridge University Press.

van Ek, J A., & Trim, J. L. (1991). *Threshold level 1990*. Cambridge: Cambridge University Press. ［米山朝二・松沢伸二（訳）.（1998）.『新しい英語教育への指針 ― 中級学習者レベル〈指導要領〉』大修館書店.］

VanPatten, B., & Cadierno, T. (1993). Explicit instruction and input processing. *Studies in second language acquisition, 15*, 225-243.

VanPatten, B., & Williams, J. (Eds.). (2007). *Theories in second language acquisition*. Mahwah, NJ: Lawrence Erlbaum.

Witkin, H. A., Moore, C. A., Goodenough, D. R., & Cox, P. W. (1977). Field dependent and field independent cognitive styles and their educational implications. *Review of Educational Research, 47*, 1-64.

Yonesaka, S. M., & Tanaka, H. (2014). *Discovering English sounds: Phonetics made easy*. Tokyo: Cengage Learning.

相澤一美・望月正道（編）.（2010）.『英語語彙指導の実践アイディア集CD-Rom付』. 大修館書店.

新井郁男・天笠茂（編）.（1999）.『学習の総合化をめざすティーム・ティーチング事典』. 教育出版.

安藤昭一（編）.（1991）.『英語教育現代キーワード事典』. 増進堂.

安藤貞雄.（2005）.『現代英文法講義』. 開拓社.

石川祥一・西田正・斉田智里.（編）.（2011）.『テスティングと評価―4技能の測定から大学入試まで』. 大修館書店.

石渡一秀・ハイズマンズ・G.（2011）.『現場で使える教室英語-重要表現から授業への展開まで-』. 三修社.

磯田貴道.（2010）.『教科書の文章を活用する英語指導』. 成美堂.

伊藤健三・佐々木明・大友賢二・吉沢美穂・井村元道（編）.（1976）.『英語指導法ハンドブック①導入編』. 大修館書店.

伊藤豊美.（2012）.『英語教師を目指す学生のための実践・英語科指導法演習：教育実習から採用まで』. 大阪教育図書.

伊村元道.（2003）.『日本の英語教育200年』. 大修館書店.

伊村元道, 茂住實男, 木村松雄（編著）.（2008）.『新しい英語科教育法―小・中・高

校の連携を視座に』（第2版）. 学文社.
上淵寿. (2004).『動機づけ研究の最前線』. 北大路書房.
江利川春雄. (2012).『協同学習を取り入れた英語学習のすすめ』. 大修館書店.
江利川春雄・斎藤兆史・鳥飼玖美子・大津由紀雄. (2014).『学校教育は何のため？』. ひつじ書房.
ELEC同友会英語教育学会実践研究部会編著. (2008).『段階的スピーキング活動42』. 明治図書.
大井恭子. (2002).『「英語モード」でライティング』. 講談社パワー・イングリッシュ. DHC.
大井恭子. (編著). (2008).『パラグラフ・ライティング指導入門』. 大修館書店.
大谷泰照. (2007).『日本人にとって英語とは何か──異文化理解のあり方を問う』. 大修館書店.
大津由紀雄. (1996).『探検！ことばの世界』. NHK出版.
大津由紀雄（編著）. (2004).『小学校での英語教育は必要か』. 慶応義塾大学出版会.
大津由紀雄・江利川春雄・斎藤兆史・鳥飼玖美子（2013）.『英語教育，迫り来る破綻』. ひつじ書房.
岡部幸枝・松本茂（編著）. (2010).『高等学校新学習指導要領の展開 外国語科英語編』. 明治図書.
萩野俊哉. (2000).『コミュニケーションのための英文法』. 大修館書店.
鹿毛雅治・奈須正裕（編著）. (1997).『学ぶことと教えること』. 金子書房.
梶田叡一. (2007).『教育評価入門：学びと育ちの確かめのために』. 協同出版.
門田修平・玉井健 (2004).『決定版 英語シャドーイング』. コスモピア.
門田修平・野呂忠司・氏木道人（編著）. (2010).『英語リーディング指導ハンドブック』. 大修館書店.
金谷憲. (2002).『英語授業改善のための処方箋：マクロに考えミクロに対処する』. 大修館書店.
金谷憲（編著）. (2002).『英語教育評価論』. 河源社.
金谷憲. (2003).『英語教育研究リサーチ・デザイン・シリーズ⑧英語教育評価論-英語教育における評価行動を科学する』. 河源社.
金谷憲（編集代表）. (2009).『大修館英語授業ハンドブック中学校編』. 大修館書店.
金谷憲（編集代表）. (2012).『大修館英語授業ハンドブック高校編』. 大修館書店.
兼重昇・直山綿子（編著）. (2008).『小学校 新学習指導要領の展開 外国語活動編』. 明治図書.
北原延晃. (2010).『英語授業の「幹」をつくる本（上巻）』. ベネッセコーポレーション.

北原延晃. (2010).『英語授業の「幹」をつくる本（下巻）』. ベネッセコーポレーション.

教育実習を考える会（編）. (2005).『教育実習生のための学習指導案作成教本 英語科』. 蒼丘書林.

國弘正雄. (2004).『只管朗読と「必要悪」としての英語』. 大津由紀雄（編著）.『小学校での英語教育は必要か』. 慶應義塾大学出版会.

小池生夫（監修）. (1994).『第二言語習得研究に基づく最新の英語教育』. 大修館書店.

小寺茂明・吉田晴世. (2005).『英語教育の基礎知識-教育方法の理論と実践』. 大修館書店.

小寺茂明・吉田晴世（編著）. (2008).『スペシャリストによる英語教育の理論と応用』. 松柏社.

近藤ブラウン妃美 (2012).『日本語教師のための評価入門』. くろしお出版.

斎藤栄二. (1996).『英語授業レベルアップの基礎』. 大修館書店.

斎藤栄二・鈴木寿一（編著）. (2000).『より良い英語授業を目指して-教師の疑問と悩みにこたえる』. 大修館書店.

斉藤兆史. (1995).「英語帝国主義は怖い/怖くない」.『現代英語教育』, 3月号, 7-32. 研究社.

笹達一郎. (2012).『すぐに役立つ！365日の英語授業づくりガイドブック―コミュニケーション活動・評価編』. 明治図書.

笹島茂・西野孝子・江原美明・長嶺寿宣（編著）. (2014).『言語教師認知の動向』. 開拓社.

佐藤一嘉. (2011).『フォーカス・オン・フォームでできる！新しい英文法指導アイディアワーク（高校）』. 明治図書.

佐野正之. (2000).『アクション・リサーチのすすめ：新しい英語授業研究』. 大修館書店.

重成美雪. (1998).「モチベーションと学生の英語に対する'苦手意識'との相互関係の研究」『北海道東海大学教育開発研究センター所報』. 第11号, 53-59.

静哲人. (2002).『英語テスト作成の達人マニュアル』. 大修館書店.

次世代教員養成研究会（編）. (2014).『次世代教員養成のための教育実習：教師の初心をみがく理論と方法』. 学文社.

JACET教育問題研究会. (2012).『英語教師の成長に関わる枠組みの総合的研究』. 平成24年度科学研究費補助金基盤研究（B）研究成果報告書.

JACET教育問題研究会（編）. (2012).『新しい時代の英語科教育の基礎と実践-成長する英語教師を目指して』. 三修社.

シュミット・G., 長沼君主, オドワイヤー・F., イミック・A., 境一三（編）. (2010). 『日本と諸外国の言語教育における Can-Do 評価―ヨーロッパ言語共通参照枠 (CEFR) の適用―』. 朝日出版社.
ジョンソン・K., ジョンソン・H. (著). 岡秀夫（監訳）. (1999). 『外国語教育学大辞典』. 大修館書店.
白井恭弘. (2008). 『外国語学習の科学―第二言語習得論とは何か』. 岩波新書.
鈴木孝夫. (1999). 『日本人はなぜ英語ができないか』. 岩波新書.
鈴木健・大井恭子・竹前文夫（編）. (2006).『クリティカル・シンキングと教育: 日本の教育を再構築する』. 世界思想社.
鈴木寿一・門田修平. (2012). 『英語音読指導ハンドブック』. 大修館書店.
諏訪部真・望月昭彦・白畑知彦（編著）. (1997). 『英語の授業実践-小学校から大学まで』. 大修館書店.
高島英幸（編著）. (2011). 『英文法導入のための「フォーカス・オン・フォーム」アプローチ』. 大修館書店.
高梨庸雄, 卯城祐司（編）. (2000). 『英語リーディング事典』. 研究社.
竹内理. (2003). 『より良い外国語学習法を求めて―外国語学習成功者の研究』松柏社.
田崎清忠（編）. (1995). 『現代英語教授法総覧』. 大修館書店.
田尻悟郎. (2009). 『(英語)授業改革論』. 教育出版.
巽俊二. (2001). 『ティーム・ティーチングの進め方―授業改善の視点に立って』. 教育出版.
田中武夫・田中知聡. (2003).『「自己表現活動」を取り入れた英語授業』. 大修館書店.
田中武夫・田中知聡. (2009). 『英語教師のための発問テクニック: 英語授業を活性化するリーディング指導』. 大修館書店.
田畑光義・松井孝志・大井恭子（編著）. (2008). 『パラグラフ・ライティング指導入門―中高での効果的なライティング指導のために』. 大修館書店.
著作権問題専門委員会編. (2000). 『映画ビデオ等を教育に使用する時の著作権ハンドブック』. 映画英語教育学会.
津田幸男. (2003). 『英語支配とは何か: 私の国際言語政策論』. 明石書店.
土屋澄男（編著）. (2011). 『新編英語科教育法入門』. 研究社.
鶴田知佳子・柴田真一. (2008). 『ダボス会議で聞く 世界の英語』. コスモピア.
鳥飼玖美子. (2014). 『英語教育論争から考える』. みすず書房.
中谷安男. (2005). 『オーラル・コミュニケーション・ストラテジー研究 ―積極的にコミュニケーションを図ろうとする態度の育成を目指して』. 開文堂出版.

中村敬. (1995).「英語帝国主義の系譜」.『現代英語教育』, 3月号, 12-15. 研究社.
バーカー・D. (2012).『日本人にありがちな英語の落とし穴〜自然な英語への A to Z〜』. BTB Press.
平泉渉・渡部昇一. (1975).『英語教育大論争』. 文芸春秋社.
平田和人（編著）. (2008).『中学校新学習指導要領の展開　外国語科英語編』. 明治図書.
松畑熙一. (1988).『外国人講師と創る楽しい授業』. 開隆堂.
松本茂. (1999).『生徒を変えるコミュニケーション活動』. 教育出版.
村野井仁・千葉元信・畑中孝實. (2001).『実践的英語科教育法: 総合的コミュニケーション能力を育てる指導』. 成美堂.
村野井仁・渡部良典・尾関直子・冨田祐. (2012).『統合的英語科教育法』. 成美堂.
望月正道・相澤一美・投野由紀夫 (2003).『英語語彙の指導マニュアル』. 大修館書店.
望月明彦（編著）. (2010).『新学習指導要領にもとづく英語科教育法』. 大修館書店.
森永正治. (1996).『英語科教育を変える6章〜インプット理論からのメッセージ〜』. 大修館書店.
文部科学省. (2003).『「英語が使える日本人」の育成のための英語教員研修ガイドブック』. 開隆堂出版.
文部科学省. (2008).『小学校学習指導要領解説　外国語活動編』. 東洋館出版社.
文部科学省. (2008).『中学校学習指導要領解説　外国語編』. 開隆堂出版.
文部科学省. (2009).『英語ノート 1』,『英語ノート 2』. 教育出版.
文部科学省. (2010).『高等学校学習指導要領解説　外国語編・英語編』. 開隆堂出版.
文部科学省. (2012).『Hi, friends! 1』,『Hi, friends! 2』. 東京書籍.
山田雄一郎. (2005).『日本の英語教育』. 岩波新書.
横川博一（編）. (2001).『現代英語教育の言語文化学的諸相-斎藤榮二教授退官記念論文集』. 三省堂.
米山朝二. (2002).『英語教育　実践から理論へ　＜改訂増補版＞』. 松柏社.
米山朝二・多田茂・杉山敏. (2013).『新版 英語科教育実習ハンドブック』. 大修館書店.
リチャーズ・J. C., ロックハート・C.（著）. 新里眞男（訳）. (2000).『英語教育のアクション・リサーチ』. 研究社.
若林俊輔・根岸雅史. (1993).『無責任なテストが落ちこぼれを作る』. 大修館書店.
和田稔. (1988).『外国人講師との Team Teaching』. 開隆堂.
和田稔（編）. (1998).『ティーム・ティーチングの授業』. 大修館書店.
渡辺時夫・森永正治・高梨庸雄・斎藤栄二. (1988).『インプット理論の授業』. 三省堂.

ウェブサイト案内

　本文中で紹介されたものも含め，授業づくりの参考になるウェブサイトを集めました。ここにあるもの以外にも，文部科学省，都道府県・地方自治体の教育委員会，学術団体や出版社などのウェブサイトには，参考となる資料が多く掲載されています。インターネットを積極的に活用して情報を収集し，研修を深めてください。

◆教職に関する情報サイト
Corpus of Global Web-Based English.（GloWbE）.
　　　　　　http://corpus2.byu.edu/glowbe/
Internet World Stats. *Internet world users by language*: *Top 10 languages*.
　　　　　　http://www.internetworldstats.com/stats7.htm
Waring, R.（2010）. *Extensive listening*. http://www.robwaring.org/el/
岩手県教育委員会.（いわて教育情報ネットワーク・県内の学校や教育機関で作成された学習指導案が閲覧できる）
　　　　　　http://www.iwate-ed.jp/
NHK エデュケーショナル.（ゴガクル 例文検索サイト）.
　　　　　　http://gogakuru.com/english/index.html
外国語能力の向上に関する検討会.（2011）.『国際共通語としての英語力向上のための5つの提言と具体的施策～英語を学ぶ意欲と使う機会の充実を通じた確かなコミュニケーション能力の育成に向けて～』.
　　　　　　http://www.mext.go.jp/b_menu/houdou/23/07/__icsFiles/afieldfile/
　　　　　　2011/07/26/1308888_1.pdf
学習指導要領データベース作成委員会.（2007）.『学習指導要領データベース』.（過去の学習指導要領が閲覧できる）
　　　　　　http://www.nier.go.jp/guideline/
楠見孝.（2012）.「批判的思考について―これからの教育の方向性の提言―（中央教育審議会高等学校教育部会　資料4）」.
　　　　　　http://www.mext.go.jp/b_menu/shingi/chukyo/chukyo3/047/siryo/
　　　　　　__icsFiles/afieldfile/2012/09/20/1325670_03.pdf
グローバル人材育成推進会議.（2012）.『グローバル人材育成戦略：グローバル人材育成推進会議 審議のまとめ』.
　　　　　　http://www.kantei.go.jp/jp/singi/global/1206011matome.pdf

国立教育政策研究所．（教育課程研究センター・学習評価資料などが閲覧できる）．
　　　　http://www.nier.go.jp/kaihatsu/shidousiryou.html
財団法人英語教育協議会．（えいごネット 英語教員のためのポータルサイト）
　　　　http://www.eigo-net.jp/info/case/kotogakko/
財団法人自治体国際化協会．（JET プログラムについて知ることができる）．
　　　　http://www.jetprogramme.org/j/index.html
大修館書店．『English Teachers' Room：英語教科書情報ページ』．（大修館書店の高等学校英語教科書を用いてのシラバス，Can-do の見本，観点別評価基準例などが閲覧できる）
　　　　http://www.taishukan.co.jp/gcdroom/
中央教育審議会 初等中等教育分科会 教育課程部会．(2005)．『第 8 回 外国語専門部会参考資料 2：外国語教育の充実，小学校段階の英語教育に関する参考資料（基礎データ）』．
　　　　http://www.mext.go.jp/b_menu/shingi/chukyo/chukyo3/015/siryo/
　　　　05112901/s002/001.htm
中央教育審議会高大接続特別部会 第 4 回部会．(2012)．『配布資料 1：AO 入試等の実施状況について』．
　　　　http://www.mext.go.jp/b_menu/shingi/chukyo/chukyo12/shiryo/__icsFiles/afieldfile/2013/01/09/1329266_1.pdf
東京書籍．(2011)．『平成 24-27 年度用 中学校指導計画作成資料』．（東京書籍の中学校英語教科書を用いての指導計画作成資料が閲覧できる）
　　　　http://ten.tokyo-shoseki.co.jp/downloadfr1/htm/jec86886.htm
「21 世紀日本の構想」懇談会．(2000)．『「21 世紀日本の構想」懇談会最終報告書』．
　　　　http://www.kantei.go.jp/jp/21century/houkokusyo/6s.pdf
文部省．(1996)．「21 世紀を展望した我が国の教育の在り方について（中央教育審議会，第一次答申）」．
　　　　http://www.mext.go.jp/b_menu/shingi/chuuou/toushin/960701.htm
文部科学省．(1997)．『新たな時代に向けた教育養成の改善方策について（教育職員養成審議会・第 1 次答申）』．
　　　　http://www.mext.go.jp/b_menu/shingi/old_chukyo/old_shokuin_index/toushin/1315369.htm
文部科学省．(2001)．『英語指導方法等改善の推進に関する懇談会報告書』．
　　　　http://www.mext.go.jp/b_menu/shingi/chousa/shotou/018/toushin/
　　　　010110b.htm
文部科学省．(2002)．『「英語が使える日本人」の育成のための戦略構想の策定につ

いて』.
　　　　http://www.mext.go.jp/b_menu/shingi/chousa/shotou/020/sesaku/020702.htm
文部科学省．(2002)．『英語教育改革に関する懇談会の開催について』．
　　　　http://www.mext.go.jp/b_menu/shingi/chousa/shotou/020/gaiyou/020201.htm
文部科学省．(2003)．『「英語が使える日本人」の育成のための行動計画』．
　　　　http://www.mext.go.jp/b_menu/shingi/chukyo/chukyo3/004/siryo/04031601/005.pdf
文部科学省．(2005)．『我が国の高等教育の将来像（平成17年度中央審議会答申）』．
　　　　http://www.mext.go.jp/b_menu/shingi/chukyo/chukyo0/toushin/05013101.htm
文部科学省．(2008)．『幼稚園，小学校，中学校，高等学校及び特別支援学校の学習指導要領等の改善について（中央教育審議会答申）』
　　　　http://www.mext.go.jp/b_menu/shingi/cyukyo/cyukyo0/toushin/__icsFiles/afieldfile/2009/05/12/1216828_1.pdf
文部科学省．(2010)．『平成22年度　外国語指導助手（ALT）の雇用・契約形態に関する調査について』　http://www.mext.go.jp/a_menu/kokusai/gaikokugo/1295843.htm
文部科学省．(2013)．『グローバル化に対応した英語教育改革実施計画』．
　　　　http://www.mext.go.jp/b_menu/houdou/25/12/__icsFiles/afieldfile/2013/12/17/1342458_01_1.pdf
文部科学省初等中等教育局．(2013)．『各中・高等学校の外国語教育における「CAN-DOリスト」の形での学習到達目標設定のための手引き』．
　　　　http://www.mext.go.jp/a_menu/kokusai/gaikokugo/1332306.htm
文部科学省．(2013)．『学校基本調査 年次統計』．
　　　　http://www.e-stat.go.jp/SG1/estat/List.do?bid=000001015843&cycode=0
文部科学省．(2013)．『平成23年度国公私立大学・短期大学入学者選抜実施状況の概要』．
　　　　http://www.mext.go.jp/b_menu/houdou/23/10/1310780.htm
文部科学省 新学習指導要領（本文，解説，資料等）
　　　　http://www.mext.go.jp/a_menu/shotou/new-cs/youryou/
文部科学省 先生応援ページ（指導資料・学習評価）
　　　　http://www.mext.go.jp/a_menu/shotou/new-cs/senseiouen/index.

htm

文部科学省.『4. 大学の入学定員・入学者数等の推移』.
　　　　http://www.mext.go.jp/b_menu/shingi/chukyo/chukyo4/siryo/attach/__icsFiles/afieldfile/2012/06/28/1322874_2.pdf

◆英語力を高めるためのウェブサイト
ここに挙げたものはごく一部です。積極的に活用して英語力を高めましょう。

　　BBC Learning English.（英国の放送局BBCの英語学習サイト）. http://www.bbc.co.uk/learningenglish
　　CNN Student News.（米国の放送局CNNの英語学習サイト）. http://www.cnn.com/studentnews/
　　English News Weekly.（広島大学外国語教育研究センターのポッドキャスト）. http://pod.flare.hiroshima-u.ac.jp/cms/enw.php
　　Euroradio.（EUのラジオ局のウェブサイト）. http://www.euroradio.net/
　　Eurovision.（EUのテレビ局のウェブサイト）. http://www.eurovision.net/
　　National Geographic.（ナショナルジオグラフィック協会のウェブサイト）. http://www.nationalgeographic.com/
　　NHK World.（NHKの海外向けサービスのウェブサイト）. http://www3.nhk.or.jp/nhkworld/
　　NPR（National Public Radio　米国の非営利公共ラジオネットワーク）. http://www.npr.org/
　　TED（Technology, Entertainment, Design. アイディアを世界に広める米国の非営利団体のウェブサイト）. http://www.ted.com/
　　VOA（Voice of America　米国政府の国営放送）. http://www.voanews.com/

索引

〈和文〉

あ

アイ・プラス・ワン ····· 57
アウトプット仮説 ····· 58
アクション・リサーチ ····· 313
足場 ····· 108
アプローチ ····· 69
誤りの修正 ····· 63
アルファベット ····· 172
暗黙の知識 ····· 142
生きる力 ····· 308
一般知識 ····· 190, 197
イマージョン（immersion）教育
　　　····· 58
意味論 ····· 23
インタビュー ····· 136
インタラクション仮説 ····· 58
インフォメーション・ギャップ（・アクティビティ）····· 79, 136, 218
インプット仮説 ····· 57
英語運用能力 ····· 21, 22
「英語が使える日本人」の育成のための行動計画 ····· 12, 21
「英語が使える日本人」の育成のための戦略構想 ····· 10, 11
英語教育改革に関する懇談会
　　　····· 10, 11
英語教育大論争 ····· 9
英語教授研究所 ····· 4, 8
英語教授力 ····· 21
英語公用語化論 ····· 7
英語指導助手 ····· 212, 254
英語指導方法等改善の推進に関する懇談会 ····· 10, 11
英語帝国主義 ····· 8, 19
英語排斥論 ····· 7
永続性 ····· 155
LL教室 ····· 222
演繹的 ····· 41
応答的 ····· 133
OHP ····· 220
オーディオリンガル・メソッド ····· 74
オープンコースウェア活動 ····· 29
オーラル・メソッド ····· 73
大人の文法 ····· 53, 60
音声学 ····· 23
音読・朗読 ····· 194

か

外向的 ····· 41
外国語活動 ····· 93, 94
外国語指導助手 ····· 256, 257
外国語としての英語 ····· 3, 25
外国語能力の向上に関する検討会

・・・・・12

外的動機 ・・・・・38

会読 ・・・・・71

概念・機能シラバス ・・・・・78

課外活動 ・・・・・296, 299

学習指導要領一般編（試案）・・・・・5, 91

学習障害 ・・・・・38, 76

学習ストラテジー ・・・・・42

学習方略 ・・・・・42, 141

拡張 ・・・・・75, 127

拡張的 ・・・・・134

学年集会 ・・・・・298, 299

化石化 ・・・・・61

形の整わない言語表現 ・・・・・114

学級活動 ・・・・・297

学級経営 ・・・・・298

学級担任 ・・・・・256, 298

学校教育法 ・・・・・5, 91

学校教育法施行規則 ・・・・・91

学校制度（6-3-3-4制）・・・・・5

学校文法 ・・・・・53, 139

感情移入 ・・・・・42, 318

観点別評価 ・・・・・235

記憶法 ・・・・・196

記述文 ・・・・・154, 155

機能語 ・・・・・192

帰納的 ・・・・・41

義務自己 ・・・・・40

客観テスト ・・・・・274

教育課程 ・・・・・91, 93

教育基本法 ・・・・・91, 308

教育実習 ・・・・・295

強化 ・・・・・55

教材開発 ・・・・・214, 216

教室英語 ・・・・・114, 134

教師が正しく言い直す ・・・・・200

教師の情熱 ・・・・・26

教授 ・・・・・60

教授テクニック ・・・・・85

教授内容 ・・・・・69

教授法 ・・・・・68

行事予定表 ・・・・・298

強勢 ・・・・・97, 111

強勢拍リズム ・・・・・115, 220

共通語としての英語 ・・・・・19

協働 ・・・・・260, 261, 262

協働学習 ・・・・・310

協働による授業 ・・・・・263

議論文 ・・・・・154, 155

空間配列 ・・・・・177

句読法 ・・・・・174

クラスタリング ・・・・・179

グラフィック・オーガナイザー
　　・・・・・158

クリティカル・シンキング能力
　　・・・・・312, 314, 315

グループ分け ・・・・・114

クローズ・テスト ・・・・・274

グローバル化 ・・・・・10, 11, 311

グローバル化に対応した英語教育改革実

施計画 14
グローバル人材育成推進会議
　　..... 13, 316
グローバル人材育成戦略 13, 316
グロービッシュ 3
経験のある教師 29, 31
形式スキーマ 108, 150
形式的な評価 271
形態素 56, 100
原因と結果 177
言外の意味 61
研究授業 301
言語運用能力 217
言語学習 57, 69
言語活動 216, 217, 218
言語教育履修生のための日本ポートフォリオ 22
言語教育履修生のためのヨーロッパ・ポートフォリオ 22
言語材料 210, 211
言語習得 23, 51
言語能力 100, 189
言語や文化に関する知識 99
研修会 29, 232
検定教科書 209
語・句の置き換え 75
口語 115
口語文法 139
構成概念妥当性 276
構造主義言語学 52, 74

行動主義的心理学 52, 74, 76
口頭導入 74, 243
CALL教室 219, 222
国際共通語としての英語力向上のための5つの提言と具体的施策
　　..... 12, 13, 14
国際語としての英語 3, 19
語源 196
子どもの文法 53, 60
コミュニカティブ・ディクテーション
　　..... 119
コミュニカティブ・ランゲージ・ティーチング 78
コミュニケーション能力 99, 189
コミュニケーション方略 78
語用論 23
語用論的知識 197
コロケーション 60, 195

さ

細案 231
GLLストラテジー 43
子音 192
JETプログラム 254
時間系列 177
時間を測って書き続ける練習 180
ジグソー・リーディング 118
ジグソー・リスニング 118
刺激 55, 198
自己評価 22
自己表現活動 195, 201, 261

思春期 54
自信 42, 191
自然順序仮説 57
悉皆研修 12
実習授業 300
実習生 296, 302
実践家 224
実践的コミュニケーション能力
　　..... 7, 93
実物の素材 213
実用性 277
ジャーナル 160, 181
社会・情緒的ストラテジー 43
社会言語学的能力 189
社会文化知識 190, 197
社会文化的能力 99, 189
シャドーイング 195
習慣形成 52, 55
集団基準準拠テスト 273
習得・学習仮説 57
主観テスト 274
授業活動の実践 263
授業報告シート 28
熟達教師 29
熟達度テスト 273
主題文 176, 177
受容語彙 194, 195
受容スキル 277
情意フィルター 58, 77
情意フィルター仮説 58

情報転移（タスク）..... 278, 279
省略 192
ショー・アンド・テル 137, 218
書画カメラ 220
書写 169, 170
自律の学習者 44, 196
真正評価 286
身体的距離 119
診断的評価 272
信頼性 276
スーパー・イングリッシュ・ランゲージ・ハイスクール事業（SELHi）
　　..... 12
スキーマ 108, 150
スキーマ理論 108
スキミング 158, 161
スキャニング 158, 161
スピーキング・ストラテジー 140
スラッシュ・リーディング 158
正確さ 180
正規分布曲線 273, 294
省察的実践者 263
生産的な技能 107, 129, 169
成績 270, 271, 272
精聴 120
生徒会 298
精読 159
生徒指導 25, 297, 299
生徒総会 298
正の転移 56

正則法 ····· 4
生得の言語習得能力 ····· 59, 60
積極的な態度 ····· 99
セマンティック・マップ ····· 158
宣言的知識 ····· 198
全校集会 ····· 298, 299
選択肢 ····· 282
先導者 ····· 213
全身反応法 ····· 75
総括的評価 ····· 272, 273
総合的採点法 ····· 275, 280
総合的な学習の時間 ····· 92, 93
相互作用・インタラクション・対話のやり取り ····· 54, 55
相互的 ····· 133, 323
相対評価 ····· 273
素読 ····· 71

た

第一言語 ····· 35, 51, 59
対照分析 ····· 56
対人コミュニケーション ····· 21, 23
代替評価 ····· 271, 286
第二言語 ····· 35
第二言語学習動機セルフシステム ····· 39
第二言語習得 ····· 51, 198
第二言語としての英語 ····· 2
対話能力 ····· 100, 189
タスクベースの学習 ····· 79, 118
多聴 ····· 120

妥当性 ····· 276
多読 ····· 159
単元 ····· 233
談話能力 ····· 100, 189
談話標識 ····· 278
知識基盤社会 ····· 311
チャンク ····· 190
中間言語 ····· 57, 60
直接法 ····· 72
ツイート ····· 168, 181
つづり字 ····· 155
T-チャート ····· 159
ティーム・ティーチング ····· 253
ディクテーション ····· 119, 279
ディクトグロス ····· 119
定型表現 ····· 190
定型表現能力 ····· 100, 189
提示・練習・産出 ····· 75
適性 ····· 37, 60
適性テスト ····· 273
テスト ····· 269
手続き的知識 ····· 198
同化 ····· 40, 192
動機 ····· 60, 257
道具的動機 ····· 39
統合的動機 ····· 39
統語論 ····· 23
到達度テスト ····· 273
道徳教育 ····· 94, 296
特別活動 ····· 93, 296

トップダウン処理 ····· 109, 150

な

内向的 ····· 41, 50
内的動機 ····· 38
内容語 ····· 192
内容スキーマ ····· 108, 150
内容的妥当性 ····· 276
ナチュラル・アプローチ ····· 77
何気ない評価 ····· 270
「21世紀日本の構想」懇談会報告書
　　····· 10
人間関係 ····· 26, 135, 217, 258, 302
認知ストラテジー ····· 43
ネイティブ・スピーカー
　　····· 61, 139, 253
能力記述文 ····· 34

は

背景知識 ····· 116, 149, 161
場依存 ····· 40
波及効果 ····· 287, 311
バズ・リーディング ····· 193
パターン・プラクティス ····· 75
発表語彙 ····· 194
場独立 ····· 40
話す速さ ····· 115
パブリック・スピーキング ····· 137
板書 ····· 219
反復 ····· 52, 74
ピア・フィードバック ····· 178, 180
ピア・レビュー ····· 180

PDCAサイクル ····· 23, 223
ピクチャーカード ····· 219, 245
非言語コミュニケーション ····· 23
批判的思考力 ····· 262, 287, 315
評価 ····· 222, 269
標準偏差 ····· 294
評定 ····· 288
表面的妥当性 ····· 276
不安 ····· 42
フィードバック ····· 270
フォニックス ····· 173
複数言語話者 ····· 60
負の転移 ····· 56
普遍文法 ····· 53, 56
フラッシュカード ····· 194, 219
振り返り／省察 ····· 28, 263, 313
ブレインストーミング ····· 178
フレーズ・リーディング ····· 158
Flow体験 ····· 25
プロシージャー ····· 69
プロセス・ライティング ····· 178
プロソディー ····· 139, 192
プロとしての成長 ····· 263
分析的採点法 ····· 275, 280
文法指導 ····· 83, 188
文法能力 ····· 189
文法訳読法 ····· 71, 151
変換 ····· 75, 195
偏差値 ····· 274, 294
ベン図 ····· 159

変則法 ⋯⋯ 4
母音 ⋯⋯ 173, 192, 279
方略的能力 ⋯⋯ 100, 189
ポートフォリオ ⋯⋯ 22, 179, 271, 286
母語 ⋯⋯ 2, 24, 51
補助教材 ⋯⋯ 195, 210
ボス的マネジメント ⋯⋯ 26
ボディランゲージおよびジェスチャー
　　⋯⋯ 119
ボトムアップ処理 ⋯⋯ 109, 150, 191
本時の授業展開 ⋯⋯ 234
本時の目標 ⋯⋯ 232
本物の教材 ⋯⋯ 210, 213

ま

マインドマッピング ⋯⋯ 178
ミシガン・メソッド ⋯⋯ 74
ミニマルペア ⋯⋯ 192
ミム・メム ⋯⋯ 75
無関心 ⋯⋯ 42
メソッド ⋯⋯ 69, 70
メタ認知 ⋯⋯ 43, 190
メタ認知ストラテジー ⋯⋯ 43
黙読 ⋯⋯ 157, 158, 160
目標基準準拠テスト ⋯⋯ 273
モニター仮説 ⋯⋯ 57
ものがたり文 ⋯⋯ 154, 155
模範 ⋯⋯ 211, 313
模倣 ⋯⋯ 52
模倣的 ⋯⋯ 133, 135
文部科学省（文科省）⋯⋯ 91

文部省 ⋯⋯ 254

や

役割 ⋯⋯ 257
役割練習 ⋯⋯ 194
要約 ⋯⋯ 137, 251, 274
ヨーロッパ協議会 ⋯⋯ 78
抑揚 ⋯⋯ 129, 192

ら

ラポール ⋯⋯ 258
リーダーによるマネジメント ⋯⋯ 26
理解可能な発話 ⋯⋯ 58
理解できるインプット ⋯⋯ 57, 77
リスクを冒す／避ける ⋯⋯ 42
リズムボックス ⋯⋯ 220
理想自己 ⋯⋯ 40
リテラシー ⋯⋯ 154, 318
リフレクティブ・ティーチング ⋯⋯ 28
略案 ⋯⋯ 231
流暢さ ⋯⋯ 180, 193
臨界期仮説 ⋯⋯ 36, 54
ルーブリック ⋯⋯ 275, 286
ロール・プレイ／役割練習 ⋯⋯ 194
論述文 ⋯⋯ 154, 155

わ

わかりやすさ ⋯⋯ 193
ワーキング・メモリ ⋯⋯ 279

〈欧文〉

A

accuracy ····· 180
achievement tests ····· 273
acquisition ····· 51, 55, 57, 59
Acquisition-Learning Hypothesis
 ····· 57
action research ····· 223, 224, 313
adult grammar ····· 53, 60
affective filter ····· 58, 77, 80
Affective Filter Hypothesis ····· 58
alternative assessment ····· 271, 286
analytic scoring ····· 275
anxiety ····· 42
approach ····· 69
aptitude ····· 37, 297
aptitude tests ····· 273
argumentative text ····· 154, 155
Army Specialized Training Program
 ····· 5, 74
assessment ····· 270
assimilation ····· 192
Assistant English Teacher (AET)
 ····· 254
Assistant Language Teacher (ALT)
 ····· 254
associative learning ····· 198
authentic assessment ····· 286
authentic materials ····· 210, 213
authentic task/real world task ····· 217
authorized textbooks ····· 209
autonomous learner ····· 44

B

background knowledge ····· 116, 149
behaviorism ····· 52
Berlitz Method ····· 72
blogs ····· 181
bottom-up processing ····· 109, 150
brain-storming ····· 178, 261
British American Scientific International
 Commercial (BASIC) ····· 73
buzz reading ····· 193

C

Can-do List ····· 34
Can-do statements ····· 34
caretaker speech ····· 55
cause and effect ····· 177
child grammar ····· 53, 60
chunking ····· 114
chunks ····· 190
classroom activities ····· 263, 297
classroom English ····· 134, 201
classroom management ····· 298
cloze reading ····· 193, 250
cloze test ····· 274
clustering ····· 114, 179
cognitive strategies ····· 43
collaborative teaching ····· 263
collocation ····· 60, 195

colloquial language ····· 115
Common European Framework of Reference (CEFR) ····· 34
communication strategies ····· 100
Communicative Approach ····· 78
communicative competence ····· 78, 99, 217
Communicative Language Teaching (CLT) ····· 78
Community Language Learning (CLL) ····· 80
comparison/compare and contrast ····· 177
comprehensible input ····· 57
comprehensible output ····· 58
Computer Assisted Language Learning ····· 222
connected speech ····· 192
connotation ····· 61
consciousness-raising tasks ····· 199, 200
consonants ····· 192
construct validity ····· 276
content schema ····· 108
content validity ····· 276
content words ····· 192
content-based lessons ····· 262
contrastive ····· 162
contrastive analysis ····· 56
conversion ····· 75

cooperative learning ····· 310
corrective/negative feedback ····· 63
Council of Europe ····· 78, 93
coursebook ····· 209
creating original materials ····· 216
criterion-referenced assessment ····· 235
criterion-referenced tests (CRT) ····· 273
Critical Period Hypothesis ····· 54
critical thinking skills ····· 314
curriculum ····· 91

D

declarative knowledge ····· 198
deductive ····· 41, 198
demonstration lesson/final student-teaching demonstration lesson ····· 30
descriptive text ····· 154, 155
design ····· 69
detailed lesson plan ····· 231
diagnostic assessment ····· 272
dictation ····· 119, 192
dictogloss ····· 119, 200
Direct Method ····· 72
discourse ····· 162
discourse competence ····· 100, 189
discourse markers ····· 161
distracter/distractor ····· 282

E

e-learning ····· 222
elision ····· 192
empathy ····· 42
English as a foreign language ····· 3
English as a lingua franca ····· 3, 19
English as a second language ····· 2
English as an international language
　····· 3, 19
English imperialism ····· 8, 19
etymology ····· 196
European Portfolio for Student Teachers
　(EPOSTL) ····· 22
evaluation ····· 271
expansion ····· 75
experienced teacher ····· 29
expert teacher ····· 29
expository text ····· 154, 155
extensive ····· 134
extensive listening ····· 120
extensive reading ····· 159
extra-curricular activities ····· 296
extrinsic/external motivation ····· 38
extroverted personality ····· 41

F

face validity ····· 276
facilitator ····· 81, 178
feedback ····· 60, 63
field dependence/independence ····· 40
first language/L1 ····· 35
flow ····· 25
fluency ····· 180
Focus on Form (FonF) ····· 83, 199
Focus on FormS (FonFS) ····· 83, 199
Focus on Meaning (FonM)
　····· 83, 199
foreign language ····· 39, 59, 69
form ····· 114, 197
formal assessment ····· 270, 271
formal schema ····· 108
formative assessment ····· 272
formulae ····· 190, 200, 201
formulaic competence ····· 100, 189
fossilization ····· 61
function words ····· 192

G

globalization ····· 2, 91
Globish ····· 3
Gouin Method ····· 72
Graded Direct Method (GDM) ····· 73
grading ····· 271, 272
grammar ····· 188, 190
Grammar Translation Method ····· 71
grammatical competence ····· 189
graphic organizer ····· 158

H

habit formation ····· 52, 55
holistic scoring ····· 275
homeroom teacher ····· 298

I

i+1 ····· 57
ice-breakers ····· 260
ideal L2 self ····· 40
imitation ····· 52
imitative ····· 133
Immersion program ····· 83
indentation ····· 176
inductive ····· 41
informal assessment ····· 270
Information and Communication Technology (ICT) ····· 13
information gap (activities) ······ 79, 136, 218
information transfer (task) ····· 261
initiator ····· 213
innate capacity (to learn language) ····· 53, 59
input enhancement ····· 199, 200
Input Hypothesis ····· 57
insensitivity ····· 42
in-service training ····· 232
instruction ····· 60
instrumental/integrative motivation ····· 39
intelligibility ····· 193
intensive listening ····· 120
intensive reading ····· 159
interaction ····· 54, 115, 200
interactional competence ····· 100, 189
interactive ····· 133
interlanguage ····· 57, 60
interpersonal communication ····· 23
interview ····· 136
intonation ····· 115, 192
intrinsic/internal motivation ····· 38
introverted personality ····· 41

J

Japan Exchange and Teaching Programme ····· 254
Japanese Portfolio for Student Teachers (J-POSTL) ····· 22
Japanese Teacher of Language (JTL) ····· 255
jigsaw-listening ····· 118
journals ····· 28, 181

K

kinesics ····· 119
knowledge of language and culture ····· 99
knowledge-based society ····· 311

L

L2 motivational self system ····· 39
language acquisition ····· 51, 57, 198
language activities ····· 216
Language Laboratory ····· 222
language learning ····· 57, 198
language materials ····· 210
learning disabilities (LD) ····· 38
learning strategies ····· 42, 190

linguistic competence ····· 100, 189
literacy ····· 154

M

meaning ····· 197, 199
metacognition ····· 190
metacognitive strategies ····· 43
method ····· 69
mimicry-memorization（mim-mem）
　····· 75
mind-mapping ····· 178, 261
minimal pairs ····· 192
Ministry of Education, Culture, Sports, Science and Technology; MEXT ····· 12
Ministry of Education, Science and Culture ····· 10
mnemonics ····· 196
Modern Language Aptitude Test（MLAT）····· 37, 273
Mombusho English Fellow（MEF）
　····· 254
Monitor Hypothesis ····· 57
Monitor Model ····· 57
moral education ····· 296
morpheme ····· 56
motivation ····· 38, 60, 252
multilingual ····· 60

N

narrative text ····· 154
native language/mother language/
mother tongue ····· 2
native speaker ····· 60
Natural Approach ····· 77, 83
Natural Method ····· 72
Natural Order Hypothesis ····· 57
negative transfer/interference ····· 56
negative washback（effect）····· 287
nonverbal communication ····· 23
normal distribution curve ····· 294
norm-referenced tests（NRT）····· 273
note-taking ····· 118
Notional-functional Syllabus ····· 78

O

objective tests ····· 274
OCW（open course ware）····· 29
Oral Approach（The Audio-lingual Method）····· 74
oral interpretation ····· 194
oral introduction ····· 74, 260
Oral Method ····· 4, 73
orthography ····· 155
ought-to L2 self ····· 40
Output Hypothesis ····· 58

P

parallel reading ····· 193
pattern practice ····· 75, 199
PDCA（plan do check act）
　····· 23, 223
peer feedback ····· 178
peer review ····· 180

performance variables 114

phonetics 23

phonics 173

phrase reading 158

portfolio 179, 287

positive transfer 56

positive washback (effect) 287

practicality 277

practitioner 224, 263

pragmatic knowledge 190

pragmatics 23

PPP (Presentation・Practice・Production)
　..... 75

procedural knowledge 198

process writing 178

productive skills 107

productive vocabulary 194

professional development 263

proficiency tests 273

prosody 119, 192

proxemics 119

pseudo-authentic materials 214

puberty 54

public speaking 137

punctuation 174

R

rapport 258

rate of delivery 115

recast 200

receptive skill 107

receptive vocabulary 194

reduced form 114

redundancy 114

reflection 28

reflective practitioner 263

reflective teaching 28

reinforcement 55

reliability 276

reproduction 194

responsive 133, 135

risk-taking/avoiding 42

role model 211, 258

role play 80, 135, 194

rubric 275, 286

S

scaffolding 108

scanning 158

schema theory 108

schema, schemata 108

second language acquisition 55

second language/L2 35

self-assessment 22

semantic map 158

semantics 23

shadowing 120, 193

show and tell 137, 218

silent reading 157

skimming 158

slash reading 158

small talk 201, 250, 259

social/affective strategies ····· 43
sociocultural knowledge ····· 190
sociocultural competence ····· 99, 189
sociolinguistic competence ····· 189
speaking strategies ····· 140
standard deviation（SD）····· 294
strategic competence ····· 100, 189
stress-timed language ····· 193
stress-timed rhythm ····· 220
structuralism ····· 52
student teacher ····· 22, 296
student teaching ····· 300
study strategies ····· 141
subjective tests ····· 274
Suggestopedia ····· 81, 89
summative assessment ····· 272
syntax ····· 23

T

tacit knowledge ····· 142
task-based learning（TBL）····· 79
T-chart ····· 159
teacher enthusiasm ····· 26
teaching practicum ····· 295
team teaching ····· 253
timed writing ····· 180
top-down processing ····· 109, 150
Total Physical Response（TPR）
　　····· 75
transfer-appropriate processing（TAP）
　　····· 199

U

Universal Grammar ····· 53

V

validity ····· 276
Venn diagram ····· 159
vowels ····· 192

W

washback/backwash（effect）····· 287

Z

zest for living ····· 308

著者略歴

岡田圭子　(おかだ・けいこ)
北海道大学文学部卒業。オハイオ大学大学院Applied Linguistics/TESL(MA)修了。カリフォルニア大学ロサンゼルス校(UCLA)大学院応用言語学部博士課程単位取得。札幌市の公立高等学校、北海道東海大学を経て、現在は獨協大学経済学部教授。研究分野は、英語教育学（第二言語習得、再導入教育、カリキュラム開発などとの関連で）。主な著書に「アスリートたちの英語トレーニング術」（共著、岩波ジュニア新書）、検定教科書に『Compassコミュニケーション英語Ⅰ〜Ⅲ』（編集代表、大修館書店）、大学教科書に『躍進する企業―時代を見抜くビジネスの先鋒』（共著、松柏社）、『リーディングから始める英語プレゼンテーション入門』（共著、アルク）などがある。

ブレンダ・ハヤシ　(ぶれんだ・はやし)
アメリカ合衆国出身。カリフォルニア大学ロサンゼルス校(UCLA)人文学部アジア言語文化学科卒業。UCLA大学院(MA in TESL)修了。Macquarie University大学院応用言語学部博士課程単位取得。東京都と宮城県で管制官およびパイロット養成学校非常勤講師などを経て、現在は宮城学院女子大学学芸学部国際文化学科教授。「英語科教育法Ⅰ〜Ⅳ」などを担当。研究分野は英語教育学。主な著書に検定教科書の『Genius English Writing Revised』と『Geniusコミュニケーション英語Ⅰ〜Ⅲ』（共著、大修館書店）、大学教科書の『躍進する企業―時代を見抜くビジネスの先鋒』（共著、松柏社）などがある。

嶋林昭治　(しまばやし・しょうじ)
滋賀大学教育学部卒業。テンプル大学大学院修士課程（TESOL）修了。龍谷大学社会学部大学院社会学研究科(MA)修了。滋賀県内の公立中学校、高等学校での勤務の後、北海道東海大学を経て、現在は龍谷大学経営学部教授。研究分野は英語教育学。主な著書に『TOEIC Test スキルアップ リスニング編』（共著、郁文堂）、検定教科書に『Genius English Writing Revised』（共著、大修館書店）、大学教科書に『躍進する企業―時代を見抜くビジネスの先鋒』（共著、松柏社）などがある。

江原美明　(えはら・よしあき)
上智大学外国語学部卒業。テンプル大学大学院修士課程(TESOL)修了。神奈川県立高等学校3校、県立総合教育センター、県立外語短期大学を経て、現在は国際言語文化アカデミア教授。研究分野は、英語教育学（外国語としての英語学習方略、英語教員研修、言語教師認知）。主な著書に、『高等学校新学習指導要領の展開　外国語科英語編』（共著、明治図書）、『言語教師認知の動向』（共著、開拓社）、検定教科書に『Compassコミュニケーション英語Ⅰ〜Ⅲ』（共著、大修館書店）などがある。

基礎から学ぶ**英語科教育法**

岡田圭子／ブレンダ・ハヤシ／
嶋林昭治／江原美明 著

2015年4月27日　初版第一刷発行
2018年4月10日　第二版第二刷発行

発行者　森　信久
発行所　株式会社　松柏社
〒102-0072　東京都千代田区飯田橋1-6-1
TEL. 03-3230-4813（代表）　FAX. 03-3230-4857

装幀　常松靖史（TUNE）
組版・印刷・製本　倉敷印刷株式会社

定価はカバーに表示してあります。
本書を無断で複写・複製することを固く禁じます。
落丁・乱丁本は送料小社負担にてお取り替えいたしますので、ご返送ください。

ISBN978-4-7754-0209-2
Printed in Japan
Copyright © 2015 by K.Okada, B.Hayashi, S.Shimabayashi & Y.Ehara

JPCA 本書は日本出版著作権協会（JPCA）が委託管理する著作物です。
複写（コピー）・複製、その他著作物の利用については、事前にJPCA（電
話03-3812-9424、e-mail:info@e-jpca.com）の許諾を得て下さい。なお、
日本出版著作権協会　無断でコピー・スキャン・デジタル化等の複製をすることは著作権法上
http://www.e-jpca.com/　の例外を除き、著作権法違反となります。